Erbrecht in der VR China

Schriftenreihe zum deutschen und internationalen Erbrecht

Herausgegeben von
Christina Eberl–Borges und Rudolf Meyer-Pritzl

Band 7

PL ACADEMIC RESEARCH

Christina Eberl-Borges / WANG Qiang
(Hrsg.)

Erbrecht in der VR China

Die aktuelle Entwicklung im Rahmen des Aufbaus der Privatrechtsordnung

PL ACADEMIC RESEARCH

Bibliografische Information der Deutschen Nationalbibliothek
Die Deutsche Nationalbibliothek verzeichnet diese Publikation in der Deutschen Nationalbibliografie; detaillierte bibliografische Daten sind im Internet über http://dnb.d-nb.de abrufbar.

Supported by Program for Young Innovative Research Team in China University of Political Science and Law.

ISSN 1868-694X
ISBN 978-3-631-65834-5 (Print)
E-ISBN 978-3-653-05040-0 (E-Book)
DOI 10.3726/ 978-3-653-05040-0

PL Academic Research ist ein Imprint der Peter Lang GmbH.

Peter Lang – Frankfurt am Main · Bern · Bruxelles · New York · Oxford · Warszawa · Wien

Diese Publikation wurde begutachtet.

www.peterlang.com

Vorwort

Das Erbrecht der Volksrepublik China ist in Bewegung geraten. Das geltende Erbgesetz aus dem Jahr 1985 erscheint vielen in China nicht mehr zeitgemäß, und die Rufe nach einer Erbrechtsreform wurden in den letzten Jahren immer lauter. Auch zwei akademische Entwürfe für ein neues Erbgesetz liegen bereits vor. Bei beiden ist die Orientierung am deutschen Recht unverkennbar, was die Entwicklung in China für den deutschen Erbrechtler interessant machen dürfte.

Der vorliegende Band möchte dem deutschen Juristen einen Einblick in die Diskussion ermöglichen. Nicht jeder wird mit dem chinesischen Privatrecht vertraut sein, und für eine bessere Einordnung der erbrechtlichen Thematik gibt daher der erste Beitrag eine kurze Einführung zum Stand des chinesischen Privatrechts. Der zweite Beitrag widmet sich dann speziell der anstehenden Erbrechtsreform. Da ein neues – ausführlicheres – Erbrecht auch auf eine entsprechende terminologische Grundlegung angewiesen ist, vergleicht der dritte Beitrag das chinesische und das deutsche Erbrecht aus rechtswissenschaftlicher, -linguistischer und -terminologischer Sicht.

Der Anhang will wichtige Rechtsgrundlagen und Reformentwürfe für deutsche Juristen zugänglich machen. Übersetzungen des geltenden Erbgesetzes der VR China liegen zwar seit langem vor, doch bereits die Ansichten des Obersten Volksgerichts zur Durchführung des Erbgesetzes vom 11.9.1985, eine amtliche Auslegung und wichtiges Zusatzmaterial zum Erbgesetz mit Gesetzesrang, sind – soweit ersichtlich – bislang nicht auf Deutsch oder Englisch verfügbar. Neben der Übersetzung dieser amtlichen Auslegung finden sich im Anhang Übersetzungen des Reformentwurfs von *LIANG Huixing* et al. aus dem Jahr 2011 sowie einer aktualisierten Version dieses Entwurfs, die als Buch 7: Erbrecht innerhalb des Entwurfs eines Zivilgesetzbuchs im Jahr 2013 erschienen ist, außerdem eine Übersetzung des Reformentwurfs von *YANG Lixin* et al. aus dem Jahr 2012.

Wir hoffen, mit diesem Band einen kleinen Beitrag zum Verständnis der chinesischen Erbrechtsentwicklung leisten zu können. Den Entwurfsverfassern, den Herren Prof. Dr. *LIANG Huixing*, Chinese Academy of Social Sciences (CASS), Beijing, und Prof. Dr. *YANG Lixin*, Renmin-Universität, Beijing, danken wir für die freundliche Genehmigung zum Abdruck der Übersetzungen ihrer Entwürfe in diesem Band.

Mainz und Beijing, im Dezember 2014

Christina Eberl-Borges
WANG Qiang

Inhaltsverzeichnis

Abkürzungsverzeichnis

a. F.:	alte Fassung
AGZ:	Allgemeine Grundsätze des Zivilrechts der VR China
AktG:	Aktiengesetz
Alt.:	Alternative
alt. Üs.:	alternative Übersetzung
Anm.:	Anmerkung
Art.:	Artikel
BGB:	(deutsches) Bürgerliches Gesetzbuch
BWNotZ:	Zeitschrift für das Notariat in Baden-Württemberg
CH-ZGB:	schweizerisches Zivilgesetzbuch
d.i.:	das ist
EheG:	Ehegesetz der VR China. Verabschiedet am 10.09.1980, revidiert am 28.04.2001.
ErbG:	Erbgesetz der VR China
ErbG-Ansichten:	Ansichten des Obersten Volksgerichts zu einigen Fragen bei der Anwendung und der Umsetzung des „Erbgesetzes der VR China"
f.:	folgend
ff.:	ferner folgend
hg.:	herausgegeben
hM:	herrschende Meinung
i. e.:	id est (das heißt)
i. e. S.:	im engeren Sinne
i. S. d.:	im Sinne des/der
i. V. m.:	in Verbindung mit
i. w. S.:	im weiteren Sinne
JOR:	Jahrbuch für Ostrecht
Lat.:	Latein
m. a. W.:	mit anderen Worten
o.:	oben
o. g.:	oben genannt
Rn.:	Randnummer
s.:	siehe

s. o.:	siehe oben
sog.:	so genannt
TreuhandG:	Treuhandgesetz der VR China. Verabschiedet am 10.01.2001. http://www.lawtime.cn/faguizt/67.html
u. U.:	unter Umständen
v.:	von
Vorbem:	Vorbemerkung
w.:	wörtliche Übersetzung oder Bedeutung
w. Üs.:	wörtliche Übersetzung
ZGB:	Zivilgesetzbuch der Republik China

*Christina Eberl-Borges**

Zum Stand des chinesischen Privatrechts

Abstract: The article gives an overview of the development of private law in the People's Republic of China since the late 1970s, when the new policy of reform and opening was introduced in the PRC. It discusses the general principles of civil law as well as contract law, tort law, property law, family law, inheritance law, commercial and corporate law, labour law, and conflict of laws.

I. Einführung

Anfang des 20. Jahrhunderts wurden in China erstmals Rechtsreformen mit Blick auf ausländische Rechtsordnungen in Angriff genommen[1]. Zu diesem Zeitpunkt bestand das Recht in China seit Jahrhunderten aus zwei heterogenen Teilen[2]: dem vom Kaiser erlassenen Recht und den gewohnheitsrechtlichen Regeln. Ersteres waren Gesetzesbefehle der Obrigkeit mit Strafsanktionen. Es war schriftlich fixiertes Gesetzesrecht (*fa*, *lü* oder *falü*). Zivilrecht fiel nicht in diesen Bereich[3]. Dieses entwickelte sich vielmehr aus Sittlichkeits- und Anstandsregeln und beruhte damit auf sog. Sozial- und Kulturnormen (*lǐ*), die im Volk seit alters her gelebt wurden. Traditionell war im chinesischen Recht also beispielsweise nicht gesetzlich geregelt, wie Verträge geschlossen werden oder Eigentum übertragen wird. Es gab nur gesetzliche Sanktionen für den Fall, dass z.B. ein Vertrag durch Betrug verletzt oder Vermögen unterschlagen oder gestohlen wurde[4]. Die Notwendigkeit für den Erlass zivilrechtlicher Normen wurde nicht gesehen, weil Dinge wie der Handel den gesellschaftlichen Gruppen selbst überlassen war: Der Staat griff nur ein, wenn die öffentliche Ordnung, etwa durch schwere

* Im Folgenden werden chinesische Autoren mit Nach- und Vornamen, andere Autoren nur mit dem Nachnamen zitiert. Der Beitrag verwendet die gängigen Abkürzungen. Letzter Abruf aller Internetquellen: 01.12.2014.

1 Vgl. *Heuser*, ZChinR 2008, 193.

2 Vgl. dazu *Heuser*, ZChinR 2008, 193, 194; *ders.*, Grundriss der Geschichte und Modernisierung des chinesischen Rechts, 2013, S. 19-24; *SU Yingxia*, Die vertragsmäßige Beschaffenheit der Ware im UNCITRAL-Kaufrecht im Vergleich zum deutschen und chinesischen Recht, 1996, S. 151-153.

3 Vgl. *SU Yingxia* (Fn. 2), S. 152 f.

4 Vgl. *Heuser*, ZChinR 2008, 193, 194; *Münzel*, ZChinR 2006, 1.

Kriminalität, gestört wurde[5]. Schriftlich fixiertes Zivilrecht ist vor diesem Hintergrund in China etwas Neues. Gesetze bedeuteten in China herkömmlicherweise vielmehr nur öffentliches Recht[6].

Das gegenwärtige Rechtssystem blickt nun auf eine 100-jährige Geschichte zurück. Hierbei ist vor allem auf die sog. „Vollständige Sammlung der Sechs Gesetze“ (*Liufa Quanshu*)[7] hinzuweisen, die auch ein Zivilgesetzbuch beinhaltete, das Zivilgesetzbuch der Republik China von 1929/31. Hierin wurden Systematik und Begriffe des deutschen Zivilrechts rezipiert, welches in der Folge das moderne chinesische Zivilrecht und die Rechtswissenschaft wesentlich beeinflusst hat[8]. Mit dieser Sammlung war bereits eine relativ vollständige Grundlage des chinesischen Gesetzesrechts gelegt[9]. Im Zuge der Gründung der Volksrepublik China im Jahr 1949 wurde diese Sammlung allerdings wieder aufgehoben[10].

Seit der im Jahr 1978 eingeleiteten Reform- und Öffnungspolitik wird nun wieder intensiv am Aufbau einer Zivilrechtsordnung gearbeitet. Bislang gelten in China allerdings nur privatrechtliche Einzelgesetze, keine umfassende Kodifikation. Ein chinesisches Zivilgesetzbuch ist in Vorbereitung. Es gibt bereits mehrere Entwürfe[11], darunter ein offizieller Entwurf der Rechtsarbeitskommission des Ständigen Ausschusses des Nationalen Volkskongresses, aber auch das Modell, die Einzelgesetze zu einem Zivilgesetzbuch zusammenzufassen. Die Entwürfe stammen allerdings bereits aus den Jahren 2002/03. Wie intensiv der Plan einer Zivilrechtskodifikation momentan noch verfolgt wird oder ob es dauerhaft beim System von Einzelgesetzen bleibt, ist unklar[12].

---

5 *Heuser*, ZChinR 2008, 193, 194.

6 *Heuser*, ZChinR 2008, 193, 194.

7 *SU Yingxia* (Fn. 2), S. 154 f. mit Fn. 542; s. dazu *Heuser* (Fn. 2), S. 166-172.

8 *Eberl-Borges/SU Yingxia*, ZVglRWiss 111 (2012), 125 f. m.w.N. Zu den Gründen für die Orientierung gerade am deutschen Recht s. auch *Wendehorst*, in: *Jehle/Lipp/Yamanaka* (Hrsg.), Rezeption und Reform im japanischen und deutschen Recht, 2008, S. 19, 23 f. *BU Yuanshi*, JZ 2010, 26 Fn. 4 verweist auf den besonders großen Einfluss von *Friedrich Carl von Savigny*: Es werde sogar versucht, eine „chinesische historische Rechtsschule“ zu gründen. Die chinesische Rechtssprache wurde im ersten Zivilgesetzbuchentwurf von 1910 neu geschaffen, und zwar mit Blick auf die deutschen Rechtsbegriffe, s. dazu *WANG Qiang*, Beiträge der späten Qing-Zeit zu Chinas moderner vermögensrechtlicher Terminologie, 2012, S. 49 ff.

9 *SU Yingxia* (Fn. 2), S. 155 Fn. 542.

10 Dazu *SU Yingxia* (Fn. 2), S. 155.

11 S. *BU Yuanshi*, Einführung in das Recht Chinas, 2009, S. 80 Rn. 9, 11, 12; *Eberl-Borges/SU Yingxia*, ZVglRWiss 111 (2012), 125, 127 m.w.N.

12 S. dazu auch den nachfolgenden Beitrag zur Erbrechtsreform, unter VI. a.E.

II. Allgemeine Grundsätze des Zivilrechts

Anfang der 1980er Jahre war das Bedürfnis nach zivilrechtlichen Regelungen in China groß, gleichzeitig erschien es unmöglich, innerhalb kurzer Zeit ein Zivilgesetzbuch zu schaffen[13]. In dieser Situation wurden am 12.04.1986 die Allgemeinen Grundsätze des Zivilrechts der VR China[14] erlassen; sie sind am 01.01.1987 in Kraft getreten. Sie enthalten 156 Paragraphen und gliedern sich in neun Kapitel: 1. Grundprinzipien, 2. Bürger (natürliche Personen), 3. Juristische Personen, 4. Zivilrechtshandlungen und Vertretung, 5. Zivilrechte, 6. Zivile Haftung, 7. Klageverjährung, 8. Rechtsanwendung bei Zivilbeziehungen mit Auslandsberührung und 9. Ergänzende Regeln. Die Allgemeinen Grundsätze des Zivilrechts decken damit fast den gesamten Bereich des Zivilrechts ab, wenn auch nur in einer knappen Regelung[15].

Die Allgemeinen Grundsätze des Zivilrechts wurden im Jahr 1988 ergänzt durch Ansichten des Obersten Volksgerichts[16], in denen das Gericht eine amtliche Auslegung vorgibt (sog. justizielle Auslegung). Derartige Auslegungsbefugnisse stehen nach Art. 67 (4) der Verfassung[17] dem Nationalen Volkskongress und seinem Ständigen Ausschuss zu; letzterer hat 1981 entsprechende Befugnisse an das Oberste Volksgericht delegiert[18]. Die Ansichten oder Erläuterungen des Obersten Volksgerichts wirken wie Gesetze[19].

---

13 *BU Yuanshi* (Fn. 11), S. 77 Rn. 1.

14 Deutsche Übersetzung mit Anmerkungen von *Münzel* abrufbar unter: http://www.chinas-recht.de/zivilrecht.htm.

15 Vgl. *BU Yuanshi* (Fn. 11), S. 78 Rn. 2.

16 Versuchsweise durchgeführte Ansichten des Obersten Volksgerichts zu einigen Fragen der Anwendung der Allgemeinen Grundsätze des Zivilrechts der VR China, verabschiedet am 26.01.1988, deutsche Übersetzung von *Münzel* abrufbar unter: http://www.chinas-recht.de/zivilrecht.htm (in die Wiedergabe der Allgemeinen Grundsätze des Zivilrechts eingearbeitet).

17 Verfassung der Volksrepublik China vom 04.12.1982, revidiert in den Jahren 1988, 1993, 1999 und 2004, deutsche Übersetzung abrufbar unter: http://www.verfassungen.net/rc/verf82.htm.

18 Delegation von Auslegungsbefugnissen durch den Ständigen Ausschuss des Nationalen Volkskongresses an das Oberste Volksgericht und die Oberste Staatsanwaltschaft durch Beschluss des Ständigen Ausschusses des Nationalen Volkskongresses über die Verstärkung der Arbeit bei der Rechtsauslegung, erlassen und in Kraft gesetzt am 10.06.1981, zitiert nach *BU Yuanshi* (Fn. 11), S. 20 mit Fn. 6.

19 § 5 der Bestimmungen des Obersten Volksgerichts über die Justizauslegung, Erlass Nr. 12 (2007), deutsche Übersetzung von *Ahl* in ZChinR 2007, 322.

Die Gliederung der Allgemeinen Grundsätze des Zivilrechts lässt eine Unterteilung in einen Allgemeinen Teil (Kapitel 1 – 4) und einen Besonderen Teil erkennen. In der Tat hat das chinesische Recht bewusst den Ansatz des deutschen Rechts übernommen, Allgemeines „vor die Klammer" zu ziehen und vorab für alle Regelungsbereiche einheitlich zu normieren[20]. Der Bereich dieses Allgemeinen Teils ist detailliert geregelt[21]. Der Bereich des Besonderen Teils umfasst dagegen nur Grundzüge[22]: Er ist eher rudimentär ausgearbeitet und legt lediglich die Eckpfeiler fest, um Raum für detailliertere Einzelgesetze zu lassen[23]. Viele dieser Regelungen sind heute in der Tat subsidiär, weil die inzwischen erlassenen Einzelgesetze (wie das Vertragsgesetz[24], das Deliktsgesetz[25], das Sachenrechtsgesetz[26] oder das IPR-Gesetz[27]) als *leges speciales* vorrangig anzuwenden sind[28]. Die Allgemeinen Grundsätze des Zivilrechts werden heute hauptsächlich noch dort herangezogen, wo im deutschen Recht (BGB) der Regelungsbereich des Allgemeinen Teils betroffen ist.

Dennoch bilden die Allgemeinen Grundsätze des Zivilrechts nach wie vor das „Muttergesetz"[29] des chinesischen Zivilrechts. Sie sind die Grundlage für die späteren zivilrechtlichen Bestimmungen in Einzelgesetzen. Problematisch ist, dass die Allgemeinen Grundsätze des Zivilrechts unter Einfluss des sowjetischen Rechts ausgearbeitet wurden[30] und die Entwicklung Chinas hin zu einer sozialistischen Marktwirtschaft bisher nicht zu einer wesentlichen Überarbeitung geführt hat[31].

Zu den wichtigsten Prinzipien der Allgemeinen Grundsätze des Zivilrechts gehören die Freiwilligkeit (im Sinne von Privatautonomie[32]), die

---

20 *ZHANG Mo*, Chinese Contract Law – Theory and Practice, 2006, S. 31.
21 *BU Yuanshi* (Fn. 11), S. 77 Rn. 1.
22 *BU Yuanshi* (Fn. 11), S. 77 Rn. 1.
23 Vgl. *WANG Yanfeng*, Die „Allgemeinen Grundsätze des Zivilrechts der Volksrepublik China" vom 1.1.1987 und das Bürgerliche Gesetzbuch der Bundesrepublik Deutschland, 1989, S. 52.
24 Dazu u. III.
25 Dazu u. IV.
26 Dazu u. V.
27 Dazu u. X.
28 S. z.B. § 51 IPR-Gesetz (zum Gesetz u. X. mit Fn. 178) und zum Vertragsgesetz u. III. mit Fn. 48.
29 So *BU Yuanshi* (Fn. 11), S. 78 Rn. 2.
30 *BU Yuanshi* (Fn. 11), S. 78 Rn. 2.
31 *CHEN Jianfu*, Chinese Law: Context and Transformation, 2008, S. 338 f.
32 *BU Yuanshi* (Fn. 11), S. 81 Rn. 16.

Gleichberechtigung der Parteien, die Gerechtigkeit und das Gebot von Treu und Glauben (§§ 3 f. AGZ).

In der Rechtsgeschäftslehre des 4. Kapitels der Allgemeinen Grundsätze des Zivilrechts zeigt sich das deutsche Vorbild des Unterteilens, wenngleich sich die Einteilung nicht mit der des deutschen BGB deckt. Oberbegriff ist im chinesischen Zivilrecht die Zivilhandlung. Als Zivilrechtshandlungen werden nur rechtmäßige Rechtsgeschäfte bezeichnet (s. § 54 AGZ). Anfechtbare (§ 59 AGZ) und nichtige Rechtsgeschäfte (§ 58 AGZ) werden davon unterschieden, fallen aber ebenfalls unter den Oberbegriff der Zivilhandlung[33]. Die ursprünglich große Zahl an Nichtigkeitstatbeständen ist später durch das Vertragsgesetz reduziert worden[34]. Die Anfechtung erfolgt nicht privatautonom, vielmehr muss bei Gericht die Aufhebung der Zivilhandlung beantragt werden (§ 59 AGZ). Anstelle der Aufhebung kann vom Anfechtungsberechtigten auch eine Änderung beantragt werden (§ 59 AGZ)[35].

Die Zivilrechte des 5. Kapitels gliedern sich in dingliche Rechte, Forderungen, Immaterialgüterrechte und Persönlichkeitsrechte. Bei den Forderungen finden sich in den Allgemeinen Grundsätzen des Zivilrechts nach deutschem Muster Bestimmungen des Allgemeinen und des Besonderen Schuldrechts sowie die Unterscheidung zwischen vertraglichen und gesetzlichen Schuldverhältnissen.

Die große Bedeutung des Haftungsrechts wird durch ein eigenes 6. Kapitel hervorgehoben[36]. Hier werden sowohl die vertragliche als auch die deliktische Haftung geregelt. In diesen Bereichen gelten heute das Vertragsgesetz 1999 und das Deliktsgesetz 2010.

III. Vertragsrecht

Nach Gründung der Volksrepublik China im Jahr 1949 wurde der Vertrag als kapitalistisches Symbol strikt abgelehnt und aus diesem Grunde das bisherige Vertragssystem abgeschafft[37]. An dessen Stelle traten staatliche Pläne und die Verwaltung durch Behörden[38]. Die daneben noch existierenden Musterverträge dienten der Ausführung der staatlichen Wirtschaftsplanung[39].

---

33 S. den Wortlaut der §§ 58 f. AGZ.

34 Vergleiche den Katalog von § 58 AGZ mit dem von § 52 VertragsG; *BU Yuanshi* (Fn. 11), S. 103 Rn. 4.

35 S. dazu *BU Yuanshi* (Fn. 11), S. 85 Rn. 31 n.w.N.

36 Vgl. *BU Yuanshi* (Fn. 11), S. 88 Rn. 47 m.w.N.

37 *Eberl-Borges/SU Yingxia*, ZVglRWiss 111 (2012), 126.

38 *Eberl-Borges/SU Yingxia*, ZVglRWiss 111 (2012), 125 f. m.w.N.

39 S. dazu *Eberl-Borges/SU Yingxia*, ZVglRWiss 111 (2012), 126 m.w.N.

Seit Beginn der Reform- und Öffnungspolitik im Jahr 1978 und der damit einhergehenden Hinwendung zu einer „sozialistischen Marktwirtschaft mit chinesischer Prägung“ ist der Vertrag – als unentbehrliches Mittel im Geschäftsverkehr – wieder ein fester Bestandteil des chinesischen Zivilrechts[40]. Er ist sogar ein zentrales Institut der chinesischen Rechtsreform, und das Vertragsrecht nimmt eine führende Rolle für das Zivilrecht ein: Das Vertragsrecht ist der „Drachenkopf“ des Zivilrechts[41].

Folgende Gesetze wurden in diesem Bereich erlassen: das (Binnen-) Wirtschaftsvertragsgesetz 1981[42] (revidiert 1993[43]), das Außenwirtschaftsvertragsgesetz 1985[44], die Allgemeinen Grundsätze des Zivilrechts 1986[45], das Technikvertragsgesetz (TechVG) 1987[46] und schließlich das Vertragsgesetz (VertragsG) 1999[47]. Das Vertragsgesetz überschneidet sich teilweise mit den Allgemeinen Grundsätzen des Zivilrechts; in diesen Bereichen sind die (mehr rudimentären) Regelungen der Allgemeinen Grundsätze gegenüber dem Vertragsgesetz subsidiär[48]. Die bisherigen drei Vertragsgesetze wurden durch das Vertragsgesetz 1999 abgelöst (§ 428 VertragsG). Dieses wird ergänzt durch Erläuterungen des Obersten Volksgerichts aus den Jahren 1999[49] und 2009[50] (sog.

---

40 Vgl. *SU Yingxia* (Fn. 2), S. 158 f. m.w.N.

41 *Eberl-Borges/SU Yingxia*, ZVglRWiss 111 (2012), 127.

42 Verabschiedet am 13.12.1981, in Kraft seit 01.07.1982; deutsche Übersetzung von *Münzel* in WGO/MfOR 23 (1981), 165.

43 Geänderte Fassung verabschiedet am 02.09.1993; englische Übersetzung des revidierten (Binnen-) Wirtschaftsvertragsgesetzes im Internet abrufbar, Dokument: faculty.pccu.edu.tw/~borshan/PRC%20ECL.doc.

44 Verabschiedet am 21.03.1985, in Kraft seit 01.07.1985; englische Übersetzung bei *Horn/Schütze* (Hrsg.), Wirtschaftsrecht und Außenwirtschaftsrecht der Volksrepublik China, 1987, S. 438.

45 Dazu o. II.

46 Verabschiedet am 23.06.1987, in Kraft seit 01.11.1987; englische Übersetzung abrufbar unter: http://www.bjkw.gov.cn/n244495/n244634/2658328.html.

47 Verabschiedet am 15.03.1999, in Kraft seit 01.10.1999; deutsche Übersetzung mit Anmerkungen von *Münzel/ZHENG Xiaoqing* abrufbar unter: http://www.chinas-recht.de/vertrag.htm.

48 Vgl. *Kornet*, Electronic J. Comp. L. 14 (2010) 1, 5, abrufbar unter: http://www.ejcl.org/141/art141-1.pdf.

49 Deutsche Übersetzung mit Anmerkungen von *Münzel/ZHENG Xiaoqing* abrufbar unter: http://www.chinas-recht.de/vertrag.htm (in die Wiedergabe des Vertragsgesetzes eingearbeitet).

50 Deutsche Übersetzung von *Pißler* in ZChinR 2009, 288.

justizielle Auslegung[51]). Bemerkenswert ist schließlich, dass China bereits seit 1988 Vertragsstaat der UN-Kaufrechtskonvention (CISG) ist.

Das Vertragsgesetz ist eines der ersten chinesischen Gesetzeswerke, die sich auf hohem wissenschaftlichem Niveau bewegen[52]. Es wird in China als eigenständige moderne Kodifikation geschätzt[53]. Das Vertragsgesetz orientiert sich stark am deutschen Recht. Aus dem BGB wurden beispielsweise Bestimmungen über den Vertragsschluss und die Vertragsabwicklung oder auch der Grundsatz von Treu und Glauben entnommen[54]. Bei der Ausarbeitung des Vertragsgesetzes wurden aber auch das CISG, die *UNIDROIT Principles of International Commercial Contracts* und die *Principles of European Contract Law* herangezogen. Soweit sich einzelne Elemente des *Common Law* im chinesischen Vertragsgesetz wiederfinden (etwa die Widerruflichkeit des Angebots als Grundsatz[55]), handelt es sich in der Regel um solche, die bereits Eingang ins internationale Recht gefunden hatten[56]. Auch insoweit haben sich das deutsche und das chinesische Recht seit der deutschen Schuldrechtsreform des Jahres 2002 aber wieder angenähert. So kennen heute beide Rechtsordnungen kein kaufspezifisches Gewährleistungsrecht, vielmehr ist die Lieferung einer mangelhaften Sache ein Fall der Vertragsverletzung bzw. Pflichtverletzung[57]. Allerdings ist die vertragliche Haftung nach chinesischem Recht (anders als nach deutschem Recht) verschuldensunabhängig[58], wobei höhere Gewalt von der Haftung befreit (§ 117 VertragsG).

Das Vertragsgesetz enthält 428 Paragraphen und besteht aus einem Allgemeinen und einem Besonderen Teil. Im Allgemeinen Teil sind Abschluss, Wirkung, Erfüllung und Beendigung des Vertrages geregelt sowie die vertragliche Haftung. Der Besondere Teil regelt einzelne Vertragstypen, darunter auch moderne Vertragstypen, die dem BGB unbekannt sind (wie z.B. den Finanzierungsleasing-Vertrag, §§ 237 ff. VertragsG). Insgesamt sind im Vertragsgesetz 15 Nominatverträge geregelt: Kaufvertrag, Schenkungsvertrag, Miet- und Pachtvertrag, Werkvertrag, Verwahrungsvertrag, Geschäftsbesorgungsvertrag, Maklervertrag,

---

51 S.o. II.

52 *Knieper*, Newsletter DCJV 2002, 2, 6; *Münzel/ZHENG Xiaoping*, RIW 1999, 641, 645 f.; *SHEN Weixing*, in: FS *Horn* 2006, S. 125; *SU Yingxia*, ZVglRWiss 111 (2012), 125, 127 f. m.w.N. in Fn. 16.

53 *Eberl-Borges/SU Yingxia*, ZVglRWiss 102 (2003), 101, 107.

54 S. *Eberl-Borges/SU Yingxia*, ZVglRWiss 111 (2012), 125, 129 m.w.N.

55 S. dazu *Eberl-Borges/SU Yingxia*, ZVglRWiss 111 (2012), 125, 129 f.

56 *Eberl-Borges/SU Yingxia*, ZVglRWiss 111 (2012), 125, 128 f.

57 Vgl. *Eberl-Borges/SU Yingxia*, ZVglRWiss 111 (2012), 125, 130 f.

58 S. dazu *Eberl-Borges/SU Yingxia*, ZVglRWiss 111 (2012), 125, 133 f.

Lagervertrag, Kommissionsvertrag, Darlehensvertrag, Bauvertrag, Transportvertrag, Liefervertrag für Strom, Wasser, Gas und Heizkraft, Leasingvertrag und Technologievertrag. Die Bürgschaft ist als personenbezogene Sicherheitsform im Sicherheitengesetz von 1995[59] geregelt und erscheint nicht im Vertragsgesetz.

Leitgedanke des Vertragsgesetzes ist die Vertragsfreiheit (§ 4 Hs. 1 VertragsG)[60]. Erst das Vertragsgesetz führte in China Vertragsfreiheit für alle Bürger ein[61]. Die Vorgängergesetze hatten im Wesentlichen nur Wirtschaftsunternehmen Vertragsfreiheit eingeräumt. Einzelne konnten nur als Einzelgewerbetreibende (s. § 26 AGZ) oder dörfliche Übernahmebetreiber (s. § 27 AGZ) Vertragsfreiheit wahrnehmen. Vor 1999 waren chinesische Bürger außerhalb dieser Rechtsformen nur befugt, Technikverträge abzuschließen, da das Technikvertragsgesetz sich als einziges Gesetz auch auf einzelne Bürger bezog (s. § 2 TechVG). In der chinesischen Verfassung[62] ist die Vertragsfreiheit übrigens – anders als beispielsweise das Privateigentum (Art. 13 Verf.) – nicht erwähnt.

Die Vertragsfreiheit erfährt nach dem Vertragsgesetz weitreichende Einschränkungen. So müssen die Parteien die Gesetze und verwaltungsrechtlichen Bestimmungen einhalten (§ 7 VertragsG); werden zwingende Bestimmungen verletzt, ist der Vertrag unwirksam (§ 52 Nr. 5 VertragsG). Da justizielle Auslegungen durch das Oberste Volksgericht die Wirkung von Gesetzen haben[63], kann auch das Oberste Volksgericht die Vertragsfreiheit einschränken. Das gleiche gilt für den Staatsrat, der nicht nur zur Durchführung von Gesetzen (§ 56 Abs. 1 [1] GesetzgebungsG[64]) oder aufgrund Ermächtigung des Nationalen Volkskongresses oder seines Ständigen Ausschusses (§ 56 Abs. 2 GesetzgebungsG), sondern auch kraft originärer Gesetzgebungsbefugnisse Verordnungen erlassen kann (Art. 89 [1] Verf., § 56 Abs. 1 [2] GesetzgebungsG). Bloße staatliche Richtlinien oder Richtlinien der Partei können die Vertragsfreiheit heute allerdings nicht mehr einschränken[65].

---

59 Verabschiedet am 30.06.1995, in Kraft seit 01.10.1995, deutsche Übersetzung mit Anmerkungen von *Münzel* abrufbar unter: http://www.chinas-recht.de/inhalt.htm, Dokument: 30.6.95-2.rtf.

60 Vgl. *BU Yuanshi* (Fn. 11), S. 103 Rn. 4.

61 S. *Eberl-Borges/SU Yingxia*, ZVglRWiss 111 (2012), 125, 138 mit Überblick über die Rechtsentwicklung auf S. 137 f.

62 S.o. Fn. 17

63 S.o. II.

64 Gesetzgebungsgesetz der VR China, verabschiedet am 15.03.2000, in Kraft seit 01.07.2000, deutsche Übersetzung mit Anmerkungen von *Pissler* abrufbar unter: http://www.chinas-recht.de/000315b.htm.

65 *Eberl-Borges/SU Yingxia*, ZVglRWiss 111 (2012), 125, 141 f.

Ein Vertrag ist auch unwirksam, wenn er gesellschaftliche öffentliche Interessen schädigt (§ 52 Nr. 4 VertragsG). Wegen dieses unbestimmten Rechtsbegriffs besteht in China die Furcht vor richterlichem Missbrauch oder Fehlgebrauch[66]. Eine nähere Konkretisierung ist seit Erlass des Vertragsgesetzes nicht erfolgt. Allerdings sind auch kaum Entscheidungen dazu ergangen. Offenbar schrecken chinesische Richter vor der Anwendung von Generalklauseln zurück. Rückgriff auf eine Schädigung gesellschaftlicher öffentlicher Interessen haben die chinesischen Gerichte bislang nur als zusätzliche Begründung genommen, also in Fällen, in denen der Vertrag bereits wegen Gesetzesverstoßes nichtig war[67].

Indem Gesetze oder verwaltungsrechtliche Bestimmungen auch Genehmigungs-, Registrierungs- oder sonstige Verfahren vorsehen können, ohne deren Durchführung ein Vertrag nicht wirksam ist (§ 44 Abs. 2 VertragsG), können auch Behörden die Vertragsfreiheit einschränken. Der chinesische Gesetz- und Verordnungsgeber ist weitgehend frei in der Einführung solcher Verfahren[68]. In den letzten Jahren ist allerdings eine weitgehende Liberalisierung zu verzeichnen. Genehmigungsverfahren sind inzwischen zugunsten von bloßen Registrierungserfordernissen weit zurückgedrängt[69], wobei letztere das Wirksamwerden des Vertrages in der Regel nicht hindern (§ 9 OVG-Erläuterungen 1999[70]). Im Vertragsgesetz ist außerdem eine behördliche Überwachung von Verträgen vorgesehen (s. § 127 VertragsG), wobei Art und Umfang der Überwachung nicht genauer geregelt sind. Die Intensität der behördlichen Überwachung erscheint daher abhängig von der „politischen Wetterlage".

IV. Deliktsrecht

Das Deliktsgesetz der VR China von 2009[71] vereinigt deliktsrechtliche Regelungen, die bisher über eine Vielzahl verschiedener Rechtsgrundlagen verstreut waren[72]. Das Gesetz enthält 92 Paragraphen und regelt neben dem allgemeinen

---

66 So *LING Bing*, Contract Law in China, 2002, Rn. 2.043.

67 *Eberl-Borges/SU Yingxia*, ZVglRWiss 111 (2012), 125, 144 f. mit beispielhafter Darstellung einer Gerichtsentscheidung.

68 Vgl. *ZHANG Mo* (Fn. 20), S. 120.

69 Vgl. *Eberl-Borges/SU Yingxia*, ZVglRWiss 111 (2012), 125, 145 - 147 m.w.N.

70 S.o. Fn. 49.

71 Gesetz der Volksrepublik China über die Haftung für die Verletzung von Rechten, verabschiedet am 26.12.2009, in Kraft seit 01.07.2010; deutsche Übersetzung von *LIU Xiaoxiao/Pißler* in ZChinR 2010, 41.

72 *De Smet*, Das chinesische Deliktsgesetz: eine Premiere, Luther Rechtsanwaltsgesellschaft mbH, Newsletter 2. Quartal 2010, 10, abrufbar unter: http://www.lutherlawfirm.com/download_newsletter_de/285.pdf.

Konzept der deliktsrechtlichen Haftung auch spezielle Fallkonstellationen wie die Produkthaftung (§§ 41 ff. DeliktsG), die Haftung bei Verkehrsunfällen (§§ 48 ff. DeliktsG), die Haftung für medizinische Fehlbehandlung (§§ 54 ff. DeliktsG)[73], die Arbeitgeberhaftung (§§ 34 f. DeliktsG), die Haftung bei Umweltverschmutzung (§§ 65 ff. DeliktsG), die Tierhalterhaftung (§§ 78 ff. DeliktsG)[74], die Haftung für hohe Gefahren wie Kernenergieanlagen oder Luftfahrzeuge (§§ 69 ff. DeliktsG) oder die Haftung für den Einsturz von Gebäuden, herabfallende Sachen, umstürzende Bäume o.ä. (§§ 85 ff. DeliktsG).

Ein Grundzug des chinesischen Deliktsgesetzes ist die Besserstellung des Geschädigten. Generell treffen im Deliktsrecht unterschiedlich gerichtete Interessen aufeinander: Der Geschädigte hat ein Interesse auf Schadensausgleich[75], der (mögliche) Schädiger ein Interesse an der Vorhersehbarkeit und Einschätzbarkeit seiner Ersatzpflicht durch entsprechend klare Verhaltensnormen[76]. In diesem Spannungsfeld begünstigt das chinesische Deliktsgesetz den Geschädigten[77]. Das hängt damit zusammen, dass in China ein funktionierendes und flächendeckendes Sozialversicherungssystem bislang noch fehlt[78]. Das Privatrecht hat insoweit eine dienende Funktion.

Nach dem Grundkonzept des Deliktsgesetzes unterliegt der deliktsrechtlichen Haftung, wer schuldhaft zivilrechtliche Rechte oder Interessen einer anderen Person verletzt (§ 6 Abs. 1 DeliktsG). Zivilrechtliche Rechte und Interessen umfassen u.a. das Recht auf Leben, Gesundheit, Namen, guten Ruf und Ehre, das Recht am eigenen Bild, das Recht auf Privatsphäre, Selbstbestimmung in der Ehe, das Vormundschaftsrecht, Eigentumsrecht, Nießbrauchsrecht, Sicherungssachenrecht, Urheberrecht, Patentrecht, ausschließliche Nutzungsrecht an Marken, Erfindungsrecht, Anteile

---

73 Die Haftung für medizinische Fehlbehandlung war ein besonders umstrittenes Thema bei Erlass des Deliktsgesetzes, vgl. *BU Yuanshi*, ZfRV 2010, 218, 228.

74 Zur aktuellen Bedeutung der Tierhaltung in China und dem besonderen Problem ausgesetzter Tiere s. *BU Yuanshi*, ZfRV 2010, 218, 230; *dies.*, in: *BU Yuanshi* (Hrsg.), Chinese Civil Law, 2013, S. 149, 176 Rn. 91.

75 Sog. Ausgleichsfunktion des Deliktsrechts, s. dazu *Deutsch*, Allgemeines Haftungsrecht, 2. Aufl. 1996, Rn. 17.

76 Sog. Präventionsfunktion des Deliktsrechts, s. dazu *Deutsch* (Fn. 75), Rn. 18.

77 S. etwa die Regelung zur Produkthaftung (s.u. bei Fn. 80). Auch kennt das chinesische Zivilrecht die Deliktsfähigkeit als Haftungsvoraussetzung nicht, s. dazu *BU Yuanshi*, ZfRV 2010, 218, 224. S. weiter die sog. „Blumenkübelhaftung" des § 87 DeliktsG, wonach bei Schäden durch von einem Gebäude herabfallende Gegenstände alle Wohnungseigentümer haften (mit Exkulpationsmöglichkeit, s. dazu *LI Xiang/JIN Jigang*, Concise Chinese Tort Laws, 2014, S. 233).

78 *BU Yuanshi*, ZfRV 2010, 218, 231.

an Kapitalgesellschaften und das Erbrecht (§ 2 Abs. 2 DeliktsG). Diese Regelung ähnelt dem Grundtatbestand des § 823 Abs. 1 des deutschen BGB, wenngleich sie im Hinblick auf die geschützten Rechtspositionen detaillierter ist. Neben dieser Verschuldenshaftung kennt das chinesische Deliktsrecht die Haftung für (widerlegbar) vermutetes Verschulden, die durch Gesetz vorgesehen werden kann (§ 6 Abs. 2 DeliktsG). Bekannt ist auch die verschuldensunabhängige Haftung; auch sie bedarf – wie die Gefährdungshaftung im deutschen Recht – einer gesetzlichen Anordnung (§ 7 DeliktsG). Ergänzend sieht § 24 DeliktsG eine Billigkeitshaftung vor, die entfernt an § 829 BGB erinnert: Wenn weder den Geschädigten noch den Handelnden ein Verschulden trifft, kann die Schadenstragung – „nach den tatsächlichen Umständen" – auf beide verteilt werden. Ist der Schaden durch höhere Gewalt verursacht, so entfällt die deliktsrechtliche Haftung (§ 29 DeliktsG)[79].

Das Deliktsgesetz erleichtert es Personen, die durch fehlerhafte Produkte geschädigt werden, sehr weitgehend, Schadensersatz zu erlangen: Der Geschädigte kann aus Produkthaftung nunmehr Schadensersatz vom Hersteller oder vom Verkäufer des fehlerhaften Produkts verlangen, unabhängig davon, wer von beiden den Fehler verursacht hat (§ 43 Abs. 1 DeliktsG). Die Fehlerverursachung spielt erst bei anschließenden Ausgleichsansprüchen des Inanspruchgenommenen eine Rolle[80]: Hat der Verkäufer den Geschädigten entschädigt, aber der Hersteller den Fehler verursacht, so kann der Verkäufer Ausgleich vom Hersteller verlangen (§ 43 Abs. 2 DeliktsG) und umgekehrt (§ 43 Abs. 3 DeliktsG), ebenso von weiteren Gliedern in der Vertriebskette wie Transport- und Lagerunternehmen, sofern sie den Fehler verursacht haben (§ 44 DeliktsG). Entsprechendes gilt für die Haftung wegen fehlerhafter Medizinprodukte, auch Bluttransfusionen. Der Patient kann den Hersteller (bzw. die Organisation, die das Blut liefert) oder das behandelnde medizinische Institut in Anspruch nehmen (§ 59 S. 1 DeliktsG). Die Fehlerverursachung ist erst bei etwaigen Ausgleichsansprüchen relevant (§ 59 S. 2 DeliktsG). Für die Produkthaftung hat das Deliktsgesetz nun auch Strafschadensersatz nach anglo-amerikanischem Vorbild eingeführt[81]: Wer

---

79 Dieser Haftungsbefreiungstatbestand mag damit zusammenhängen, dass die Bedeutung von Rechtswidrigkeit und Verschulden für die deliktische Haftung noch nicht geklärt sind, s. zu letzterem *BU Yuanshi*, ZfRV 2010, 218, 220 f. Die Rechtswidrigkeit ist im Deliktsgesetz nicht als Tatbestandsvoraussetzung genannt, allerdings ist Notwehr als Haftungsbefreiungstatbestand vorgesehen (§ 30 DeliktsG).

80 Auf diese Weise wird das Risiko einer Insolvenz des Schadensverursachers vom Geschädigten abgewälzt, s. *BU Yuanshi*, ZfRV 2010, 218, 220.

81 Strafschadensersatz ist wohl erstmals in der „Detailvorschrift des Arbeitsministeriums für den Schadenersatz bei Verletzungen der Bestimmungen des Arbeitsgesetzes

wissentlich ein fehlerhaftes Produkt herstellt und absetzt, schuldet nach § 47 Deliktsgesetz Strafschadensersatz, wenn durch das Produkt der Tod oder ein erheblicher Gesundheitsschaden bei einem anderen Menschen eintritt. Dieser Schadensersatz ist der Höhe nach nicht beschränkt. Bisherige Regelungen im Verbraucherschutzgesetz[82] und im Lebensmittelsicherheitsgesetz[83] beschränkten die Erhöhung des kompensatorischen Schadensersatzes auf den für das Produkt bezahlten Preis[84] oder ein fest vorgeschriebenes Vielfaches hiervon[85]. Das Deliktsgesetz ist insoweit offen, sieht aber auch keinen Standard und keine Methode für die Berechnung des Schadensersatzes vor.

§ 65 DeliktsG legt eine Gefährdungshaftung bei Umweltverschmutzung fest. Sie trifft auch denjenigen, der alle Gesetze und sonstigen Regelungen zum Schutz der Umwelt eingehalten hat[86], sofern nur aus seiner Handlung eine Umweltverschmutzung resultiert, die einen Schaden verursacht hat. Bei der Kausalität sind in § 66 weitere Erleichterungen für den Geschädigten vorgesehen. So wird die Kausalität zwischen der Umwelteinwirkung und dem Schaden (widerleglich) vermutet[87].

V. Sachenrecht

Nach marxistischer Lehre ist das Privateigentum an Produktionsmitteln die Wurzel der Ausbeutung der Arbeiterklasse durch die Kapitalisten[88]. Nach Gründung der Volksrepublik China im Jahre 1949 wurde Privateigentum daher schrittweise

---

zum Arbeitsvertrag“ vom 10.5.1995 aus dem anglo-amerikanischen ins chinesische Recht übernommen worden, s. *Münzel*, Anmerkungen <1> und <29> zum Arbeitsvertragsgesetz (Fn. 154). Zum Strafschadensersatz nach § 49 VerbraucherschutzG s. *Eberl-Borges/SU Yingxia*, ZVglRWiss 111 (2012), 125, 132 m.w.N.

82 Verbraucherschutzgesetz der Volksrepublik China, verabschiedet am 13.10.1993, in Kraft seit 01.01.1994, englische Übersetzung abrufbar unter: http://www.lehmanlaw.com/resource-centre/laws-and-regulations/consumer-protection/law-of-the-peoples-republic-of-china-on-protection-of-the-rights-and-interests-of-the-consumers-1994.html.

83 Lebensmittelsicherheitsgesetz der VR China, verabschiedet am 28.02.2009, in Kraft seit 01.06.2009.

84 So § 49 VerbraucherschutzG: Erhöhung des Schadensersatzes um den Betrag des Kaufpreises.

85 So § 96 Abs. 2 LebensmittelsicherheitsG: Strafschadensersatz in Höhe des zehnfachen Kaufpreises, vgl. *Binding*, Das Gesetz der VR China über die deliktische Haftung, 2012, S. 54.

86 *De Smet* (Fn. 72), S. 10, 12.

87 *BU Yuanshi*, ZfRV 2010, 218, 229; s. auch *De Smet* (Fn. 72), S. 10, 12.

88 S. *BU Yuanshi* (Fn. 11), S. 129 Rn. 11.

in Volkseigentum oder Kollektiveigentum übergeführt. Privatpersonen durften nur das Eigentum an Gegenständen des täglichen Gebrauchs erwerben[89].

Seit Einleitung der Reform- und Öffnungspolitik im Jahr 1978 ist man von diesen Grundsätzen schrittweise abgerückt. Das Privateigentum wurde 1982 verfassungsrechtlich verankert und durch die Revision 2004 weiter gestärkt (Art. 13 Verf.). Bis heute gibt es in China allerdings kein Privateigentum an Grund und Boden (Art. 10 Verf.).

Die Ausarbeitung eines Sachenrechtsgesetzes wurde bereits Mitte der 1990er Jahre aufgegriffen[90]. Verabschiedet wurde es schließlich am 16.03.2007. Seit 01.10.2007 ist das Gesetz in Kraft[91]. Der erste Gesetzentwurf wurde dabei mehrfach geändert und in insgesamt acht Lesungen in drei Legislaturperioden behandelt[92] – so oft wie nie in der Gesetzgebung der Volksrepublik China[93]. Das Sachenrechtsgesetz umfasst 247 Paragraphen und besteht aus fünf Teilen: Allgemeine Regeln; Eigentum; Nießbrauch; Sicherungssachenrechte; Besitz. Gesetzgebungsberatung für das chinesische Sachenrechtsgesetz ist in erster Linie durch die deutsche Gesellschaft für Technische Zusammenarbeit (GTZ)[94] GmbH erfolgt[95].

Der schwierige Gesetzgebungsprozess hatte natürlich seine Gründe. Bemerkenswert ist zunächst, dass der Entwurf des Sachenrechtsgesetzes – für chinesische Verhältnisse bislang ungewöhnlich – einer breiten Öffentlichkeit zur Stellungnahme zugänglich gemacht worden ist[96]. Hiervon wurde auch reger Gebrauch gemacht: Offiziell wurden über 10.000 Meldungen verzeichnet[97]. Außerdem hat das Sachenrechtsgesetz im Vorfeld seiner Verabschiedung aber heftige Kontroversen in China ausgelöst[98]. Immerhin ging es hier um einen politisch hoch sensiblen Bereich, nämlich um Grundsatzfragen zum Schutz von Privateigentum. Die systemkonservative Strömung und der liberale Flügel der Kommunistischen Partei Chinas standen bei diesen Grundsatzfragen miteinander in Konflikt[99]. So wurde

89 *BU Yuanshi* (Fn. 11), S. 129 f. Rn. 11.

90 Vgl. *Julius*, ZChinR 2006, 270 f.

91 Deutsche Übersetzung mit Anmerkungen von *Münzel* abrufbar unter: http://www.chinas-recht.de/inhalt.htm, Dokument: 16.03.07-1.rtf.

92 *BU Yuanshi* (Fn. 11), S. 127 Rn. 3.

93 *Eberl-Borges/SU Yingxia/WANG Baoshi*, ZVglRWiss 106 (2007), 158, 173.

94 Heute: Gesellschaft für Internationale Zusammenarbeit (GIZ).

95 S. *DING Qiang/Jäckle*, RIW 2007, 807, 808; Überblick bei *Julius*, ZChinR 2006, 270 Fn. 1.

96 S. dazu *Julius*, ZChinR 2006, 270, 271 f. m.w.N.

97 S. *Julius*, ZChinR 2006, 270, 272 m.w.N.

98 Einzelheiten bei *Julius*, ZChinR 2006, 270, 275 m.w.N.

99 Vgl. *BU Yuanshi* (Fn. 11), S. 127 Rn. 3, S. 130 Rn. 13.

gegen den Entwurf geltend gemacht, das Volkseigentum müsse seine hervorgehobene Bedeutung behalten und besser geschützt werden als das Privateigentum[100]. Die Auseinandersetzung wurde schließlich durch parteiinterne Konsultation beigelegt[101].

Dabei waren marktwirtschaftlich nutzbare Eigentumsrechte an Grund und Boden sowie an beweglichen Sachen (Produktionsmitteln) bereits vor Erlass des Sachenrechtsgesetzes längst in einer Vielzahl von Gesetzen vorgesehen[102]. Die Bedeutung des Sachenrechtsgesetzes ist in dieser Hinsicht also an sich vor allem symbolischer Art[103]. Auch hatte die Verfassungsänderung vom 14.03.2004, wie bereits erwähnt, entscheidende Vorgaben gemacht: Nach Art. 13 Abs. 1 der Verfassung ist das gesetzmäßige private Eigentum der Bürger unverletzlich, und nach Abs. 2 schützt der Staat, in Übereinstimmung mit dem Gesetz, die Rechte der Bürger auf privates Eigentum und Erbschaft. Der Ausbruch der Kontroverse gerade zu diesem Zeitpunkt liegt vermutlich daran, dass das Sachenrechtsgesetz die bisher auf verschiedene Gesetze verteilten Einzelregelungen zusammenfasste und der Frage des Privateigentums schon dadurch ein besonderes Gewicht verlieh; außerdem schien auf diese Weise zum Ausdruck gebracht, dass der Schutz des Privateigentums unumkehrbar ist[104].

Ein wesentliches Grundprinzip des Sachenrechtsgesetzes liegt nun darin, dass alle drei Eigentumsformen (Volks-, Kollektiv- und Privateigentum) geschützt werden (§§ 4, 56, 63 Abs. 1, 66 SachenrechtsG). Folge der heftigen Kontroversen bei Erlass des Sachenrechtsgesetzes ist, dass § 4 nicht mehr, wie frühere Entwürfe, formuliert, Volks-, Kollektiv- und Privateigentum seien „gleichermaßen" geschützt. Inhaltlich muss das keinen Unterschied machen[105]. Die §§ 56, 63 Abs. 1 und 66 SachenrechtsG regeln den Eigentumsschutz darüber hinaus für

100 Vgl. *BU Yuanshi* (Fn. 11), S. 130 Rn. 12; *Julius*, ZChinR 2006, 270, 275 m.N.

101 *BU Yuanshi* (Fn. 11), S. 130 Rn. 14. – Das Sachenrechtsgesetz stand auf der Tagesordnung des 10. Nationalen Volkskongresses vom 08.–14.03.2006, wo es verabschiedet werden sollte. Mitte Dezember 2005 wurde das Gesetz dann aber überraschend von der Tagesordnung genommen – ohne jeglichen offiziellen Kommentar, vgl. *Julius*, ZChinR 2006, 270, 272.

102 Vgl. *Julius*, ZChinR 2006, 270, 271, 276; Überblick bei *BU Yuanshi* (Fn. 11), S. 128 Rn. 5.

103 Vgl. *BU Yuanshi* (Fn. 11), S. 127 Rn. 2, S. 130 Rn. 14; *Julius*, ZChinR 2006, 270, 276.

104 Vgl. *Julius*, ZChinR 2006, 270, 276.

105 So auch *BU Yuanshi* (Fn. 11), S. 130 Rn. 14.

Volks-, Kollektiv- und Privateigentum jeweils in einer eigenen Vorschrift, ohne allerdings einen unterschiedlichen Schutzumfang festzulegen[106].

Welche Sachen jeweils im Eigentum des Staates, von Kollektiven oder von Privatpersonen stehen können, ist im 5. Kapitel des Sachenrechtsgesetzes geregelt. Letzte Klarheit über das Kollektiv- und Privateigentum wird durch die Regelung allerdings nicht geschaffen. Ausschließlich dem Staat stehen zu: Bodenschätze, Gewässer, Seengebiete (§ 46 SachenrechtsG), städtische Grundstücke (§ 47), Rundfunkfrequenzen (§ 50) und Landesverteidigungsanlagen (§ 52 Abs. 1). In der Regel gehören auch Wälder, Berge, Grasland, Ödland und Watten dem Staat; Gesetze können bestimmen, dass sie den Kollektiven gehören (§ 48). Im Eigentum des Staates stehen schließlich bei entsprechender gesetzlicher Anordnung: wilde Tiere und Pflanzen (§ 49), Kulturgüter (§ 51) und Infrastrukturanlagen wie Eisenbahnanlagen, Straßen, Elektrizitäts- und Telekommunikationsanlagen sowie Leitungen für Öl und Gas (§ 52 Abs. 2). § 58 SachenrechtsG umschreibt in einer offenen Vorschrift, welche Sachen im Eigentum der Kollektive stehen: Nr. 1: Land, Wälder, Berge, Grasland, Ödland und Watten bei entsprechender gesetzlicher Bestimmung (vgl. § 48 zum Eigentum des Staates); Nr. 2: kollektiveigene Baulichkeiten, Produktionsanlagen und Bewässerungsanlagen für Felder; Nr. 3: kollektiveigene Erziehungs-, Wissenschafts-, Kultur-, Gesundheits-, Sport- und andere Anlagen; Nr. 4: andere kollektiveigene unbewegliche und bewegliche Sachen. Ähnlich offen ist § 64 SachenrechtsG, wonach Privatpersonen Eigentum an ihren legalen Einkommen, Gebäuden, Gütern des täglichen Bedarfs, Produktionsgeräten, Rohmaterialien und anderen unbeweglichen und beweglichen Sachen genießen.

An Grund und Boden ist demzufolge (wie bereits in Art. 10 der Verfassung vorgesehen) kein Privateigentum möglich. Privatpersonen können allerdings Landnutzungsrechte, insbesondere das Recht zur Nutzung von Bauland, innehaben und auf dieser Grundlage Gebäude errichten, die in ihrem Eigentum stehen. Einzelheiten sind im 3. Teil des Sachenrechtsgesetzes geregelt, außerdem in speziellen Gesetzen, die bereits vor Inkrafttreten des Sachenrechtsgesetzes galten: dem Landverwaltungsgesetz (1987)[107] und dem städtischen

106 Vgl. *BU Yuanshi* (S. 11), S. 130 Rn. 14.

107 Landverwaltungsgesetz der Volksrepublik China, verabschiedet am 25.06.1986, revidierte Fassungen verabschiedet am 29.12.1988, 29.8.1998, 28.8.2004; deutsche Übersetzung mit Anmerkungen von *Münzel* abrufbar unter: http://www.chinas-recht.de/land.htm.

Immobilienverwaltungsgesetz (1994)[108]. Diese Nutzungsrechte kommen dem Eigentum nahezu gleich[109]; sie können beispielsweise veräußert oder mit einer Hypothek belastet werden (§ 143 SachenrechtsG). Damit ähneln sie dem deutschen Erbbaurecht (geregelt im Erbbaurechtsgesetz). Ebenfalls nach deutschem Vorbild wurde für diese Nutzungsrechte zudem ein mit öffentlichem Glauben ausgestattetes Grundbuch eingerichtet[110].

Das Teileigentum an Gebäuden (Wohnungseigentum oder Teileigentum an gewerblichen Räumen) ist in einem eigenen 6. Kapitel ausführlich geregelt. Beim Miteigentum kennt das Sachenrechtsgesetz interessanterweise[111] nicht nur die Bruchteilsgemeinschaft, sondern auch die Gesamthand (§§ 93, 95 SachenrechtsG). Diese international nicht verbreitete Rechtsfigur entstammt dem deutschen Recht[112].

An Sicherungssachenrechten sind im 4. Teil des Sachenrechtsgesetzes vorgesehen die Hypothek (§§ 179 ff.), das Pfandrecht (an beweglichen Sachen und an Rechten, §§ 208 ff.) und das Zurückbehaltungsrecht (§§ 230 ff.). Die Hypothek ist auch als Höchstbetragshypothek möglich (§ 203 Abs. 1). Hypotheken können nicht nur an Gebäuden oder Landnutzungsrechten bestellt werden, sondern auch an Produktionsgerät, Rohmaterial, Halbfertig- und Fertigprodukten sowie an Verkehrs- und Transportmitteln (und an anderen Vermögensgegenständen, an denen eine Hypothek zu bestellen nicht nach Gesetzen und Verwaltungsrechtsnormen verboten ist, § 180 Abs. 1 Nr. 7). Unternehmen, Einzelgewerbetreibende oder Dorflandpächter können sämtliche aktuellen und zukünftigen beweglichen Vermögensgüter des Betriebs hypothekarisch belasten (§ 181); hier hat sich das chinesische Recht an der *floating charge* des englischen Rechts orientiert[113].

Hinsichtlich der für das Vermögensrecht wichtigen Weichenstellung, ob die Eigentumsübertragung dem Trennungs- und Abstraktionsprinzip deutscher Prägung folgt, hat das Sachenrechtsgesetz keine Klarheit gebracht. Die Frage

---

108 Verabschiedet am 05.07.1994, in Kraft seit 01.10.1995, deutsche Übersetzung mit Anmerkungen von *Münzel* abrufbar unter: http://www.chinas-recht.de/inhalt.htm, Dokument: 5.7.94-1.rtf.

109 Vgl. *BU Yuanshi* (Fn. 11), S. 144 Rn. 55.

110 Vgl. *BU Yuanshi* (Fn. 11), S. 131 f. Rn. 19, S. 134 Rn. 21; S. 136 Rn. 28.

111 Oder auch überraschenderweise, s. *Wertheim*, in: *BU Yuanshi* (Fn. 74), S. 185, 188 Rn. 12 f.

112 Näheres bei *Eberl-Borges*, Die Erbauseinandersetzung, 2000, S. 5 ff., s. insbes. S. 5 Fn. 5.

113 Vgl. *BU Yuanshi* (Fn. 11), S. 147 Rn. 66.

wird seit Mitte der 1990er Jahre in China intensiv diskutiert[114]. Da nach heutiger Gesetzeslage mehrere Normen aus den Allgemeinen Grundsätzen des Zivilrechts (§ 72), dem Vertragsgesetz (§§ 51, 130, 133, 134, 135) und dem Sachenrechtsgesetz (§§ 6, 15, 23 – 27, 106) unterschiedliche Interpretationen zulassen, ist die Frage weiter umstritten. Eine Meinung in der Literatur propagiert das Trennungs- und Abstraktionsprinzip[115], eine andere die international vorherrschende Titulus-Modus-Lehre, wonach Eigentum durch Kaufvertrag und Übergabe der Kaufsache übertragen wird[116]. Eine vermittelnde Ansicht geht zwar von der Existenz eines dinglichen Rechtsgeschäfts (neben dem Kaufvertrag) aus und folgt damit dem Trennungsprinzip; sie fasst dieses Rechtsgeschäft aber als Teil des Verpflichtungsgeschäfts auf, lehnt also das Abstraktionsprinzip ab[117]. Eine justizielle Auslegung des Obersten Volksgerichts zu dieser Frage gibt es nicht. Interessant ist in diesem Zusammenhang allerdings, dass das Zivilgesetzbuch der Republik China von 1929/31 das Trennungs- und Abstraktionsprinzip in Anlehnung an die deutsche Dogmatik übernommen hatte[118]; in Taiwan gilt es auf dieser Grundlage bis heute[119].

Der Eigentumsvorbehalt ist dem chinesischen Recht bekannt: Er ist bereits in § 134 VertragsG vorgesehen. Offen ist allerdings, ob der Vorbehaltskäufer ein insolvenzfestes Anwartschaftsrecht hat[120]. Aufgrund von § 27 SachenrechtsG ist auch die Sicherungsübereignung möglich[121].

---

114 S. *BU Yuanshi*, JZ 2010, 26. *Baumann Xiaoyan*, Das neue chinesische Sachenrecht, 2005, S. 65 berichtet, dass zwischen 1994 und 2001 in der VR China fast 60 Abhandlungen über das dingliche Rechtsgeschäft veröffentlicht worden sind.

115 Z.B. *GE Yunsong*, Wiss.Z. der Ostchin. Universität für Recht und Politik 2006/07, 102, 104.

116 Z.B. *LIANG Huixing*, Studien zur zivilrechtlichen Rechtslehre, Rechtsprechung und Gesetzgebung, 1993, S. 123.

117 Z.B. *CUI Jinyuan*, CASS Journal of Law 2003 Heft 1, 4 f.; *WANG Liming*, China Legal Science 2006 Heft 4, 80.

118 S. dazu *Baumann* (Fn. 114), S. 70 ff.; *BU Yuanshi*, JZ 2010, 26.

119 S. das grundlegende Urteil des höchsten Gerichts in Taiwan von 1988, Taiwan Revision Nr. 1310/1988, zit. nach *Baumann* (Fn. 114), S. 71 f.; *BU Yuanshi*, JZ 2010, 26; *MI Jian*, ZChinR 2007, 132, 138. Möglicherweise war dieses Urteil ein Auslöser dafür, dass in der VR China einige Jahre später eine lebhafte Diskussion um das Abstraktionsprinzip begann.

120 Vgl. *BU Yuanshi* (Fn. 11), S. 143 Rn. 51.

121 *DING Qiang/Jäckle*, RIW 2007, 807, 818.

VI. Familienrecht

Im Bereich des Familienrechts ist in erster Linie das Ehegesetz relevant. Das alte Ehegesetz von 1950[122] ist 1981 durch das neue Ehegesetz[123] abgelöst und dieses wiederum 2001 revidiert worden[124]. Es besteht nunmehr aus 51 Paragraphen.

Die Eheschließung erfolgt in China ausschließlich durch Registrierung beim Amt für Zivilangelegenheiten[125] (Eheregisterbehörde, § 8 EheG)[126]. Die Eheleute können nach der Eheschließung ihren bisherigen Namen unverändert weiterführen (§ 14 EheG), was in China die Regel ist. Das Eherecht basiert auf dem Grundsatz der Gleichberechtigung von Mann und Frau (§§ 2 Abs. 1, 13, 15 EheG).

Gesetzlicher Güterstand ist die Errungenschaftsgemeinschaft, wonach Vermögen, das die Ehepartner nach der Eheschließung erwerben, grundsätzlich gemeinsames Vermögen wird (§ 17 Abs. 1 EheG). Durch die Revision des Ehegesetzes von 2001 wurde die in China traditionell sehr starke Eingebundenheit des Einzelnen in familiäre Strukturen aufgebrochen, und der individuellen Entscheidungsfreiheit mehr Raum gegeben[127]. Möglich ist seitdem die Vereinbarung einer Gütergemeinschaft und selbst der Gütertrennung (§ 19 Abs. 1 EheG). Die Einführung der Gütertrennung als Wahlgüterstand wurde damals in China als regelrechte Sensation empfunden[128], wird die Ehe in China doch traditionell nicht nur als Lebensgemeinschaft, sondern auch als Vermögenseinheit empfunden („Ein Leib, ein Gut")[129]. Diese Entwicklung hat sich fortgesetzt: Durch eine neue justizielle Interpretation vom 13.08.2011[130] hat das Oberste Volksgericht festgelegt, dass vor der Heirat gekaufte Immobilien auch nach der Scheidung als

---

122 Ehegesetz der VR China, verabschiedet am 13.4.1950, deutsche Übersetzung von *Bünger* in RabelsZ 16 (1951), 121.

123 Ehegesetz der VR China, verabschiedet am 10.9.1980, deutsche Übersetzung von *Hug* in Das Standesamt 1981, 89.

124 Revidierte Fassung verabschiedet und in Kraft getreten am 28.4.2001, deutsche Übersetzung mit Anmerkungen von *Münzel* abrufbar unter: http://www.chinas-recht.de/800910.htm; deutsche Übersetzung von *von Senger* in StAZ 2002, 151.

125 *BU Yuanshi* (Fn. 11), S. 96 Rn. 3.

126 S. zur „tatsächlichen Ehe" aber auch *Münzel*, Anmerkung <1> zum Ehegesetz 2001, abrufbar unter: http://www.chinas-recht.de/800910.htm.

127 Vgl. *Eberl-Borges/SU Yingxia/WANG Baoshi*, ZVglRWiss 106 (2007), 158, 171 f.

128 Vgl. *Eberl-Borges/SU Yingxia/WANG Baoshi*, ZVglRWiss 106 (2007), 158, 168.

129 *Eberl-Borges/SU Yingxia/WANG Baoshi*, ZVglRWiss 106 (2007), 158, 161.

130 S. *Tatlow*, Chinese Law Could Make Divorced Women Homeless, abrufbar unter: http://www.nytimes.com/2011/09/08/world/asia/08iht-letter08.html?_r=2&.

persönliches Eigentum des jeweiligen Ehepartners gelten; bisher wurden Immobilien als gemeinsamer Ehebesitz betrachtet und im Falle einer Scheidung im Wert unter den Eheleuten aufgeteilt[131].

Die Ehe kann durch eine Scheidungsvereinbarung (§ 31 EheG)[132] oder durch Gerichtsurteil (§ 32 EheG) aufgehoben werden. Im letzteren Fall, d.h. wenn nur ein Ehegatte die Scheidung verlangt, muss zunächst eine Schlichtung versucht werden (§ 32 Abs. 2 EheG). Einziger Scheidungsgrund ist dann die Zerrüttung der Ehe[133] (§ 32 Abs. 2 EheG). Von einer Zerrüttung wird ausgegangen, wenn die Ehegatten mindestens zwei Jahre getrennt gelebt haben (§ 32 Abs. 3 Nr. 4 EheG). In den übrigen vom Gesetz aufgeführten Fällen (Zusammenleben mit anderem Partner, Gewalt in der Familie usw., s. § 32 Abs. 3 EheG) ist keine Trennungszeit vorgesehen.

In China darf ein Ehepaar grundsätzlich nur ein Kind bekommen. Die Ein-Kind-Politik wurde Ende der 1970er Jahre in China eingeführt, um das schnelle Bevölkerungswachstum unter Kontrolle zu bringen[134]. Erst durch das am 29.12.2001 verabschiedete Gesetz über die Bevölkerung und Familienplanung wurde diese Politik auf eine gesetzliche Grundlage gestellt[135]. Die Provinzen haben zudem eigene, noch detailliertere Bestimmungen, die in der Praxis eine zentrale Rolle spielen[136]. Danach bestimmt sich beispielsweise, unter welchen Voraussetzungen ein zweites Kind erlaubt ist. Das kann etwa dann der Fall sein, wenn beide Elternteile Einzelkinder sind[137]. Hohe Geldbußen sind vorgesehen, wenn ohne einen solchen Erlaubnisgrund ein zweites Kind zur Welt kommt[138]. Diese Politik hat

---

131 S. *Boersting*, Neufassung des chinesischen Ehegesetzes: Ungerecht, frauenfeindlich oder notwendige Änderung?, abrufbar unter: http://www.stimmen-aus-china.de/2012/03/09/neufassung-des-chinesischen-ehegesetzes-ungerecht-frauenfeindlich-oder-notwendige-aenderung/; *LI Shigong*, Neuregelung des Eherechts: Mehr Fairness oder Benachteiligung der Frau?, abrufbar unter: http://german.beijingreview.com.cn/german2010/crp/2011-08/30/content_388988.htm.

132 Einvernehmliche Scheidung, bei der die Eheregisterbehörde auf Antrag eine Scheidungsurkunde ausstellt, s. § 31 EheG.

133 D.h. die tatsächliche Zerrüttung der Gefühle der Beteiligten füreinander (nach der Übersetzung von *Münzel*, o. Fn. 124) bzw. die Unverträglichkeit der Charaktere (so *BU Yuanshi* [Fn. 11], S. 98 Rn. 9).

134 *BU Yuanshi* (Fn. 11), S. 98 Rn. 12.

135 *BU Yuanshi* (Fn. 11), S. 98 Rn. 12; s. zu diesem Gesetz *Palmer*, in: *Clarke* (Hrsg.), China's Legal System: New Developments, New Challenges, 2008, S. 121, 132-136.

136 *BU Yuanshi* (Fn. 11), S. 98 Rn. 12 m.w.N.

137 *BU Yuanshi* (Fn. 11), S. 98 Rn. 13.

138 *BU Yuanshi* (Fn. 11), S. 99 Rn. 14 m.w.N.

in China zu einer Überalterung der Bevölkerung geführt, die zunehmend als problematisch empfunden wird. Im Dezember 2013 hat der Ständige Ausschuss des Nationalen Volkskongresses die Vorgaben daher weiter gelockert: Nunmehr[139] ist ein zweites Kind auch dann erlaubt, wenn nur ein Elternteil Einzelkind ist[140]. Im Durchschnitt werden pro Frau ca. 1,55 Kinder geboren[141].

VII. Erbrecht

Das chinesische Erbgesetz[142] stammt aus dem Jahr 1985 und gilt bis heute unverändert. Es umfasst lediglich 37 Paragraphen und wird ergänzt durch eine justizielle Auslegung des Obersten Volksgerichts aus dem gleichen Jahr[143] mit 64 Paragraphen. Inzwischen hat das Privateigentum in der chinesischen Rechtsordnung[144] und im Leben der Chinesen[145] eine sehr viel größere Bedeutung. Es ist daher zu erwarten, dass das Erbrecht in absehbarer Zeit detaillierter geregelt werden wird[146].

Der Kreis der gesetzlichen Erben ist in China sehr eingeschränkt. Es werden nur zwei Ordnungen unterschieden. Gesetzliche Erben erster Ordnung sind der Ehegatte, die Kinder und die Eltern (§ 10 ErbG). Sind Kinder des Erblassers vorverstorben, so sind deren Abkömmlinge als Erben berufen (§ 11 ErbG). Gesetzliche Erben zweiter Ordnung sind Geschwister und Großeltern (§ 10 ErbG).

---

139 Die neue Vorschrift ist in einigen Provinzen bereits im ersten Quartal 2014 in Kraft getreten, s. *Pomrehn*, China: Leichte Lockerung der Ein-Kind-Politik, abrufbar unter: http://www.heise.de/tp/news/China-Leichte-Lockerung-der-Ein-Kind-Politik-2102449.html.

140 S. den Bericht von SpiegelONLINE vom 25.12.2013, abrufbar unter: http://www.spiegel.de/politik/ausland/umerziehungslager-und-ein-kind-politik-in-china-reformen-gebilligt-a-940810.html, und von Südeutsche.de vom 28.12.2013, abrufbar unter: http://www.sueddeutsche.de/politik/beschluesse-in-peking-china-lockert-ein-kind-politik-und-schafft-umerziehungslager-ab-1.1852203.

141 18,5 Millionen Neugeborene im Jahr 2013, laut einem Bericht von SpiegelONLINE vom 29.05.2014, abrufbar unter: http://www.spiegel.de/politik/ausland/ein-kind-politik-china-rechnet-mit-millionen-zusaetzlichen-babys-a-972379.html.

142 Erbgesetz der VR China vom 10.4.1985, in Kraft seit 01.10.1985, deutsche Übersetzung von *Münzel* unter: http://www.chinas-recht.de/inhalt.htm, Dokument: 850410.rtf; von *Manthe* in: WGO/MfOR 26/27 (1984/85), 378.

143 Ansichten des Obersten Volksgerichts zur Durchführung des Erbgesetzes vom 11.09.1985; deutsche Übersetzung im Anhang.

144 *Eberl-Borges*, ErbR 2013, 15, 22 m.w.N. und o. V. nach Fn. 89.

145 *Eberl-Borges*, ErbR 2013, 15 m.w.N.

146 Zum Stand der Erbrechtsreform s. den nachfolgenden Beitrag.

Herrenlose Nachlässe fallen an den Staat oder an die kollektive Organisation, in deren Zuständigkeitsbereich der Nachlass belegen ist (§ 32 ErbG).

Eine weitere Besonderheit des chinesischen Erbrechts ist die sehr weitgehende Testierfreiheit. Der Erblasser kann grundsätzlich frei über seinen Nachlass verfügen und ohne Einschränkung seine gesetzlichen Erben von seinem Nachlass ausschließen (vgl. § 16 Abs. 3 ErbG)[147]. Allerdings muss der Erblasser in der Regel auch die unter besonderen Schwierigkeiten lebenden arbeitsunfähigen gesetzlichen Erben bedenken (§ 19 ErbG). Solche Erben sollen grundsätzlich auch einen größeren Anteil erhalten als andere Erben (§ 13 Abs. 2 ErbG). Ähnlich wie im Deliktsrecht[148] geht diese Regelung darauf zurück, dass jedenfalls zu der Zeit, als das Erbgesetz erlassen wurde, noch kein funktionsfähiges soziales Sicherungssystem in China vorhanden war[149].

Zu beachten ist schließlich, dass die Leistung, die die Erben oder andere Personen gegenüber dem Erblasser erbracht haben, darüber entscheiden, ob und wie viel diese Personen vom Nachlass erhalten, falls der Erblasser insoweit keine Verfügung getroffen hat (vgl. §§ 12 [betr. verwitwete Schwiegerkinder], 13 Abs. 3, 4 sowie 14 ErbG). Selbst Personen, die ansonsten nicht erbberechtigt wären, erhalten gem. § 14 ErbG einen angemessenen Anteil am Nachlass, falls sie für den Unterhalt des Erblassers gesorgt haben.

Der Erblasser kann mit einer natürlichen Person oder einer kollektiven Organisation vereinbaren, dass die Person oder Organisation für Unterhalt und Beerdigung des Erblassers zu sorgen hat und im Gegenzug einen Anspruch auf ein Vermächtnis erhält (§ 31 ErbG, sog. Vereinbarung über Vermächtnisse und Unterhalt). Solche Vereinbarungen sind in ländlichen Gebieten für allein lebende alte Menschen üblich[150].

VIII. Handels- und Gesellschaftsrecht (Unternehmensrecht)

Das chinesische Recht kennt kein eigenständiges (vom Zivilrecht getrenntes) Handelsrecht[151]. Der Oberbegriff für sämtliche Unternehmensformen ist das

---

147 *BU Yuanshi* (Fn. 11), S. 99 Rn. 16; *Eberl-Borges*, ErbR 2013, 15, 18 f. m.w.N. zur Gegenansicht.

148 S. dazu o. bei Fn. 78.

149 *BU Yuanshi* (Fn. 11), S. 100 Rn. 19 m.w.N; s. zum Aufbau eines chinesischen Sozialversicherungssystems auch den nachfolgenden Beitrag bei Fn. 132.

150 So *BU Yuanshi* (Fn. 11), S. 100 Rn. 18; s. auch *Münzel*, Anmerkung (6) zum Erbgesetz (Fn. 142).

151 *BU Yuanshi* (Fn. 11), S. 78 Rn. 3.

Unternehmen[152]. Sie wurden ursprünglich nach den Eigentumsverhältnissen unterteilt in staatliche und kollektive Unternehmen sowie private Kleingewerbebetriebe[153]. Die heutige Struktur erinnert an das deutsche Handels- und Gesellschaftsrecht. Nach aktueller Gesetzeslage gibt es folgende Unternehmensformen:

1. sog. Gesellschaften (in unserer Terminologie: Kapitalgesellschaften), nämlich
   a) die Aktiengesellschaft (gedacht vor allem für Publikumsgesellschaften[154]) und
   b) die Gesellschaft mit beschränkter Haftung (heute auch als Ein-Mann-GmbH möglich, § 58 Abs. 2 GesG)

Die Gesellschaften sind geregelt im Gesellschaftsgesetz[155], dieses wird ergänzt durch drei justizielle Auslegungen des Obersten Volksgerichts[156]. In § 20 Abs. 3 GesG ist eine Durchgriffshaftung vorgesehen.

2. sog. Partnerschaftsunternehmen (in unserer Terminologie: Personengesellschaften), nämlich
   a) das gewöhnliche Partnerschaftsunternehmen (vergleichbar der deutschen offenen Handelsgesellschaft [OHG]),
   b) das gewöhnliche Partnerschaftsunternehmen besonderer Art (vergleichbar der deutschen Partnerschaftsgesellschaft),
   c) das beschränkte Partnerschaftsunternehmen (vergleichbar der deutschen Kommanditgesellschaft [KG])

Die Partnerschaftsunternehmen sind geregelt im Partnerschaftsunternehmensgesetz[157].

---

152 *BU Yuanshi* (Fn. 11), S. 157 Rn. 1.

153 *BU Yuanshi* (Fn. 11), S. 157 Rn. 2.

154 *BU Yuanshi* (Fn. 11), S. 159 Rn. 10.

155 Gesellschaftsgesetz der VR China, verabschiedet am 29.12.1993, in Kraft seit 01.07.1994; geändert am 25.12.1999; neugefasst am 27.10.2005, Neufassung in Kraft seit 01.01.2006, deutsche Übersetzung von *Münzel* abrufbar unter: http://www.chinas-recht.de/inhalt.htm, Dokument: 27.10.05-1.rtf.; revidiert am 28.12.2013, revidierte Fassung in Kraft seit 01.03.2014, deutsche Übersetzung von *Pißler* in ZChinR 2014 [Heft 3.]

156 Teil 1 verabschiedet am 28.04.2006, in Kraft seit 09.05.2006; Teil 2 verabschiedet am 12.05.2008, in Kraft seit 19.05.2008; Teil 3 in Kraft seit 16.08.2010.

157 Gesetz der Volksrepublik China über Partnerschaftsunternehmen, verabschiedet am 13.02.1997, in Kraft seit 01.08.1997; revidiert am 27.08.2006, revidiertes Gesetz in Kraft seit 01.06.2007, deutsche Übersetzung von *Münzel* in ZChinR 2006, 407.

3. sog. Einzelpersonunternehmen mit persönlicher Haftung des Inhabers (Einzelkaufleute nach deutscher Bezeichnung[158])

Das Einzelpersonunternehmen ist eine Unternehmensform nur für chinesische Staatsbürger[159]. Es ist geregelt im Einzelpersonunternehmensgesetz[160].

Staatseigene Unternehmen wurden auf der Grundlage des Gesellschaftsgesetzes in Aktiengesellschaften und GmbHs umgewandelt[161]. Sie bilden heute die Mehrheit der börsennotierten Gesellschaften in China[162]. Bei staatseigenen Ein-Mann-GmbHs, also solchen, die allein durch den Staat investiert sind, übernimmt die zuständige Behörde für die Überwachung und Verwaltung des Staatseigentums die Funktionen der Gesellschafterversammlung[163]. Sofern in einer Kapitalgesellschaft mindestens drei Mitglieder der Kommunistischen Partei Gesellschafter sind, muss in der Gesellschaft eine Organisation der Kommunistischen Partei (Parteizelle) eingerichtet werden; die für die Aktivitäten der Parteiorganisation notwendigen Voraussetzungen müssen von der Gesellschaft zur Verfügung gestellt werden (§ 19 GesG).

Im Übrigen gibt es bei Ausländerbeteiligung einschneidende Besonderheiten. Ausländische Direktinvestitionen unterliegen nämlich in weiten Bereichen einem eigenen Regime[164]. Nicht alle Investitionen sind erlaubt, und die Investitionsformen und –instrumente sind beschränkt.

---

158 *Münzel*, Anmerkung 1 zum Gesetz der VR China über Unternehmen mit dem Kapital allein einer Einzelperson [Einzelpersonunternehmen], abrufbar unter: http://www.chinas-recht.de/990830.htm.

159 *BU Yuanshi* (Fn. 11), S. 159 Rn. 13.

160 Gesetz der VR China über Unternehmen mit dem Kapital allein einer Einzelperson [Einzelpersonunternehmen] verabschiedet am 30.08.1999, in Kraft seit 01.01.2000, deutsche Übersetzung mit Anmerkungen von *Münzel* abrufbar unter: http://www.chinas-recht.de/990830.htm.

161 *BU Yuanshi* (Fn. 11), S. 159 Rn. 11.

162 *BU Yuanshi* (Fn. 11), S. 159 Rn. 11.

163 *BU Yuanshi* (Fn. 11), S. 174 Rn. 27.

164 S. dazu *Schmitz-Bauerdick*, Niederlassungsrecht in der VR China – Gesellschaftsrecht, Investitionsrecht, Zahlungs- und Kapitalverkehr, 29.10.2014, abrufbar unter: http://www.gtai.de/GTAI/Navigation/DE/Trade/Recht-Zoll/wirtschafts-und-steuerrecht,did=1105638.html; und speziell zu den Änderungen im Zuge des revidierten Gesellschaftsgesetzes *Peters/Mayer*, China: Änderungen im Gesellschaftsrecht, Vereinfachung von Unternehmensgründungen, abrufbar unter: http://www.fgvw.de/2207-0-China+Aenderungen+im+Gesellschaftsrecht+Vereinfachung+von+Unternehmensgruendungen.html.

IX. Arbeitsrecht

Seit Einführung der Reform- und Öffnungspolitik im Jahre 1978 zielte die chinesische Politik fast 30 Jahre lang allein auf wirtschaftliche Entwicklung, wodurch allerdings große soziale Ungleichheiten entstanden[165]. Durch die Neuausrichtung am Ziel einer „harmonischen Gesellschaft“ seit 2004 wird nunmehr die Notwendigkeit eines gesellschaftlichen Ausgleichs betont[166]. Er erfolgt vor allem über das Arbeits- und Sozialrecht, das vor einigen Jahren einer eingehenden Revision unterworfen worden ist.

Das chinesische Arbeitsrecht ist als eigenständiges Rechtsgebiet konzipiert[167]. Die wichtigsten Quellen sind heute das Arbeitsgesetz (1994)[168], das Arbeitsvertragsgesetz (2007)[169] sowie die Durchführungsverordnung des Staatsrats zum

165 Vgl. *Seibert*, Die Begründung und Beendigung von Arbeitsverhältnissen und Arbeitsverträgen – Eine Darstellung und Analyse der chinesischen Rechtslage, 2012, S. 50 f. Der Übergang von der Plan- zur Marktwirtschaft bedingte natürlich auch eine Umgestaltung des chinesischen Arbeitsrechts, vgl. *BU Yuanshi* (Fn. 11), S. 255 Rn. 1. Bis Mitte der 1990er Jahre wurden Chinesen in erster Linie bei Staatsunternehmen beschäftigt, *Waas/WU Yongxin*, ZVglRWiss 107 (2008), 231, 234. Diese Beschäftigung war ein Fürsorgeverhältnis im umfassenden Sinn, *Waas/WU Yongxin*, ZVglRWiss 107 (2008), 231, 235. Es beruhte nicht auf vertraglichen Vereinbarungen, sondern auf Verwaltungsakten, *Waas/WU Yongxin*, ZVglRWiss 107 (2008), 231, 234. Indem das Arbeitsgesetz (1995) den Arbeitsvertrag als Grundlage des Arbeitsverhältnisses einführte, verloren die Staatsunternehmen „fast über Nacht“ ihre Bedeutung als Arbeitgeber, und Millionen von Arbeitnehmern wurden in ein „ruhendes Arbeitsverhältnis“ überführt; sie wurden dadurch praktisch entlassen, *Waas/WU Yongxin*, ZVglRWiss 107 (2008), 231, 236.

166 Vgl. *Allmendinger*, ZChinR 2008, 103 m.w.N.

167 Arbeitsbeziehungen sind von (sonstigen) Vertragsbeziehungen strikt getrennt, was ideologische Gründe hat. Dadurch soll nämlich verdeutlicht werden, dass der Beschäftigte mit seiner Arbeitskraft keine beliebige, frei verfügbare Ressource darstellt, vgl. *Allmendinger*, ZChinR 2008, 103, 104; *Cooney*, 30 Fordham International Law Journal (2007) 1050, 1057 m.w.N.; s. auch *Waas/WU Yongxin*, ZVglRWiss 107 (2008), 231, 232.

168 Arbeitsgesetz der VR China, verabschiedet am 05.07.1994, in Kraft seit 01.01.1995, deutsche Übersetzung mit Anmerkungen von *Münzel* abrufbar unter: http://www.chinas-recht.de/940705b.htm.

169 Arbeitsvertragsgesetz der VR China, verabschiedet am 29.06.2007, in Kraft seit 01.08.2008, deutsche Übersetzung mit Anmerkungen von *Münzel* abrufbar unter: http://www.chinas-recht.de/inhalt.htm, Dokument: 29.6.07.rtf; 1. Novelle des Arbeitsvertragsgesetzes verabschiedet am 28.12.2012, in Kraft seit 01.07.2013, deutsche Übersetzung von *JIN Jing/Steinbach* in: ZChinR 2013, 240 (die Novelle regelt die Leiharbeit, s. dazu *JIN Jing*, ZChinR 2013, 212 ff.).

Arbeitsvertragsgesetz (2008)[170]. Das Arbeitsvertragsgesetz ist das zweite chinesische Gesetz (nach dem Sachenrechtsgesetz), bei dem die Öffentlichkeit im Vorfeld einbezogen worden ist (durch Veröffentlichung des Entwurfs und Möglichkeit der Stellungnahme durch die Bevölkerung)[171].

Das Arbeitsvertragsgesetz hat die Rechte der Arbeitnehmer entscheidend verbessert. Das gilt im Hinblick auf den Schutz vor Kündigung und Befristung des Arbeitsvertrags, auf Abfindungsansprüche und den Standard der Arbeitsbedingungen. Auch die Rolle der Gewerkschaften wurde gestärkt.[172]

Der Abschluss des Arbeitsvertrages bedarf nach § 10 Abs. 1 ArbeitsVG der Schriftform. Der Arbeitgeber muss innerhalb eines Monats nach Arbeitsaufnahme mit dem Arbeitnehmer einen schriftlichen Arbeitsvertrag abschließen. Unterlässt er das, schuldet er dem Arbeitnehmer für die vertragslose Zeit bis zu einem Jahr das doppelte Entgelt (§ 82 Abs. 1 ArbeitsVG). Auch gilt der Vertrag automatisch als vom Zeitpunkt der Arbeitsaufnahme an unbefristet, falls nicht binnen eines Jahres ein schriftlicher Vertrag vorliegt, der die Dauer des Arbeitsverhältnisses ausdrücklich regelt (§ 14 Abs. 3 ArbeitsVG; Art. 7 DV zum ArbeitsVG). Dadurch soll die in China verbreitete Praxis bekämpft werden, Arbeitnehmer ohne schriftlichen Arbeitsvertrag zu beschäftigen[173].

Die Regelarbeitszeit beträgt 8 Stunden am Tag und 40 Stunden in der Woche[174]. Im ersten Jahr hat der Arbeitnehmer keinen Anspruch auf bezahlten Urlaub (vgl. § 45 Abs. 2 ArbeitsG). Im Übrigen hängt die Zahl der Urlaubstage von der Länge der Betriebszugehörigkeit ab (1 bis unter 10 Jahre: 5 Tage; 10 bis unter 20 Jahre: 10 Tage; ab 20 Jahre: 15 Tage). Dieser bezahlte Urlaub für sämtliche Arbeitnehmer ist durch die Verordnung des Staatsrats zum bezahlten Urlaub der Erwerbstätigen[175] eingeführt worden.

---

170 Verabschiedet am 18.09.2008, deutsche Übersetzung von *Münzel* abrufbar unter: http://www.chinas-recht.de/inhalt.htm, Dokument: 18.9.08.rtf.

171 Vgl. *BU Yuanshi*, in: *BU Yuanshi* (Hrsg.), Chinesisches Zivil- und Wirtschaftsrecht aus deutscher Sicht, 2008, S. 135 f.; *Chahoud*, Soziale Unternehmensverantwortung (CSR) und Arbeitnehmerrechte in der VR China, 2008, abrufbar unter: http://www.csr-weltweit.de/uploads/tx_jpdownloads/China_CSR__110308_1.pdf.

172 *Allmendinger*, ZChinR 2008, 103, 104; *Waas/WU Yongxin*, ZVglRWiss 107 (2008), 231, 256-259.

173 *BU Yuanshi* (Fn. 11), S. 160 Rn. 15.

174 § 3 der Bestimmungen des Staatsrats über die Arbeitszeit der Erwerbstätigen, erlassen am 03.02.1994, geändert am 25.03.1995, zit. nach *BU Yuanshi* (Fn. 11), S. 164 Rn. 25 Fn. 61.

175 Erlassen am 07.12.2007, in Kraft seit 01.01.2008, zit. nach *BU Yuanshi* (Fn. 11), S. 164 Rn. 26.

Zur Beilegung von Arbeitsstreitigkeiten ist ein Schiedsverfahren vor der Schiedskommission für Arbeitsstreitigkeiten als zwingendes Vorverfahren vorgesehen[176]. Es ist geregelt im Arbeitsschiedsgesetz von 2007[177] (§§ 5, 47 - 50).

X. Internationales Privatrecht

Das Internationale Privatrecht Chinas ist heute geregelt im Gesetz zur Anwendung des Rechts auf zivilrechtliche Beziehungen mit Außenberührung von 2010[178].

§ 2 Abs. 2 des Gesetzes legt fest, dass im Falle einer Regelungslücke das Recht anzuwenden ist, das die engste Verbindung zu der betroffenen zivilrechtlichen Beziehung hat. Das entspricht der allgemeinen Grundlinie des modernen Internationalen Privatrechts, wie es auf den deutschen Rechtsgelehrten *Friedrich Carl von Savigny* (1779 - 1861) zurückgeht[179]. § 3 IPR-Gesetz legt in einer allgemeinen Vorschrift eigens vorab die Rechtswahlfreiheit fest, die anschließend für die einzelnen Rechtsbereiche dann aber differenzierter ausgestaltet wird (z.B. § 24 S. 1 für das Ehegüterrecht, § 26 S. 1 für die Ehescheidung, § 37 S. 1 für das Sachenrecht hinsichtlich beweglicher Sachen, § 41 Hs. 1 für Verträge, § 44 S. 3 für das Deliktsrecht). Auch das ganz gängige internationalprivatrechtliche Instrument der Qualifikation wird – anders als in anderen Regelwerken (etwa der Rom I- oder der Rom II-Verordnung) – eigens in einer Norm, § 8 IPR-Gesetz, aufgegriffen und der *lex fori* unterstellt; das entspricht für den Regelfall der Ansicht, die sich international durchgesetzt hat[180]. § 9 IPR-Gesetz schließt den *renvoi* vollständig aus, eine Lösung, die sich international immer weiter verbreitet[181].

Beim Personalstatut (etwa Rechts- und Geschäftsfähigkeit, Eheschließung, Kindschaftsrecht, Erbrecht) knüpft das chinesische IPR an den gewöhnlichen Aufenthalt, nicht an die Staatsangehörigkeit an (s. §§ 11, 12 Abs. 1, 21, 25, 31 IPR-Gesetz). Auch insoweit folgt das chinesische Recht einem internationalen

176 Vgl. *Allmendinger*, ZChinR 2008, 103, 107, dort auch zu den Besonderheiten dieses Schiedsverfahrens gegenüber dem allgemeinen Schiedsverfahren.

177 Gesetz der Volksrepublik China über Schlichtung und Schiedsverfahren bei Arbeitsstreitigkeiten, verabschiedet am 29.12.2007, in Kraft seit 01.05.2008, deutsche Übersetzung von *Allmendinger* in ZChinR 2008, 145.

178 Verabschiedet am 28.10.2010, in Kraft seit 01.04.2011, deutsche Übersetzung von *Pißler* in ZChinR 2010, 376.

179 Vgl. *Kegel/Schurig*, Internationales Privatrecht, 9. Aufl. 2004, S. 183 f.

180 Vgl. *Kegel/Schurig* (Fn. 179), S. 337; *Rauscher*, Internationales Privatrecht, 4. Aufl. 2012, Rn. 468.

181 Beispielsweise behandelt Art. 24 Rom II-VO alle Verweisungen für außervertragliche Schuldverhältnisse als Sachnormverweisungen.

Trend[182], dem sich das deutsche IPR noch nicht angeschlossen hat[183]. Nicht ganz klar ist das Gesellschaftsstatut: § 14 IPR-Gesetz knüpft in Abs. 1 an den Registrierungsort an und folgt damit der in Europa und international immer weiter verbreiteten Gründungstheorie[184]. Nach Abs. 2 „kann" allerdings das Recht des Betriebsorts angewendet werden (Sitztheorie), wenn der hauptsächliche Betriebsort und der Registrierungsort nicht übereinstimmen.

International unüblich[185] ist die allgemeine Rechtswahlfreiheit im internationalen Sachenrecht hinsichtlich beweglicher Sachen (§ 37 S. 1 IPR-Gesetz). Im Übrigen gilt im internationalen Sachenrecht nach §§ 36, 37 S. 2 IPR-Gesetz das Recht des Lageorts (*lex rei sitae*), ein Grundsatz, der weltweit verbreitet ist[186]. Im Vertragsrecht gilt, mangels Rechtswahl, das Recht am gewöhnlichen Aufenthaltsort des Erbringers der vertragscharakteristischen Leistung (§ 41 Hs. 2 IPR-Gesetz). Das entspricht dem international Gängigen[187], auch wenn beispielsweise die Rom I-Verordnung detaillierter hinsichtlich einzelner Vertragstypen formuliert (Art. 4 Abs. 1 Rom I-VO). Für Verbraucherverträge gilt nach § 42 IPR-Gesetz im Regelfall das Recht am gewöhnlichen Aufenthalt des Verbrauchers (mit eingeschränkter Wahlmöglichkeit für den Verbraucher), für Arbeitsverträge nach § 43 IPR-Gesetz das Recht des Arbeitsortes. Im internationalen Deliktsrecht wird – mangels (nachträglicher) Rechtswahl und mangels gemeinsamem gewöhnlichen Aufenthalt – nach § 44 IPR-Gesetz an den Tatort im Sinne des Handlungsortes angeknüpft. In Europa ist man hier neuerdings zur Anknüpfung an den Erfolgsort übergegangen (Art. 4 Abs. 1 Rom II-VO).

XI. Ausblick

Die Volksrepublik China verfügt heute über eine ausdifferenzierte Privatrechtsordnung, die über mehr als 35 Jahre gewachsen ist und immer noch an vielen Stellen weiter ausgebaut werden muss, aber doch mit Blick auf westliche Standards errichtet wurde. Gleichwohl: Das Fundament des Privatrechts findet sich im Verfassungsrecht, und dieses Fundament ist in China nicht solide. Zwar beinhaltet

---

182 Vgl. *Rauscher* (Fn. 180), Rn. 195, 273.

183 *Kegel/Schurig* (Fn. 179), S. 450.

184 Vgl. *Rauscher* (Fn. 180), Rn. 627, 629.

185 Vgl. *von Hoffmann/Thorn*, Internationales Privatrecht, 9. Aufl. 2007, S. 514 f. Rn. 10 f.

186 *Von Hoffmann/Thorn* (Fn. 185), S. 513 Rn. 8.

187 S. etwa Art. 4 Abs. 2 Rom I-VO.

die chinesische Verfassung einen Grundrechtskatalog[188], doch haben diese Grundrechte nicht die Bedeutung entsprechender Garantien. Sie sind vielmehr nur Programmsätze, die den Gesetzgeber auffordern, entsprechende Regelungen zu erlassen[189], was dieser inzwischen in vielerlei Hinsicht ja auch getan hat. Es bleibt ihm aber unbenommen, den erreichten Standard wieder zurückzunehmen. Um es mit einem Vergleich zu verdeutlichen: Ähnlich ist es bei uns mit dem im Jahr 2001 neu eingeführten Rechtsinstitut der eingetragenen Lebenspartnerschaft für gleichgeschlechtliche Paare[190]. Diese Lebenspartnerschaft ist vom Gesetzgeber inzwischen ganz ähnlich ausgestaltet worden wie die Ehe[191]. Aber nach wie vor ist nur die Ehe im Grundgesetz verankert (Art. 6 Abs. 1 GG). Das bedeutet, dass das Rechtsinstitut der eingetragenen Lebenspartnerschaft – anders als die Ehe – jederzeit vom Gesetzgeber auch wieder abgeschafft werden kann[192].

In China betrifft dieser Vorbehalt die ganze Privatrechtsordnung, mit der Konsequenz geringerer Verlässlichkeit, d.h. vor allem auch unzureichender Rechtssicherheit. Hierin liegt die eigentliche Schwäche des chinesischen Privatrechts. Wenn die chinesischen Regelungen den unseren auch in vielem ähnlich sind, sie haben dennoch nicht die gleiche Bedeutung und werden sie auch nie haben, solange das Privatrecht nicht durch entsprechende Grundrechtsgarantien gestützt wird. Verfassungsrechtliche Termini entwickeln sich bislang im privatrechtlichen Bereich, beispielsweise das Eigentumsrecht im Verhältnis von Ehepartnern, also im Ehegüterrecht[193]. Sie müssten aber im Verfassungsrecht selbst verortet werden. Der entscheidende Schub für das chinesische Privatrecht muss aus dem Verfassungsrecht kommen. Bislang steht er noch aus.

---

188 S. Artt. 34 ff. der chinesischen Verfassung (Fn. 17).

189 Vgl. *Ahl*, PM 2005, 25, 27.

190 S. das Gesetz über die Eingetragene Lebenspartnerschaft vom 16.02.2001, BGBl. I 266.

191 Vgl. *Schlüter*, BGB-Familienrecht, 14. Aufl. 2012, S. 324.

192 Theoretisch; geplant ist die Abschaffung der eingetragenen Lebenspartnerschaft gegenwärtig natürlich nicht.

193 S.o. VI. Chinesische Grundrechtsfälle betreffen – sofern es überhaupt welche gibt – den Bereich der Drittwirkung, also nicht das Verhältnis zwischen Bürger und Staat, sondern das Verhältnis zwischen Privatleuten, s. etwa den Fall *QI Yuling* zum Grundrecht auf Bildung, dargestellt bei *Kellogg*, ChinaBrief 9 (2009), 4, abrufbar unter: http://www.jamestown.org/programs/chinabrief/single/?tx_ttnews%5Btt_news%5D=34791&tx_ttnews%5BbackPid%5D=414&no_cache=1#.VDV6yI0cSM8.

*Christina Eberl-Borges**

Erbrechtsreform in China

Abstract: The article describes the content and background of the planned Chinese inheritance law reform. The main focus is about the increased number of legal heirs, the introduction of a compulsory part and the significance of wills in practice. Particular attention is drawn to the specific difficulties of a legal reform due to the characteristic structure of Chinese law.

I. Einführung

In China steht gegenwärtig eine Erbrechtsreform an. Namhafte chinesische Juristen sprechen sich seit einer Reihe von Jahren für eine gründliche Revision aus[1], und aus akademischen Kreisen sind bereits zwei Entwürfe für ein neues Erbgesetz vorgelegt worden[2]. Der Ständige Ausschuss des Nationalen Volkskongresses,

---

* Der Beitrag beruht auf der Antrittsvorlesung der Autorin an der Johannes Gutenberg-Universität Mainz vom 9. Januar 2014. – Im Folgenden werden chinesische Autoren mit Nach- und Vornamen, andere Autoren nur mit dem Nachnamen zitiert. Der Beitrag verwendet die gängigen Abkürzungen. Letzter Abruf aller Internetquellen: 14.12.2014.

1 S. die Hinweise auf Änderungsvorschläge bei *ZHANG Shuhan*, ZChinR 2013, 75, 88 Fn. 135. Beispielsweise hat sich *LIANG Huixing*, Professor an der Chinese Academy of Social Sciences (CASS) in Beijing und Mitglied der Gesetzeskommission des Nationalen Volkskongresses, seit 2010 vielmals für eine gründliche Revision des Erbgesetzes ausgesprochen, unter anderem in Sitzungen des Nationalen Volkskongresses. *LIANG Huixing* war bereits Leiter des Redaktionsausschusses für das Vertragsgesetz und außerdem Mitverfasser des Gesetzes zur Haftung bei Rechtsverletzungen (Deliktsgesetz) und des Sachenrechtsgesetzes. Er hat außerdem im Jahr 2003 einen Entwurf für ein Zivilgesetzbuch der Volksrepublik China vorgelegt (s. *LIANG Huixing*, The Draft Civil Code of the People's Republic of China, Leiden 2010); zur aktualisierten Version aus dem Jahr 2013 s.u. Fn. 2.

2 Und zwar von *LIANG Huixing* (s. zu seiner Person oben Fn. 1) im Jahr 2011 (im Folgenden: *LIANG*-Entwurf) und von *YANG Lixin* (Professor an der Renmin-Universität in Beijing) im Jahr 2012 (im Folgenden: *YANG*-Entwurf). Eine aktualisierte Version des *LIANG*-Entwurfs wurde im Jahr 2013 als Buch 7: Erbrecht im Vorschlagsentwurf eines Zivilgesetzbuchs der VR China veröffentlicht. Eine Übersetzung der Entwürfe findet sich im Anhang. In diesem Beitrag wird der *LIANG*-Entwurf nach seiner ursprünglichen Fassung von 2011 zitiert.

des obersten chinesischen Gesetzgebungsorgans, arbeitet seit Mitte 2012 an einer Weiterentwicklung des Erbgesetzes[3]. Die Änderung dieses Gesetzes war für 2013 als Gesetzgebungsvorhaben eingeplant[4]. Bislang liegt allerdings kein offizieller Gesetzentwurf vor. Wie also ist der Stand hinsichtlich einer Erbrechtsreform in China?

1. Das Erbrecht und die Politik der Reform und Öffnung

Das geltende Erbgesetz[5] stammt aus dem Jahr 1985. Es steht in Zusammenhang mit der neuen chinesischen Politik der Reform und Öffnung, die der Parteiführer *DENG Xiaoping* im Jahr 1978 initiiert hat[6]. Dieser Umbruch machte den raschen Aufbau einer Rechtsordnung erforderlich[7]. Das Erbgesetz von 1985 gehört zu den frühen Gesetzen in diesem Zusammenhang. Andere Gesetze zu durchaus wichtigen Rechtsgebieten sind teilweise sehr viel jüngeren Datums, wie zum Beispiel das Vertragsgesetz von 1999[8] oder das Sachenrechtsgesetz von 2007[9]. Warum so früh also ausgerechnet ein Erbgesetz? In China! In der Volksrepublik, die maßgeblich geprägt wird von der Kommunistischen Partei! Die

---

3 Das berichtet *ZHAO Yinan*, China Daily v. 24.7.2012, http://www.chinadaily.com.cn/china/2012-07/24/content_15610293.htm unter Berufung auf *WANG Shengming*, dem Direktor des Büros für Zivilrecht der Rechtsarbeitskommission des Ständigen Ausschusses des Nationalen Volkskongresses.

4 Das berichtete die Juristische Abendzeitung vom 1.4.2013.

5 Erbgesetz der VR China vom 10.4.1985, in Kraft seit 1.10.1985, deutsche Übersetzung von *Münzel* unter http://www.chinas-recht.de/inhalt.htm, Dokument: 850410.rtf; von *Manthe* in: WGO/MfOR 26/27 (1984/85), S. 378 ff.; englische Übersetzung in: *Schwartz*, The inheritance Law of the People's Republic of China, 1989, S. 469 ff.; französische Übersetzung von *von Senger* in: Rev. dr. Int. et comp. 64 (1987), 65, 80 ff.

6 S. hierzu *Heilmann*, Kurze Geschichte der Volksrepublik China (abrufbar unter: http://www.bpb.de/izpb/8840/kurze-geschichte-der-volksrepublik-china?p=all), in: Volksrepublik China, Informationen zur politischen Bildung (Heft 289), hrsg. v. d. Bundeszentrale für politische Bildung, 2006.

7 Zu den Hintergründen *Eberl-Borges/SU Yingxia*, ZVglRWiss 111 (2012), 125, 127 Fn. 9.

8 Vertragsgesetz der Volksrepublik China, verabschiedet am 15.3.1999, in Kraft seit 29.12.1999, Gesetzestext in deutscher Übersetzung mit Anmerkungen von *Münzel/ZHENG Xiaoqing* unter http://www.chinas-recht.de/vertrag.htm. S. zu diesem Gesetz *Eberl-Borges/SU Yingxia*, ZVglRWiss 111 (2012), 125.

9 Sachenrechtegesetz der Volksrepublik China, verabschiedet am 16.3.2007, in Kraft seit 1.10.2007, Gesetzestext in deutscher Übersetzung mit Anmerkungen von *Münzel* unter http://www.unil.ch/webdav/site/cda/users/mlerach/public/sachenrechtsg2007.pdf.

chinesische Bevölkerung lebte zum damaligen Zeitpunkt nicht gerade in wirtschaftlichem Wohlstand. Es gab also noch nicht einmal viel zu vererben. Mitte der 1980er Jahre bestand das Einkommen der meisten Chinesen vielmehr allein aus ihrem festen Gehalt, das in der Regel nur für die zum Leben notwendigen täglichen Ausgaben reichte[10]. An Vermögensaufbau war unter diesen Umständen überhaupt nicht zu denken.

Die damalige Situation des Gesetzgebers war jedenfalls die, dass die neue Rechtsordnung zwar rasch aufgebaut werden musste, sich aber relativ schnell zeigte, dass sich ein vollständiges Zivilgesetzbuch nicht so schnell wie erforderlich verwirklichen ließ[11]. In dieser Situation wurden zunächst Einzelgesetze erlassen, und zwar auf Rechtsgebieten, die als besonders dringlich empfunden wurden und auf denen eine einvernehmliche Festlegung möglich erschien[12]. Warum also war der Erlass eines Erbgesetzes so besonders dringend? Zunächst: Es gab schlicht keine erbrechtliche Regelung[13]. Das Zivilgesetzbuch der Republik China von 1929/1931[14] enthielt zwar wie das deutsche BGB ein 5. Buch zum Erbrecht. Dieses Zivilgesetzbuch war aber mit Gründung der Volksrepublik unter *MAO Zedong* im Jahr 1949 außer Kraft gesetzt worden[15]. Anschließende

---

10 *Eberl-Borges/SU Yingxia/WANG Baoshi*, ZVerglRWiss 106 (2007), 158, 171 m.w.N. in Fn. 55; *Eberl-Borges*, ErbR 2013, 15.

11 Zur Arbeit an einem chinesischen Zivilgesetzbuch s. *Eberl-Borges/SU Yingxia*, ZVglRWiss 111 (2012), 125, 127 Fn. 12. Der dort genannte Entwurf von 2002 ist der bisher sechste Entwurf für ein chinesisches Zivilgesetzbuch.

12 *Von Senger*, Rev. dr. Int. et comp. 64 (1987), 65.

13 Zu einzelnen Bestimmungen s. *Münzel*, Anmerkung (1) zur Übersetzung des Erbgesetzes der VR China, http://www.chinas-recht.de/inhalt.htm, Dokument: 850410.rtf; *ZHANG Shuhan*, ZChinR 2013, 75, 80 f.

14 Das ZGB der Republik China ist zwischen 1929 und 1931 sukzessive erlassen worden. Es ist das erste (und bisher einzige) chinesische Zivilgesetzbuch. Ihm gingen zwei Entwürfe voraus, die nicht Gesetz geworden sind: einer von 1911 noch aus der späten Kaiserzeit (der erste Entwurf, dazu: *WANG Qiang*, Beiträge der späten Qing-Zeit zu Chinas moderner vermögensrechtlicher Terminologie – Eine rechts-, translations- und sprachwissenschaftliche Studie über den auf dem deutschen BGB basierenden Zivilgesetzbuch-Entwurf, 2012) sowie ein Entwurf von 1925 (der zweite Entwurf, s. dazu *Theusner*, Das Konzept von allgemeinem und besonderem Teil im chinesischen Zivilrecht, 2005).

15 Nahezu alle Gesetze der Vorgängerrepublik wurden bei Gründung der Volksrepublik außer Kraft gesetzt, weil die Republik China als reaktionär angesehen wurde: Das Gesetz sei der Wille der herrschenden Klasse (*von Senger*, Einführung in das chinesische Recht, 1994, S. 11; *SU Yingxia*, Die vertragsmäßige Beschaffenheit der Ware im

Entwurfsarbeiten verliefen wieder im Sande[16], in den 1950er Jahren aufgrund der (auf die Hundert-Blumen-Kampagne[17] folgende) Anti-Rechts-Bewegung[18], in den 1960er Jahren wegen des Beginns der Kulturrevolution[19]. Zugleich sah bereits die Verfassung von 1954[20] vor, dass der Staat das Recht der Bürger schützt, Privatvermögen zu erben (Art. 12) – im Anschluss an das Eigentumsrecht der Bürger auf rechtmäßiges Einkommen, Ersparnisse, Wohnhäuser und zum Lebensunterhalt notwendige Güter (Art. 11). Die Grundrechte in der chinesischen Verfassung sind Aufforderung an den Gesetzgeber, entsprechende Regelungen zu erlassen, sog. Programmsätze[21]. Dieser Aufforderung musste im Erbrecht nun endlich nachgekommen werden. Der Erlass eines Erbgesetzes stand also sowieso schon seit längerem an, er hatte nicht nur etwas mit der Politik der Reform und Öffnung zu tun. Und eine politische Einigung auf eine Erbrechtsregelung erschien

---

UNCITRAL-Kaufrecht im Vergleich zum deutschen und chinesischen Recht, 1996, S. 155).

16 Anders als im Bereich des Erbrechts gelang es im Bereich des Familienrechts noch, ein Gesetz zu erlassen, nämlich das (erste) Ehegesetz der Volksrepublik China vom 13.4.1950; es war das erste Gesetz der Volksrepublik und eines der ganz wenigen formalen Gesetze, die in den ersten 30 Jahren der Volksrepublik ergangen sind; s. *Münzel,* Anmerkung (1) zur Übersetzung des Ehegesetzes der VR China vom 10.9.1980, http://www.chinas-recht.de/800910.htm. Dieses Gesetz und das (zweite) Ehegesetz vom 10.9.1980 (s. unten Fn. 25) enthielten auch die einzigen erbrechtliche Gesetzesbestimmung der Volksrepublik vor 1985: Nach § 12 des Ehegesetzes von 1950 haben Ehegatten das Recht, einander zu beerben. Nach § 18 des Ehegesetzes von 1980 haben Ehegatten sowie Eltern und Kinder ein gegenseitiges Erbrecht.

17 S. dazu *Delvaux de Fenffe,* http://www.planet-wissen.de/laender_leute/china/mao_zedong/china_mao_biografie1.jsp; *Vogelsang,* Geschichte Chinas, 2012, S. 547 f.

18 S. dazu und zum Entwurf von 1956 (vierter Entwurf) *CHEN Jianfu,* Chinese Law: Context and Transformation, 2008, S. 49; vgl. *ZHANG Shuhan,* ZChinR 2013, 75, 80.

19 S. dazu und zum Entwurf von 1964 (fünfter Entwurf) *CHEN Jianfu* (Fn. 18), S. 50; vgl. *ZHANG Shuhan,* ZChinR 2013, 75, 80.

20 Verfassung der Volksrepublik China (Erste MAO-Verfassung) vom 20.09.1954, deutsche Übersetzung abrufbar unter: http://www.verfassungen.net/rc/verf54-i.htm.

21 Vgl. *Ahl,* PM 2005, 25, 27; speziell zum Erbrecht *Eberl-Borges,* ErbR 2013, 15, 16. Das bedeutet andererseits, dass es eine Bindung aller Staatsgewalt an die Grundrechte (siehe etwa Art. 1 III GG), wie es das Rechtsstaatsprinzip erfordert (*Grzeszick,* in: *Maunz/Dürig,* Grundgesetz-Kommentar, 69. Ergänzungslieferung 2013, Art. 20 Rn. 24), in China bislang nicht gibt. In China gilt nicht: *rule of law,* sondern: *rule by law,* Regieren durch Gesetz. Ein "Gesetzesstaat" ist aber noch kein Rechtsstaat. Siehe zur Verfassungsgerichtsbarkeit und zur Bedeutung der Grundrechte in China auch *Kellogg,* China Brief, 02.04.2009, S. 4-7, abrufbar unter: http://www.jamestown.org/uploads/media/cb_009_7_02.pdf.

möglicherweise gerade deshalb realistisch, weil es nicht viel privates Vermögen gab. Vielleicht fiel es in dieser Situation tatsächlich leichter, das Erbrecht großzügig zuzulassen.[22] Mit der Vertragsfreiheit hat es in China ja beispielsweise ein bisschen länger gedauert, nämlich bis zum Inkrafttreten des Vertragsgesetzes im Jahr 1999[23]. Aber die Vertragsfreiheit war[24] auch nicht von der Verfassung gefordert, und sie passte ja auch nicht in das damalige planwirtschaftliche System.

Das Erbgesetz wiederum steht in Zusammenhang mit einigen anderen Gesetzen, und dieser Zusammenhang ist sicher nicht nur ein zeitlicher: 1980 wurde das neue Ehegesetz erlassen[25], das auf das Ehegesetz von 1950[26] folgte und durch die Neuerungen im Ehegüterrecht auf die Stärkung des Privateigentums durch die neue Reformpolitik reagierte[27]. Die neue Verfassung von 1982[28] erklärte das Privateigentum nun für unantastbar[29]. Und 1986 wurde das Vermögensrecht in den Allgemeinen Grundsätzen des Zivilrechts geregelt[30]. Damit hatte China insgesamt eine Regelung, die thematisch den fünf Büchern des deutschen BGB entspricht, wenn auch eine sehr knappe. Seit den 1990er Jahren wurde vieles

---

22 Auch sollte die Bevölkerung durch materielle Anreize dazu motiviert werden, sich in der Wirtschaftsentwicklung zu engagieren; solche materiellen Anreize waren die Zulassung von privatem Vermögensaufbau und entsprechend auch Erbrecht; vgl. *von Senger*, Rev. dr. Int. et comp. 64 (1987), 65, 70.

23 Erst das chinesische Vertragsgesetz von 1999 führte Vertragsfreiheit für alle Chinesen ein, s. dazu *Eberl-Borges/SU Yingxia*, ZVerglRWiss 106 (2012), 125, 137 ff.; *Eberl-Borges/SU Yingxia*, The Geo. Wash. Int'l L. Rev. 46 (2014), 101, 108 ff.

24 Sie ist es bis heute nicht, denn die aktuelle chinesische Verfassung sieht die Vertragsfreiheit (oder die Privatautonomie, die allgemeine Handlungsfreiheit oder das allgemeine Persönlichkeitsrecht) nach wie vor nicht als Grundrecht vor.

25 Ehegesetz der VR China vom 10.9.1980, deutsche Übersetzung von *Münzel* abrufbar unter http://www.chinas-recht.de/800910.htm. Zum Ehegesetz der VR China vom 28.4.2001, deutsche Übersetzung von *von Senger*, StAZ 2002, 151, s. *Eberl-Borges/SU Yingxia/WANG Baoshi*, ZVerglRWiss 106 (2007), 158.

26 Ehegesetz der VR China vom 13.4.1950, deutsche Übersetzung von *Bünger*, RabelsZ 16 (1951), 121.

27 *Eberl-Borges/SU Yingxia/WANG Baoshi*, ZVerglRWiss 106 (2007), 158, 171.

28 Verfassung der VR China vom 4.12.1982 (an diesem Tag erlassen und in Kraft getreten), deutsche Übersetzung abrufbar unter http://www.verfassungen.net/rc/verf82-i.htm.

29 Art. 13 I der Verfassung 1982.

30 Allgemeine Grundsätze des Zivilrechts der VR China vom 12.4.1986, in Kraft seit 1.1.1987, deutsche Übersetzung von *Münzel* abrufbar unter http://www.chinas-recht.de/zivilrecht.htm.

davon erneut aufgegriffen, um detailliertere, bessere, modernere Regelungen zu schaffen[31]. Und aktuell steht eben das Erbrecht zur Reform an.

2. Das Reformbedürfnis im Erbrecht

Was genau sind aber nun die reformbedürftigen Aspekte im Erbrecht? Warum drängt gerade jetzt in China eine Erbrechtsreform? Seit Erlass des geltenden Erbgesetzes sind schon fast 30 Jahre vergangen. Die Lebensverhältnisse der Chinesen haben sich in dieser Zeit sehr verändert. Tatsächlich passt die geltende Regelung heute in vielerlei Hinsicht nicht mehr.

Das Erbgesetz stellt eine sehr einfache Regelung dar[32]. Es umfasst lediglich 37 Paragraphen, die ergänzt werden durch eine offizielle Auslegung des Obersten Volksgerichts aus dem gleichen Jahr mit 64 Paragraphen[33]. Diese Auslegung sei hier erwähnt, weil sie wie ein Gesetz gilt. Dazu muss natürlich noch etwas mehr gesagt werden. Warum erlässt in China auf einmal ein Gericht Gesetze? Gesetzesauslegung ist in China ein eigener Normsetzungsakt. Nach der Verfassung[34] steht sie als Legislativauslegung dem Ständigen Ausschuss des Nationalen Volkskongresses als oberstem Gesetzgebungsorgan zu. Solche Auslegungen haben die gleiche Gültigkeit wie Gesetze[35]. Der Ständige Ausschuss hat seine Auslegungskompetenz im Jahr 1981 an das Oberste Volksgericht delegiert[36], das seitdem von seiner Kompetenz zur sog. Justizauslegung regen Gebrauch macht und auf

31 So beispielsweise im Vertragsgesetz von 1999 (s.o. Fn. 8), im Sachenrechtsgesetz von 2007 (s.o. Fn. 9), im Deliktsgesetz von 2009 (Gesetz der Volksrepublik China über die Haftung für die Verletzung von Rechten, verabschiedet am 26.12.2009, in Kraft seit 1.7.2010, deutsche Übersetzung von *LIU Xiaoxiao/Pißler* in ZChinR 2010, 41 ff.) oder im IPR-Gesetz von 2010 (Gesetz der Volksrepublik China zur Anwendung des Rechts auf zivilrechtliche Beziehungen mit Außenberührung, verabschiedet am 28.10.2010, in Kraft seit 1.4.2011, deutsche Übersetzung von *Pißler* in ZChinR 2010, 376 ff.).

32 *BU Yuanshi*, Einführung in das Recht Chinas, 2009, S. 99; *Eberl-Borges*, ErbR 2013, 15, 26; *von Senger*, Rev. dr. Int. et comp. 64 (1987), 65, 78.

33 Ansichten des Obersten Volksgerichts zur Durchführung des Erbgesetzes (Supreme People's Courts Opinions on Implementing the Law of Succession) vom 11.9.1985; deutsche Übersetzung im Anhang.

34 Art. 67 (4) der Verfassung, ebenso § 42 Abs. 1 Gesetzgebungsgesetz (Gesetzgebungsgesetz vom 15.03.2000, deutsche Übersetzung von *Pissler* unter http://www.chinas-recht.de/000315b.htm).

35 § 47 Gesetzgebungsgesetz.

36 Delegation von Auslegungsbefugnissen durch den Ständigen Ausschuss des Nationalen Volkskongresses an das Oberste Volksgericht und die Oberste Staatsanwaltschaft durch Beschluss des Ständigen Ausschusses des Nationalen Volkskongresses über die

diese Weise zu einem weiteren faktischen Gesetzgeber geworden ist[37]. Darüber hinaus hat das Oberste Volksgericht in einem Erlass aus dem Jahr 2007[38] selbst bestimmt, dass seine Auslegungen Gesetzeskraft haben[39]. Das mag aus der Sicht des deutschen Verfassungsrechts, gelinde gesagt, ungewöhnlich erscheinen. Und auch die chinesische Verfassung[40] sieht nicht vor, dass sich Staatsorgane selbst zum Normerlass ermächtigen[41]. Aber in China nimmt man diese Dinge im Wesentlichen so hin[42]. Es gibt dort keine Gewaltenteilung wie bei uns. Die staatlichen Hauptfunktionen sind nur im Sinne einer Funktionenteilung verschiedenen Staatsorganen zugewiesen[43]. Eine gegenseitige Hemmung und Kontrolle dieser Gewalten im Sinne eines Systems der *checks and balances*[44] ist aber nicht verwirklicht. Wenn nun der Haupt-Gesetzgeber in einer Phase des völligen Neuaufbaus der Rechtsordnung überlastet ist, warum soll er da nicht an andere Staatsorgane delegieren, die dann Regelungen mit Gesetzeskraft erlassen? Die chinesische Praxis folgt dem jedenfalls und wendet die Auslegungen des Obersten Volksgerichts wie Gesetze an[45].

Diese beiden Regelwerke von 1985 – das kurze Erbgesetz und seine ebenfalls kurze Auslegung durch das Oberste Volksgericht – bilden bis heute die Rechtsgrundlage für das chinesische materielle Erbrecht. Sie mögen ausgereicht haben, als es in China nicht viel zu vererben gab. Heute ist aber eine detailliertere Regelung erforderlich, und die beiden akademischen Entwürfe sind demzufolge

---

Verstärkung der Arbeit bei der Rechtsauslegung, erlassen und in Kraft gesetzt am 10.06.1981, zitiert nach *BU Yuanshi* (Fn. 32), S. 20 mit Fn. 6.

37 Vgl. *Pißler*, ZChinR 2009, 262, 274.

38 § 5 der Bestimmungen des Obersten Volksgerichts über die Justizauslegung, Erlass Nr. 12 (2007) (deutsche Übersetzung von *Ahl* in ZChinR 2007, 322 ff.).

39 Ebenso die Oberste Staatsanwaltschaft: § 5 der Bestimmungen der Obersten Staatsanwaltschaft über ihre Auslegungsarbeit, verabschiedet und in Kraft getreten am 10.5.2006, zitiert nach *Blasek*, ZVglRWiss 111 (2012), 154, 163 Fn. 52.

40 Verfassung der Volksrepublik China vom 04.12.1982, revidiert in den Jahren 1988, 1993, 1999 und 2004, deutsche Übersetzung abrufbar unter http://www.verfassungen.net/rc/verf82.htm.

41 Ebenso wenig wie das Gesetzgebungsgesetz (Fn. 34), vgl. *Ahl*, ZChinR 2007, 251, 253; vgl. auch *Pißler*, ZChinR 2009, 262, 274.

42 Siehe aber auch *Ahl*, ZChinR 2007, 251, 256 f. Fn. 60 mit Nachweisen zu kritischen Stimmen im chinesischen Schrifttum, sowie *Ahl*, ZChinR 2007, 251, 254 zur umstrittenen Reichweite der Verbindlichkeit von Justizauslegungen.

43 Vgl. *Ahl*, PN 2005, 27 f.

44 Vgl. *Herzog/Grzeszick*, in: *Maunz/Dürig* (o. Fn. 21), Art. 20 GG Rn. 9, 12.

45 *Ahl*, ZChinR 2007, 251, 254 m.w.N.

auch wesentlich umfangreicher[46]. Vorgeschlagen wird in beiden Entwürfen beispielsweise eine ausführliche Regelung zur Testamentsvollstreckung[47]. Im Erbgesetz ist bisher schlicht angeordnet, dass es sie gibt[48]. Auch die Haftung für Nachlassverbindlichkeiten ist bisher nicht genauer geregelt[49]. Die Entwürfe schlagen auch insoweit eine viel ausführlichere Regelung vor[50], einschließlich Inventarerrichtung[51], Aufgebotsverfahren[52] und Nachlassinsolvenz[53]. Die Berücksichtigung der Interessen der Nachlassgläubiger bei der Nachlassabwicklung bildet insgesamt einen wichtigen Aspekt der Erbrechtsreform. Vorgeschlagen wird auch die Einführung der Vor- und Nacherbschaft[54] und des gemeinschaftlichen Ehegattentestaments[55]. Das erinnert in vielem an das deutsche Erbrecht. Das gemeinschaftliche Testament mit seiner Bindungswirkung[56] ist ja vor allem in den Ländern des romanischen Rechtskreises – aufgrund der großen Bedeutung der Testierfreiheit – verboten[57], in anderen nicht vorgesehen[58]. Auch die

46 Der *LIANG*-Entwurf enthält 90 Paragraphen, der *YANG*-Entwurf 97.

47 *LIANG*-Entwurf: §§ 53 – 60, *YANG*-Entwurf: §§ 54 – 56.

48 S. § 16 I ErbG. Auch die Auslegung des Obersten Volksgerichts enthält keine näheren Erläuterungen.

49 Bisher ist im Wesentlichen nur vorgesehen, dass die Schulden aus dem Nachlass zu begleichen sind und die Haftung auf den Nachlass beschränkt ist, s. § 33 ErbG.

50 *LIANG*-Entwurf: §§ 75 – 82, *YANG*-Entwurf: §§ 76 – 83, 89 f., 92 f.

51 *LIANG*-Entwurf: §§ 68, 79 I 1, *YANG*-Entwurf: §§ 78 – 80.

52 *LIANG*-Entwurf: §§ 79, 82, *YANG*-Entwurf: §§ 92 f.

53 *YANG*-Entwurf: § 81.

54 *YANG*-Entwurf: §§ 39 – 43.

55 *YANG*-Entwurf: § 37.

56 S. § 2271 II 1 1. Hs. BGB.

57 Vgl. *Lange/Kuchinke*, Erbrecht, 5. Aufl. 2001, § 24 I 2. a) (S. 420 f.) m.w.N. in Fn. 4; s. etwa zum französischen Recht *Döbereiner*, in: *Süß*, Erbrecht in Europa, 2. Aufl. 2008, S. 611, 615 Rn. 6, 645 f. Rn. 96 f.; zum italienischen Recht *Cubeddu Wiedemann/Wiedemann*, in: *Süß*, aaO., S. 827, 837 Rn. 22, 847 Rn. 56, 861 Rn. 111; zum portugiesischen Recht *Huzel/Löber/Wollmann*, in: *Süß*, aaO., S. 1171, 1190 Rn. 54; zum spanischen Recht *Löber/Huzel*, in: *Süß*, aaO., S. 1409, 1433 Rn. 64. Ebenso im griechischen Recht, s. dazu *Stamatiadis*, in: *Süß*, aaO., S. 685, 697 Rn. 44 und im ungarischen Recht, s. *Tóth*, in: *Süß*, aaO., S. 1571, 1581 Rn. 39.

58 So im polnischen Recht, s. dazu *Łakomy*, in: *Süß*, (Fn. 57), S. 1145, 1152 Rn. 23. Das schwedische Recht kennt das gemeinsame Testament, dieses hat jedoch keine Bindungswirkung, s. *Johansson*, in: *Süß*, aaO., S. 1277, 1299 Rn. 85 f. S. demgegenüber zur Bindung des länger Lebenden an eine wechselseitige Verfügung aufgrund entsprechender Vereinbarung nach englischem Recht *Odersky*, in: *Süß*, aaO., S. 719, 747 f. Rn. 83. Weitere Hinweise bei *Lange/Kuchinke* (Fn. 57), § 24 I 2. a) (S. 420 Fn. 4).

Anordnung einer Vor- und Nacherbschaft ist in vielen anderen Ländern nicht möglich[59]. Und in der Tat orientiert sich das chinesische Zivilrecht inzwischen wieder sehr stark am deutschen Recht. Diese Orientierung hat in China Tradition. Der Einfluss des deutschen Rechts besteht, seit sich China Ende des 19. Jahrhunderts überhaupt westlichen Ideen öffnete[60]. Er erfolgte allerdings zunächst auf indirektem Wege, indem China sich nämlich das japanische Zivilrecht zum Vorbild nahm[61], das wiederum stark vom deutschen BGB geprägt war[62]. Bereits der erste Entwurf für ein chinesisches Zivilgesetzbuch von 1911[63], also noch aus der späten Kaiserzeit, beruhte auf dem deutschen BGB[64]. Auch das bereits erwähnte[65] Zivilgesetzbuch der Republik China von 1929/31, das heute noch in Taiwan gilt[66], war stark vom deutschen Recht beeinflusst[67]. Die Volksrepublik China orientierte sich zunächst am sowjetischen Recht[68], zunächst auch noch nach Einführung der Reform- und Öffnungspolitik im Jahr 1978. Der chinesische Gesetzgeber rückte hiervon aber im Verlauf der 1980er Jahre schrittweise wieder ab und nahm US-amerikanisches Recht in den Blick[69], das aber als *case law* nur schwer zu rezipieren war. Und seit Ende der 1990er Jahre nimmt sich

59 Zum Verbot der Vor- und Nacherbschaft im französischen Recht und den durch die Erbrechtsreform zum 1.1.2007 eingeführten Ausnahmen siehe *Döbereiner*, in: *Süß* (Fn. 57), S. 611, 642 f. Rn. 90 - 92. Auch das italienische Recht kennt die Vor- und Nacherbschaft nicht, s. *Cubeddu Wiedemann/Wiedemann*, in: *Süß*, aaO., S. 827, 851 Rn. 74 f.; ebenso wenig das polnische Recht, vgl. *Łakomy*, in: *Süß*, aaO., S. 1145, 1154 Rn. 33 – 35. Vorgesehen ist die Vor- und Nacherbschaft dagegen in Griechenland, s. *Stamatiadis*, in: *Süß*, aaO., S. 685, 696 Rn. 35, in Portugal, s. *Huzel/Löber/Wollmann*, in: *Süß*, aaO., S. 1171, 1194 f. Rn. 68 – 71 und in Spanien, s. *Löber/Huzel*, in: *Süß*, aaO., S. 1409, 1435 f. Rn. 71 – 74. Nach englischem Recht ist es möglich, durch die testamentarische Anordnung eines *trust* den Nachlass beispielsweise zunächst für eine Person auf Lebenszeit verwalten zu lassen, um ihn dann einer anderen Person zuzuwenden, s. *Odersky*, in: *Süß*, aaO., S. 719, 736 Rn. 44. Weitere Hinweise bei *Lange/Kuchinke* (Fn. 57), § 28 I 2. c) (S. 570 f.).

60 Vgl. zu der Entwicklung *CHEN Jianfu* (Fn. 18), S. 23 f.

61 S. dazu *CHEN Jianfu* (Fn. 18), S. 27 f.

62 Vgl. *Sanders*, HFR 2005, 50, 52; *Zweigert/Kötz*, Einführung in die Rechtsvergleichung auf dem Gebiete des Privatrechts, 3. Aufl. 1996, S. 154, 291 f.

63 S. dazu bereits o. Fn. 14.

64 S. *WANG Qiang*, ZChinR 2013, 13 m.w.N.

65 S.o. I. 1. (bei Fn. 14).

66 *Von Senger* (Fn. 15), S. 12 f.

67 *Eberl-Borges/SU Yingxia*, ZVglRWiss 111 (2012) 125 f. m.w.N.

68 S. dazu noch unten II. 1.

69 *Eberl-Borges/SU Yingxia*, ZVglRWiss 111 (2012) 125, 129 Fn. 19 m.w.N.

der chinesische Gesetzgeber nun wieder sehr stark das kontinental-europäische, insbesondere das deutsche Recht zum Vorbild[70]. Das ist auch an den beiden akademischen Erbgesetzentwürfen erkennbar. Sie orientieren sich insgesamt an drei Vorbildern: am chinesischen Erbgesetz[71] samt seiner Auslegung[72] von 1985, am Erbrecht des Zivilgesetzbuchs der Republik China von 1929/31[73], und schließlich am deutschen BGB[74].

Aber bei der chinesischen Erbrechtsreform geht es nicht nur um eine ausführlichere Regelung[75]. Auch in grundlegenden Dingen überzeugt das chinesische Erbgesetz seine Kritiker heute nicht mehr. Drei wichtige Aspekte der Erbrechtsreform sollen im Folgenden herausgegriffen werden: Das ist zum einen die Erweiterung des Kreises der gesetzlichen Erben, der bislang sehr eingeschränkt ist; zum anderen die Einführung des Pflichtteils, den das chinesische Erbrecht bislang gar nicht kennt; und schließlich die Bedeutung von Testamenten in China.

II. Zur Erweiterung des Kreises der gesetzlichen Erben

Aus dem deutschen Recht ist neben dem Ehegattenerbrecht[76] das unbegrenzte Verwandtenerbrecht[77] bekannt. Die Verwandten des Erblassers werden in Ordnungen aufgeteilt[78], wobei Abkömmlinge, die der Erblasser hat, an erster Stelle erben und alle anderen Verwandten verdrängen[79]. Innerhalb der ersten Ordnungen schließen die mit dem Erblasser Nächstverwandten ihre eigenen

70 *Eberl-Borges/SU Yingxia*, ZVglRWiss 111 (2012) 125, 129 Fn. 19 m.w.N.

71 S. beispielsweise § 3 ErbG und § 9 *LIANG*-Entwurf, § 7 *YANG*-Entwurf.

72 S. beispielsweise § 2 OVG-Auslegung und § 4 *LIANG*-Entwurf, § 4 *YANG*-Entwurf.

73 S. beispielsweise § 1161 ZGB und § 81 *LIANG*-Entwurf; § 1167 ZGB und § 85 *LIANG*-Entwurf, § 89 I *YANG*-Entwurf.

74 S. beispielsweise §§ 2050, 2055 f. BGB und § 10 *LIANG*-Entwurf, § 9 *YANG*-Entwurf.

75 Einzelfragen, die nach dem Empfinden chinesischer Juristen einer Klärung bedürfen, sind beispielsweise die Zulässigkeit des Geliebtentestaments (s. dazu unten V.) oder auch die erbrechtliche Stellung von Kindern, die durch künstliche Befruchtung gezeugt worden sind (s. dazu § 16 II *LIANG*-Entwurf, § 10 II *YANG*-Entwurf und unten Fn. 202).

76 § 1931 BGB. Im Falle einer eingetragenen Lebenspartnerschaft erbt der überlebende Lebenspartner, § 10 LPartG.

77 § 1924 ff. BGB.

78 Erste Ordnung: die Abkömmlinge des Erblassers (§ 1924 I BGB); zweite Ordnung: die Eltern des Erblassers und deren Abkömmlinge (§ 1925 I BGB); dritte Ordnung: die Großeltern des Erblassers und deren Abkömmlinge (§ 1926 I BGB) usw.

79 § 1930 BGB.

Abkömmlinge von der Erbfolge aus[80]. Im Übrigen erben, vereinfacht gesagt, die näheren Verwandten vor den entfernteren[81]. Solange aber irgendein auch noch so entfernter Verwandter (oder der Ehegatte oder Lebenspartner) vorhanden ist, erbt dieser und nicht der Staat[82].

1. Das eingeschränkte Verwandtenerbrecht

Im geltenden chinesischen Recht ist der Kreis der gesetzlichen Erben dagegen sehr beschränkt. Es gibt nur zwei Ordnungen: Gesetzliche Erben erster Ordnung sind der Ehegatte, die Kinder und die Eltern, gesetzliche Erben zweiter Ordnung Geschwister und Großeltern (§ 10 I ErbG)[83].[84] Anstelle von vorverstorbenen Kindern erben deren unmittelbare Abkömmlinge, d.h. die Enkelkinder des Erblassers (s. § 11 ErbG). Beim Vorversterben sonstiger Verwandter erfolgt dagegen kein Eintritt von Abkömmlingen. Daher erben in China beispielsweise schon Nichten und Neffen, Cousins und Cousinen nicht. Aufgrund dieses beschränkten Kreises der gesetzlichen Erben fallen Nachlässe eher an den Staat als bei uns.

Der chinesische Gesetzgeber hat mit dieser Regelung das damalige sowjetische Recht übernommen[85], genauer die entsprechende Regelung[86] im Zivilgesetzbuch

---

80 Sog. Repräsentationsprinzip, s. §§ 1924 II, 1925 II, 1926 II BGB. Umgekehrt erben die Entfernteren, wenn der Nächstverwandte beim Erbfalls nicht mehr lebt, sog. Eintrittsprinzip, s. §§ 1924 III, 1925 III, 1926 III BGB.

81 Das gilt wegen des Repräsentationsprinzips innerhalb der Stämme, s.o. Fn. 80, ab der vierten Ordnung gilt es generell, sog. Gradualsystem, s. §§ 1928 III BGB (wobei allerdings auch insoweit die niedrigere Ordnung den Vorrang vor der höheren hat, § 1930 BGB).

82 § 1936 BGB.

83 Erben der zweiten Ordnung erben dabei nur, wenn keine Erben der ersten Ordnung vorhanden sind (§ 10 II ErbG). Das entspricht dem deutschen Recht (s. § 1930 BGB).

84 Anders als nach deutschem Recht (s. §§ 1924 I, 1925 I, 1926 I BGB) erben überlebende Eltern des Erblassers also auf jeden Fall; sie werden nicht von Abkömmlingen des Erblassers verdrängt, weil sie sich in derselben Ordnung befinden. Ebenso erben in der zweiten Ordnung Großeltern neben Geschwistern des Erblassers. Diese Regelungen werden auch in den Entwürfen beibehalten (s. dazu sogleich unter II. 2.). Der Grund liegt darin, dass China eine alternde Gesellschaft ist. Viele alte Menschen in China sind unterhaltsbedürftig. Die Sozialversicherung ist in China noch nicht ausreichend entwickelt (s. dazu noch unten III. 1.). Das Erbrecht soll hier einen Ausgleich schaffen. Das gilt speziell für die Altersversorgung.

85 S. *von Senger*, Rev. dr. Int. et comp. 64 (1987), 65, 73; *ZHANG Shuhan*, ZChinR 2013, 75, 81.

86 § 532 ZGB.

der russischen Sowjetrepublik von 1964[87]. Als kommunistischer Staat orientierte sich China zum damaligen Zeitpunkt am sowjetischen Recht[88], gerade im Kontext Privateigentum und Erbrecht. Die damalige russische Regelung erschien in diesem Rahmen durchaus als großzügig. Früher, d.h. im Jahr 1918, war in Russland das Erbrecht nämlich per Dekret ganz abgeschafft worden[89]. Erben und Vererben setzt ja Privateigentum voraus. Schafft man das Privateigentum ab, dann wird automatisch auch das Erbrecht gegenstandslos. In Russland waren im Zuge der Oktoberrevolution 1917 die Grundbesitzer enteignet und das Eigentum an Produktionsmitteln in Staatseigentum überführt worden. Man ging davon aus, dass sich das Erbrecht damit erübrigt habe[90]. Mit dem sowjetischen Zivilgesetzbuch von 1922 wurde das Erbrecht dann zwar wieder zugelassen – aus pragmatischen Gründen[91]. Das sollte aber nur eine Übergangsregelung sein[92], und der Kreis der Familienangehörigen, die als gesetzliche Erben in Betracht kamen, wurde daher sehr eng gezogen[93]: Nur Nachkommen und der Ehegatte sollten erben können[94]. Das entsprach durchaus dem Hergebrachten, denn so eng war die Erbfolge bereits in der Zarenzeit begrenzt[95]. 1922 hatte man darüber hinaus die Vorstellung, dass die Institution der Familie sowieso zum Absterben verurteilt sei[96]. Später änderten sich diese Vorstellungen wieder, und die Politik lief auf eine Festigung der Familie hinaus[97]. Ein Erlass aus dem Jahr 1945[98] und noch mehr das Zivilgesetzbuch von 1964, das dem chinesischen Gesetzgeber als Vorbild diente, erweiterten daher den Kreis der gesetzlichen Erben. Nun konnten also auch die Eltern, Geschwister und Großeltern des Erblassers erben[99]. Das war nach damaligem Stand eine ganz wesentliche Erweiterung der gesetzlichen Erbfolge, auch wenn diese Erbfolge aus deutscher Sicht sehr eingeschränkt erscheint.

---

87 S. dazu *Bilinsky*, JOR 1964, 137, 159.
88 Vgl. *CHEN Jianfu* (Fn. 18), S. 48.
89 S. dazu *Bilinsky*, JOR 1964, 137, 139.
90 Vgl. *Bilinsky*, JOR 1964, 137, 139.
91 *Bilinsky*, JOR 1964, 137, 144.
92 *Bilinsky*, JOR 1964, 137, 144.
93 *Bilinsky*, JOR 1964, 137, 146.
94 Art. 418 ZGB (1922), s. *Bilinsky*, JOR 1964, 137, 145.
95 Vgl. *Bilinsky*, JOR 1964, 137, 139.
96 *Bilinsky*, JOR 1964, 137, 146.
97 *Bilinsky*, JOR 1964, 137, 148.
98 S. dazu *Bilinsky*, JOR 1964, 137, 148.
99 § 532 russ. ZGB (1964).

2. Vorschläge für eine Erweiterung

Das russische Erbrecht ist an diesem Punkt nicht stehen geblieben. Vielmehr kennt das im Jahr 2002 in Kraft getretene Zivilgesetzbuch der Russischen Föderation ein gesetzliches Verwandtenerbrecht bis zum fünften Grad[100]. Und auch in China ist die geltende Regelung der gesetzlichen Erbfolge nun schon seit längerem in der Kritik. In der Praxis fallen nämlich Nachlässe häufig an den Staat[101] (s. § 32 ErbG)[102]. Dabei wirken drei Faktoren zusammen: der eingeschränkte Kreis gesetzlicher Erben, auf den es aber ankommt, weil es in China bis heute nicht sehr verbreitet ist, ein Testament zu errichten[103], und schließlich die chinesische Ein-Kind-Politik. Beispielhaft ist ein Fall aus dem Jahr 2012[104], in dem ein Ehepaar und deren 6jährige Tochter bei einem Verkehrsunfall ums Leben kamen. Da die Tochter ihre Eltern aber um wenige Stunden überlebte und die Erbfälle – wie nach deutschem Recht – getrennt zu betrachten waren, beerbte die Tochter ihre Eltern zunächst allein. Da sie selbst keine Erben hatte, fiel der Nachlass an den Staat, ein Vermögen von 3 Millionen Yuan, also ca. 350.000 €. Die 33jährige Schwester der verstorbenen Frau, die ihre gesamte Familie verloren hatte, erbte nichts.

Die chinesischen Kritiker der geltenden Regelung halten es für sachgerechter, wenn Nachlässe möglichst in der Familie bleiben[105]. Diese Wertung greifen die akademischen Entwürfe auf. In einer neuen dritten Ordnung sollen weitere Verwandte bis zum vierten Grad erben[106]. Das ist eine ganz wesentliche Erweiterung. Danach würden beispielsweise noch Großneffen oder –nichten erben, bevor der

100 *Masannek*, in: *Süß* (Fn. 57), S. 1253, 1255-1257.

101 Oder, wenn der Erblasser, wie auf dem Land üblich (*Eberl-Borges*, ErbR 2013, 15, 17 m.w.N.), Mitglied einer kollektiven Organisation war, an diese Organisation (§ 32 ErbG).

102 So *LIANG Huixing*, zitiert bei *ZHAO Yinan*, China Daily v. 24.7.2012, http://www.chinadaily.com.cn/china/2012-07/24/content_15610293.htm.

103 S. dazu noch unten IV. 2.

104 S. *ZHAO Yinan*, China Daily v. 24.7.2012, http://www.chinadaily.com.cn/china/2012-07/24/content_15610293.htm.

105 S. die Hinweise bei *ZHAO Yinan*, China Daily v. 24.7.2012, http://www.chinadaily.com.cn/china/2012-07/24/content_15610293.htm.

106 S. die unterschiedlich formulierten, aber inhaltlich fast deckungsgleichen § 14 *LIANG*-Entwurf, § 57 *YANG*-Entwurf. Enkel-, Urenkelkinder usw. des Erblassers erben bei *LIANG* kraft ihres Eintrittsrechts in der 1. Ordnung (§§ 19, 14 *LIANG*-Entwurf), bei *YANG* erben Enkelkinder in der 2., Ur- und Ururenkelkinder in der 3. Ordnung (§ 57 *YANG*-Entwurf). – Dem Zweck, Nachlässe möglichst in der Familie zu halten, dienen auch § 4 S. 1 *LIANG*-Entwurf, § 4 S. 1 *YANG*-Entwurf: Danach wird als zuerst verstorben vermutet, wer keine Erben hat – in dem Fall, dass

Nachlass an den Staat fällt. Ein unbegrenztes Verwandtenerbrecht wie im deutschen Recht soll in China aber nicht einführt werden. Aber international betrachtet ist ein solches unbegrenztes Verwandtenerbrecht ja auch gar nicht die Regel[107].

Wenn somit das gesetzliche Verwandtenerbrecht in China eingeschränkt ist und das – trotz Erweiterung – vermutlich auch so bleiben wird, sei aber auch erwähnt, dass die Familienzugehörigkeit in China andererseits auch weitergehend ein Erbrecht vermitteln kann als in Deutschland. Wenn zu Lebzeiten des Erblassers faktisch für Unterhalt gesorgt wurde[108], erben in China auch Stiefkinder, Stiefeltern, Stiefgeschwister und verwitwete Schwiegerkinder[109]. Hinsichtlich der Stiefverhältnisse werden diese Regelungen in den akademischen Entwürfen beibehalten[110]. Im Hinblick auf Schwiegerkinder sind die Entwürfe uneinheitlich[111].[112]

---

mehrere in einem Erbverhältnis stehende Personen durch denselben Unfall sterben und die Todesreihenfolge nicht feststellbar ist.

107 S. beispielsweise zum österreichischen Recht *Haunschmidt*, in: *Süß* (Fn. 57), S. 1089, 1093 f. Rn. 15-20; zum Schweizer Recht *Wolf/Berger-Steiner*, in: *Süß*, aaO., S. 1323, 1335 Rn. 45 f.; zum französischen Recht *Döbereiner*, in: *Süß*, aaO., S. 632-634 Rn. 54-62; zum englischen Recht *Odersky*, in: *Süß*, aaO., S. 719, 732 f. Rn. 35-38; zum schwedischen Recht *Johansson*, in: *Süß*, aaO., S. 1277, 1288-1294 Rn. 46-63 f. Unbegrenzt ist dagegen das Verwandtenerbrecht nach gemeinspanischem Recht, s. *Löber/Huzel*, in: *Süß*, aaO., S. 1409, 1427 f. Rn. 49. Zum Hintergrund des unbegrenzten Verwandtenerbrechts in Deutschland s. *Leipold*, in: Münchener Kommentar zum Bürgerlichen Gesetzbuch, Band 9 - Erbrecht, 6. Aufl. 2013, Einleitung Rn. 9, 30 jeweils m.w.N.

108 Eine solche – ein Erbrecht vermittelnde – Unterhaltsbeziehung besteht, wenn Stiefeltern oder ein Stiefelternteil ein Stiefkind unterhalten (im Fall des § 10 III, IV ErbG) oder wenn ein Stiefgeschwisterteil ein anderes Stiefgeschwisterteil unterhält (so *WANG Qiang* im folgenden Beitrag Fn. 128) bzw. wenn Eltern oder ein Elternteil neben einem eigenen (blutsverwandten oder adoptierten) Kind ein Stiefkind unterhalten (so *Münzel*, Anmerkung (10), (11) zur Übersetzung des Erbgesetzes der VR China, http://www.chinas-recht.de/inhalt.htm, Dokument: 850410.rtf) (Stiefgeschwister, Fall des § 10 V ErbG). Verwitwete Schwiegerkinder erben (als Erben 1. Ordnung), wenn sie für den Unterhalt ihrer Schwiegereltern gesorgt haben (§ 12 ErbG).

109 §§ 10 III-V, 12 ErbG.

110 S. §§ 16 I, 17 I, 18 I *LIANG*-Entwurf, § 59 I – III *YANG*-Entwurf.

111 *YANG* hält am Erbrecht der Schwiegerkinder fest (s. § 60 *YANG*-Entwurf), während der Entwurf von *LIANG* keine Regelung zum Erbrecht der Schwiegerkinder mehr enthält. S. aber § 25 Nr. 3 *LIANG*-Entwurf, wonach Nichterben, die in einem (nicht näher benannten) Sonderverhältnis zum Erblasser standen, angemessen Nachlass zugeteilt werden kann.

112 Im Erbrecht des Schwiegerkindes offenbart sich noch ein weiterer Grundzug des chinesischen Erbrechts: Das Schwiegerkind erbt nämlich nur, wenn es für den

Insgesamt ist es jedenfalls ein besonderes Reformanliegen, die Hinterbliebenen in ihrer erbrechtlichen Position zu stärken. Bei der Erweiterung des Kreises der gesetzlichen Erben bleiben die Reformvorschläge dabei auch nicht stehen. Es geht noch um ein weiteres: Es geht um die Einführung des Pflichtteils.

III. Zur Einführung des Pflichtteils

Das chinesische Erbrecht kennt bislang keinen Pflichtteil. Im deutschen Recht ist das Pflichtteilsrecht demgegenüber sehr großzügig ausgestaltet[113]. Ein

---

Unterhalt des Erblassers gesorgt hat (§ 12 ErbG). Die freiwillige Leistung von Unterhalt wird hier also belohnt. Dieser Gedanke wird auch in anderem Zusammenhang aufgegriffen: Gemäß § 14 ErbG kann auch Nichterben, die den Erblasser in größerem Umfang unterhalten haben, angemessen Nachlass zugeteilt werden. Erben, die dem Erblasser hauptsächlich Unterhalt geleistet haben, kann gemäß § 13 III ErbG bei der Verteilung des Nachlasses ein größerer Teil gegeben werden. Und umgekehrt kann Erben, die ihre Unterhaltspflichten gegenüber dem Erblasser nicht erfüllt haben, nach § 13 IV ErbG nichts oder weniger zugeteilt werden. Das chinesische Erbrecht greift hier also verhaltenssteuernd ein. In den Entwürfen werden diese Regelungen beibehalten, s. §§ 24 II, III, 25 Nr. 2 *LIANG*-Entwurf, §§ 61 I, 63 II, III *YANG*-Entwurf.

113 In den Ländern des romanischen Rechtskreises hängt die Höhe des Noterbteils von Zahl und Art der Noterben ab. Die Einschränkung des Erblassers kann dadurch auch noch größer sein als im deutschen Recht. So kann der Erblasser nach französischem Recht, sofern Noterben vorhanden sind, über ¼ bis ¾ seines Nachlasses frei verfügen, s. *Döbereiner*, in: *Süß* (Fn. 57), S. 611, 646 f. Rn. 98-100; nach italienischem Recht über ¼ bis ½, vgl. *Cubeddu Wiedemann/Wiedemann*, in: *Süß*, aaO., S. 827, 853 Rn. 84 f.; nach spanischem Recht über 1/3 bis 2/3, s. *Löber/Huzel*, in: *Süß*, aaO., S. 1409, 1439 f. Rn. 84. Das englische Recht kennt weder Noterb- noch Pflichtteilsrechte, aber eine Versorgung naher Angehöriger aus dem Nachlass im Einzelfall, die die Gerichte anordnen können; die Gerichte haben hierbei einen großen Ermessenspielraum, so dass sich Art und Höhe kaum vorherbestimmen lassen, vgl. *Odersky*, in: *Süß*, aaO., S. 719, 737-740 Rn. 49, 54 f. Das als Noterbrecht ausgestaltete Pflichtteilsrecht des griechischen Rechts (s. *Stamatiadis*, in: *Süß*, aaO., S. 685, 698 Rn. 46) beträgt – wie in Deutschland – ½ des gesetzlichen Erbteils, *Stamatiadis*, in: *Süß*, aaO., S. 685, 698 Rn. 48. Die Pflichtteile des österreichischen Rechts sind teilweise geringer als nach deutschem Recht, s. *Haunschmidt*, in: *Süß*, aaO., S. 1089, 1099 Rn. 43; zusätzlich kann der Erblassers unter bestimmten Voraussetzungen eine Pflichtteilsminderung durch letztwillige Verfügung anordnen, s. *Haunschmidt*, in: *Süß*, aaO., S. 1089, 1106 Rn. 71. Hinweise zu Rechtsordnungen mit absoluter Testierfreiheit (ohne zwingende Rechte von Angehörigen gegen den Nachlass) bei *Mörschner*, ErbR 2014, 165, 167.

Pflichtteilsrecht kann den Abkömmlingen, dem Ehegatten und den Eltern des Erblassers zustehen (§ 2303 I 1, II 1 BGB). Der Pflichtteilsanspruch stellt einen schuldrechtlichen Geldanspruch[114] gegen den Erben dar, wobei der Pflichtteil pauschal in Höhe der Hälfte des Wertes des gesetzlichen Erbteils besteht (§ 2303 I 2 BGB). Dieser Pflichtteil begrenzt die Testierfreiheit des Erblassers. Ein Teil des Erbgutes ist für den Erblasser gewissermaßen unvergebbar[115]. Dem chinesischen Erbrecht liegt dieser Gedanke bislang nicht zugrunde. Es lässt Verfügungen von Todes wegen zu. Und es kennt keinen Pflichtteil. Das hat zur Konsequenz, dass die Testierfreiheit in China sehr viel weitreichender ist als bei uns[116].

1. Die Versorgung bedürftiger Hinterbliebener aus dem Nachlass

Allerdings: Das chinesische Recht kennt stattdessen etwas anderes. Eine Reihe von Regelungen dienen der Versorgung bedürftiger Hinterbliebener: So muss der Erblasser, wenn er eine Verfügung von Todes wegen trifft, den arbeitsunfähigen gesetzlichen Erben, die keine Lebensunterhaltsquelle haben, den notwendigen Teil des Nachlasses vorbehalten (§ 19 ErbG). Diese Einschränkung der Testierfreiheit stellt sich als ein Noterbrecht[117] dar, allerdings nur für solche gesetzlichen Erben, die arbeitsunfähig sind. Aufgrund dieser engen Voraussetzungen kommt die Regelung in der Praxis nur selten zur Anwendung[118]. Sie spielt in erster Linie für minderjährige Kinder des Erblassers eine Rolle, immer mehr aber auch für seine Eltern und Großeltern. Denn in China machen sich die Auswirkungen der Ein-Kind-Politik immer drastischer bemerkbar. China ist eine alternde Gesellschaft. Bereits heute sind 10% der Bevölkerung älter als 65 Jahre[119]. Und viele alte Menschen in China sind unterhaltsbedürftig.

Aber nicht nur die Testierfreiheit ist zugunsten bedürftiger Verwandter eingeschränkt. Auch bei gesetzlicher Erbfolge gibt es Besonderheiten, die das deutsche Recht nicht kennt. So müssen Erben, die unter besonderen Schwierigkeiten

---

114 *Lange/Kuchinke* (Fn. 57), § 37 I 2. (S. 867), § 37 VIII 1. (S. 919).

115 Formulierung von *Lange/Kuchinke* (Fn. 57), § 37 I 1. b) (S. 865).

116 *Eberl-Borges*, ErbR 2013, 15, 18 f. m.w.N.

117 Zur Entwicklung von Noterbrecht und Pflichtteilsrecht im Sinne eines Geldanspruchs in der europäischen Rechtsgeschichte s. *Lange/Kuchinke* (Fn. 57), § 37 I 1. (S. 865 f.).

118 So *ZHANG Shuhan*, ZChinR 2013, 75, 85.

119 S. den Bericht des Nationalen Büros für Statistik der Volksrepublik China zum Stand Ende 2013, vorgestellt bei: http://german.china.org.cn/china/2014-01/22/content_31273006.htm.

leben und nicht arbeitsfähig sind, bei der Verteilung des Nachlasses besonders berücksichtigt werden (§ 13 II ErbG). Selbst Nichterben kann angemessen Nachlass zugeteilt werden, wenn sie bei fehlender Arbeitsfähigkeit keine Lebensunterhaltsquelle haben und bisher vom Erblasser unterhalten worden sind (§ 14 ErbG). Das chinesische Erbrecht stellt also immer ganz konkret auf die Bedürftigkeit ab. Der Pflichtteil des deutschen Rechts ist dagegen bedarfsunabhängig[120]. Vorbild für die chinesische Regelung war auch insoweit das sowjetische Recht. In Russland war bereits im Dekret von 1918 über die Abschaffung des Erbrechts vorgesehen, dass die engeren Verwandten[121] und der überlebende Ehegatte, soweit sie bedürftig[122] und erwerbsunfähig sind, den Unterhalt aus dem Nachlass erhalten[123]. Später kamen nicht mit dem Erblasser verwandte Personen hinzu, sofern sie vom Erblasser unterhalten worden waren[124]. Durch das Erbrecht sollte auf diese Weise eine soziale Notlage beseitigt werden[125], solange es noch keine allgemeine Sozialversicherung gab[126].

Auch die entsprechende chinesische Regelung wird mit dem Fehlen eines funktionsfähigen Sozialversicherungssystems begründet[127]. Früher war jeder Chinese in ein Kollektiv eingebunden. In den Kollektiven wurde gemeinsam gewirtschaftet. Arbeitsunfähige – also Kinder, alte und gebrechliche Menschen – wurden dabei mit versorgt[128]. Im Zuge der Wirtschaftsreformen wurden dann 1978 die Kollektive aufgehoben[129]. Seitdem ist die Versorgung Arbeitsunfähiger

---

120 Der Pflichtteilswert (vgl. § 2303 I 2 BGB) wird vielmehr allein nach dem Bestand und Wert des Nachlasses berechnet, vgl. *Lange/Kuchinke* (Fn. 57), § 37 VII 3. a) (S. 898).

121 D.h. Verwandte in direkt auf- und absteigender Linie sowie voll- und halbbürtige Geschwister, s. *Bilinsky*, JOR 1964, 137, 140.

122 D.h. nicht über das Existenzminimum verfügen, s. *Bilinsky*, JOR 1964, 137, 140.

123 S. *Bilinsky*, JOR 1964, 137, 148.

124 So schon im russischen ZGB von 1922, dort noch beschränkt auf vermögenslose arbeitsunfähige Unterhaltsempfänger, *s. Bilinsky*, JOR 1964, 137, 145; ebenso im Erlass von 1945, *s. Bilinsky*, JOR 1964, 137, 149, und im russischen ZGB von 1964, *s. Bilinsky*, JOR 1964, 137, 159 f.

125 S. *Bilinsky*, JOR 1964, 137, 143.

126 S. *Bilinsky*, JOR 1964, 137, 140.

127 So *BU Yuanshi* (Fn. 32), S. 100 m.w.N.; *ZHANG Shuhan*, ZChinR 2013, 75, 85 mit Fn. 104, dort m.w.N.; vgl. auch *CHEN Jianfu* (Fn. 18), S. 413; *von Senger*, Rev. dr. Int. et comp. 64 (1987), 65, 70, 73 f. *Foster*, 1999 Wis.L.Rev. 1199 beschreibt das Erbrecht als Mittel für private Vorsorge als chinesisches Modell.

128 Vgl. *van Ess*, Die 101 wichtigsten Fragen – China, 2012, Nr. 34.

129 Vgl. *van Ess* (Fn. 128), Nr. 34.

nicht sichergestellt, denn es ist keine flächendeckende Sozialversicherung vorhanden[130]. Auch in China soll eine entsprechende Ausgestaltung des Erbrechts helfen: Einerseits ist für Bedürftige ein Teil des Nachlasses reserviert. Andererseits wird eine Motivation gesetzt, ältere Menschen zu unterhalten, weil die Unterhaltsgewährung bei den Teilungsquoten berücksichtigt wird oder sogar eine Erbenstellung begründen kann[131].

Inzwischen ist in China allerdings ein Sozialversicherungssystem auf den Weg gebracht worden. Im Oktober 2010 hat nämlich der Ständige Ausschuss des Nationalen Volkskongresses ein Sozialversicherungsgesetz[132] erlassen, das am 1.7.2011 in Kraft getreten ist. Das Gesetz bildet die Grundlage für den Aufbau eines landesweiten Grundversicherungssystems für alle 1,3 Milliarden Bürger Chinas, darunter auch alle Bauern[133]. Allerdings: Das Gesetz ist erst der Startschuss für diesen Aufbau. Dabei soll als erstes die besonders drängende Altersgrundsicherung für das gesamte Land umgesetzt werden, und zwar bis zum Jahr 2015.[134]

2. Die Einführung eines bedarfsunabhängigen Pflichtteils

Noch besteht eine solche soziale Grundsicherung aber nicht. Und konsequenterweise behalten daher die Entwürfe die bisherigen Regelungen bei, wonach arbeitsunfähige Personen, die bisher vom Erblasser unterhalten worden sind, am

---

130 Vgl. *Erling*, http://www.welt.de/politik/ausland/article10604062/Chinas-langer-Weg-zur-Sozialversicherung.html.

131 Erben, die dem Erblasser hauptsächlich Unterhalt geleistet haben, kann bei der Verteilung des Nachlasses ein größerer Teil gegeben werden (§ 13 III ErbG). Umgekehrt muss Erben, die ihre Unterhaltspflicht gegenüber dem Erblasser nicht erfüllt haben, nichts oder es kann ihnen weniger zugeteilt werden (§ 13 IV ErbG). Verwitwete Schwiegerkinder gehören zu den Erben 1. Ordnung, wenn sie für den Unterhalt ihrer Schwiegereltern gesorgt haben (§ 12 ErbG; s. dazu *Eberl-Borges*, ErbR 2013, 15, 16 m.w.N.). Auch Nichterben, die den Erblasser in größerem Umfang unterhalten haben, kann angemessen Nachlass zugeteilt werden (§ 14 ErbG; s. dazu *Eberl-Borges*, ErbR 2013, 15, 18 m.w.N.). S. dazu bereits o. Fn. 112.

132 Sozialversicherungsgesetz der Volksrepublik China, verabschiedet am 28.10.2010, in Kraft seit 1.7.2011, deutsche Übersetzung von *Münzel*, ZChinR 2011, 302. S. zu diesem Gesetz *Darimont*, ZChinR 2011, 266; *Münzel*, ZChinR 2011, 280.

133 *Erling*, http://www.welt.de/politik/ausland/article10604062/Chinas-langer-Weg-zur-Sozialversicherung.html.

134 *Erling*, http://www.welt.de/politik/ausland/article10604062/Chinas-langer-Weg-zur-Sozialversicherung.html.

Nachlass beteiligt werden[135] und arbeitsunfähige Erben bei der Nachlassverteilung besonders berücksichtigt werden[136], übrigens sogar mit Vorrang gegenüber den Nachlassgläubigern[137]. Aber was die gewillkürte Erbfolge betrifft, steht nun in China offenbar ein Systemwechsel bevor: Die Entwürfe schlagen die Einführung eines Pflichtteils vor[138], d.h. eines bedarfsunabhängigen Geldanspruchs[139] wie im deutschen Recht. Ein Pflichtteil soll dem Ehegatten, den Kindern und Eltern des Erblassers zustehen, und zwar in Höhe der Hälfte ihres gesetzlichen Erbteils[140]. Ersatzweise sollen nach einem der Entwürfe Geschwister und Großeltern des Erblassers einen Pflichtteil erhalten, und zwar in Höhe eines Drittels ihres gesetzlichen Erbteils[141].

Die Entwürfe befürworten damit eine Abkehr von der bisher weitgehend unbeschränkten Testierfreiheit, indem ein Teil des Nachlasses, zumindest wertmäßig, der Familie vorbehalten wird, und zwar unabhängig von der konkreten Bedürftigkeit. Dieser Gedanke ist im Gesetzesrecht bisher nicht niedergelegt, er ist aber tief in der chinesischen Gesellschaft verwurzelt[142]. Er entstammt in der Tat traditionellen chinesischen Rechtsgewohnheiten aus der Kaiserzeit. Nach diesen Vorstellungen setzen die Söhne die Identität des Vaters fort. Denn das *Qi*[143] des Vaters, also seine Lebensenergie nach der Lehre des Daoismus[144], ist auch im Sohn verkörpert[145]. Indem aber die Söhne die Identität des Vaters fortsetzten, blieb der Nachlass automatisch in der Familie, er war immer ein

---

135 S. § 25 Nr. 1 *LIANG*-Entwurf; § 61 I *YANG*-Entwurf.

136 S. § 24 I *LIANG*-Entwurf; § 63 IV *YANG*-Entwurf.

137 § 61 OVG-Ansichten und ebenso § 83 III *YANG*-Entwurf, § 78 III *LIANG*-Entwurf (dort bzgl. der Lebenshaltungskosten für die Dauer von sechs Monaten).

138 So §§ 29 – 31 *LIANG*-Entwurf. Ebenso § 49 *YANG*-Entwurf; *YANG* behält allerdings auch das Noterbrecht arbeitsunfähiger Erben bei, s. § 48 *YANG*-Entwurf.

139 S. § 49 *YANG*-Entwurf, wo der Pflichtteil auf den *Wert* des gesetzlichen Erbteils bezogen wird. Weniger klar ist die Regelung in §§ 29 f. *LIANG*-Entwurf, wo davon die Rede ist, dass der Pflichtteil die Hälfte (§ 30 I *LIANG*-Entwurf) bzw. ein Drittel (§ 30 II *LIANG*-Entwurf) *des Erbteils* beträgt.

140 S. § 30 I *LIANG*-Entwurf; § 49 *YANG*-Entwurf.

141 § 30 II *LIANG*-Entwurf.

142 Auch kennt das Zivilgesetzbuch der Republik China von 1929/31 den Pflichtteil, s. *ZHANG Shuhan*, ZChinR 2013, 75, 80 Fn. 71.

143 Auch: *Ch'i*.

144 *Blofeld*, Der Taoismus oder Die Suche nach Unsterblichkeit, 6. Aufl. 1998, S. 30.

145 Vgl. *von Senger*, Rev. dr. Int. et comp. 64 (1987), 65, 67 m.w.N.

Familienvermögen[146]. Beim Tod des Vaters ging also im Grunde genommen überhaupt nichts über, es wurde eigentlich auch gar nichts vererbt, vielmehr blieb der Nachlass einfach da, wo er war: Beim *Qi* des Vaters, das jetzt in den Söhnen war. In diesem Sinne erbten die Söhne das Familienvermögen[147]. Das ist Universalsukzession der etwas anderen Art: Nicht die Vermögensmasse geht von einem Rechtsträger auf einen anderen über, sondern das Vermögen bleibt bei seinem maßgeblichen Träger, nämlich der Lebensenergie, die sich jetzt aber woanders befindet, nämlich in den Söhnen des Verstorbenen.

Noch heute unter den sehr stark gewandelten Lebensverhältnissen wird Familie in China als wirtschaftliche Gemeinschaft verstanden[148]. Im europäischen Kontext ist dagegen von einem Wandlungsprozess der Familie die Rede, der dazu geführt hat, dass die Familie Aufgaben an den Staat abgegeben hat[149]. Aus der ursprünglichen Produktionsgemeinschaft[150] sei im Zuge der Industrialisierung eine Konsumgemeinschaft geworden[151]. Nach der Produktionsfunktion

---

146 Vgl. *Mäding*, Chinesisches traditionelles Erbrecht unter besonderer Berücksichtigung südostchinesischen Gewohnheitsrechts vom Ende des 19. Jahrhunderts, 1966, S. 28; *von Senger*, Rev. dr. Int. et comp. 64 (1987), 65, 67. Zur Bedeutung des Familienvermögens s. noch u. Fn. 147 und *ZHANG Shuhan*, ZChinR 2013, 75, 76 (Fn. 22), 77 (Fn. 24).

147 Und zwar zu gleichen Teilen, *ZHANG Shuhan*, ZChinR 2013, 75, 76. Ein derart ererbtes Familienvermögen ist nicht gleichzusetzen mit Privatvermögen, s. *ZHANG Shuhan*, ZChinR 2013, 75, 76 Fn. 22. Das Familienvermögen dient vielmehr allen in Hausgemeinschaft zusammenlebenden Familienmitgliedern. Der Nachlass stand also automatisch weiterhin der Familie zu ihrer Versorgung zur Verfügung, so wie bisher. Zwar gab es auch die Teilung von Familienvermögen. Diese erfolgte aber häufig zu Lebzeiten der Eltern, s. *ZHANG Shuhan*, ZChinR 2013, 75, 76, 77 Fn. 29. Familie definierte sich im traditionellen China durch gemeinsames Wohnen, s. *ZHANG Shuhan*, ZChinR 2013, 75, 76, 77 Fn. 24. Gründete beispielsweise ein Sohn einen eigenen Hausstand, nachdem er geheiratet hatte, dann hatte sich die Familie geteilt. Da das Familienvermögen die vorherrschende Vermögensform war, folgte auf die Teilung der Familie auch eine Teilung des Familienvermögens. Das war aber eine eher familienrechtliche und nicht erbrechtliche Frage. Die zu gleichen Teilen erbenden Söhne hatten ein Anwartschaftsrecht darauf, das Familienvermögen nach dem Tod des Hausherrn zu teilen, s. *ZHANG Shuhan*, ZChinR 2013, 75, 77 Fn. 24.

148 S. dazu auch *Eberl-Borges/SU Yingxia/WANG Baoshi*, ZVerglRWiss 106 (2007), 158, 163 f.

149 *Kingreen*, Das Sozialstaatsprinzip im europäischen Verfassungsverbund, 2003, S. 201 m.w.N.

150 *Kingreen* (Fn. 149), S. 199 f. m.w.N.

151 *Kingreen* (Fn. 149), S. 200 f. m.w.N.

habe die Familie auch ihre Versorgungsfunktion verloren, und die persönlichen Beziehungen innerhalb der Familien rückten in den Vordergrund[152]. Dementsprechend ist auch das Institut des Pflichtteils bei uns rechtspolitisch umstritten[153]. Chinesen betonen demgegenüber sehr eindringlich, dass in ihrem Land eine solche Entwicklung nicht stattgefunden hat. Dort habe die Familie ihre Versorgungsfunktion behalten[154]. Und diese Versorgungsfunktion soll nach Ansicht chinesischer Juristen auch für das chinesische Erbrecht ganz entscheidend und prägend sein[155]. Ein bedarfsunabhängiger Pflichtteil der engeren Familienmitglieder entspricht dem Rechtsgefühl der Chinesen daher mehr als die bisherige gesetzliche Regelung[156].

Es kommt noch hinzu, dass die Versorgungsfunktion des Erbrechts gerade auch im Hinblick auf die Folgen der Wirtschaftsreformen betont wird. Einige gewinnen durch diese Reformen, andere verlieren. Auf diese Weise vergrößert sich in China die Kluft zwischen Arm und Reich. Das Erbrecht soll aber beiden gerecht werden[157]. Also nicht nur Testierfreiheit gewähren, was vor allem reichen Erblassern zugutekomme, sondern auch die Interessen armer Schichten berücksichtigen – eben im Wege des Pflichtteils.

IV. Testamente in China

1. Die Testierfreiheit

Wie bereits oben[158] gezeigt, war im alten China das Erbrecht so konzipiert, dass das Vermögen des Erblassers der Familie erhalten wurde. Für Testierfreiheit war in diesem Rahmen kein Platz. Übrigens gab es im alten China kaum zivilrechtliche Regelung, sondern in erster Linie Straf- und Verwaltungsrecht[159]. Wie das

---

152 *Kingreen* (Fn. 149), S. 201 m.w.N.

153 *Lange*, in: Münchener Kommentar zum Bürgerlichen Gesetzbuch, Band 9 - Erbrecht, 6. Aufl. 2013, § 2303 Rn. 7 m.w.N.

154 Internetgestütztes Interview der Autorin vom 7.8.2013 mit apl. Prof. Dr. *WANG Baoshi*, LL.M. (Heidelberg), Hunan Normal University, Changsha, VR China.

155 Internetgestütztes Interview der Autorin vom 7.8.2013 mit *WANG Baoshi* (Fn. 154).

156 Auch das deutsche Erbrecht ist vom Versorgungsgedanken geprägt, nämlich gerade durch das Institut des Pflichtteils: Nach der Intention des Gesetzgebers dient der Pflichtteil der Unterhaltssicherung für die Hinterbliebenen, s. MünchKomm/*Lange* (Fn. 153), § 2303 Rn. 7 m.w.N.

157 Internetgestütztes Interview der Autorin vom 5.6.2013 mit Assoc. Prof. Dr. *WANG Qiang*, Chinese University of Politics and Law, Beijing, VR China.

158 III. 2.

159 *SU Yingxia* (Fn. 15), S. 152 f.

funktionierte, lässt sich hier am Beispiel der Testamente gut sehen. Es wurde nämlich nicht im Sinne einer zivilrechtlichen Regelung angeordnet, dass Testamente wirkungslos sind. Sondern es gab eine Strafvorschrift: Wenn jemand entgegen der gesetzlichen Erbfolge einen Erben einsetzte, so drohten dafür 80 Stockschläge.[160] Erst das Zivilgesetzbuch der Republik China von 1929/31 führte eine begrenzte Testierfreiheit ein[161].

Und das geltende Erbgesetz von 1985 gestaltet die Testierfreiheit nunmehr sehr großzügig aus. Der Erblasser kann einen oder mehrere gesetzliche Erben testamentarisch als Erben einsetzen (§ 16 II ErbG). Er kann seine gesetzlichen Erben aber auch zurücksetzen oder ganz enterben und seinen Nachlass dritten Personen zuwenden (vgl. § 16 III ErbG)[162]. Das ErbG spricht in diesem Fall zwar von Vermächtnis. Die Unterscheidung zwischen Erben und Vermächtnisnehmer ist aber in erster Linie terminologischer Natur[163]. In der Sache ist auch der

---

160 So der *QING*-Kodex, s. *Heuser*, Einführung in die chinesische Rechtskultur, 2002, S. 367. Im älteren *TANG*-Kodex: „Wer rechtswidrig einen Sakralerben einsetzt, wird mit Freiheitsstrafe von einem Jahr bestraft"; zit. nach *ZHANG Shuhan*, ZChinR 2013, 75 Fn. 8 m.w.N. Ob es im alten China überhaupt Testamente in unserem heutigen Sinne gab, ist umstritten; s. dazu mit ausführlichen Nachweisen *ZHANG Shuhan*, ZChinR 2013, 75, 77, 79 und zu einem Beispiel u. Fn. 193.

161 S. *Heuser* (Fn. 160), S. 268 f. m.w.N.; *ZHANG Shuhan*, ZChinR 2013, 75, 80.

162 *Eberl-Borges*, ErbR 2013, 15, 18 m.w.N.

163 Zu den Unterschieden s. *Eberl-Borges*, ErbR 2013, 15, 19 m.w.N. Darüber hinaus haben Erben und Vermächtnisnehmer eine unterschiedliche Stellung im Teilungsprozess: Die Erben nehmen unmittelbar am Teilungsprozess teil, während die Vermächtnisnehmer das, was ihnen zusteht, vom Erben oder Nachlassverwalter herausverlangen müssen. Im Übrigen ist die Unterscheidung zwischen Erbrecht und Vermächtnis steuerrechtlich relevant, denn das Vermächtnis wird als Schenkung qualifiziert, so dass der Vermächtnisnehmer die entsprechende Steuer entrichten muss, wenn er ein vermachtes Grundstück annehmen will, s. Art. 2 der Mitteilung des Nationalen Steueramts Nr. (2004) 1036. Quelle für diese Hinweise: Internetgestütztes Interview der Autorin vom 7.8.2013 mit *WANG Baoshi* (Fn. 154). Möglicherweise kommt die Unterscheidung zwischen Erbeinsetzung und Vermächtnis daher, dass nach traditionellem chinesischen Erbrecht nur gesetzliche Erben oder andere Clanmitglieder testamentarisch als Erben eingesetzt werden durften, vgl. *ZHANG Shuhan*, ZChinR 2013, 75, 78 m.w.N. in Fn. 49; 79 m.w.N. in Fn. 59. Übrigens können auch nach französischem Recht durch letztwillige Verfügung grundsätzlich keine Erben geschaffen werden; auch dort kann der Nachlass vielmehr nur im Wege von Vermächtnissen verteilt werden (*Döbereiner*, in: *Süß* [Hrsg.], Erbrecht in Europa, 2. Aufl. 2008, S. 611, 640 Rn. 85). Möglich sind dabei auch Universal- (Art. 1003 Code civil) und Erbteilvermächtnisse (Art. 1010 Abs. 1 Code

Vermächtnisnehmer Erbe. In seiner Testierfreiheit ist der Erblasser ja bislang noch nicht einmal durch Pflichtteilsrechte beschränkt. Aktuell geht die Testierfreiheit nach chinesischem Recht damit sogar sehr viel weiter als bei uns in Deutschland[164].

2. Die Scheu der Chinesen vor Testamenten

Seit Erlass des Erbgesetzes im Jahr 1985 besteht für die Chinesen daher die Möglichkeit, Nachfolgeplanung zu betreiben, insbesondere indem sie Testamente errichten. Tatsächlich nutzen die Chinesen diese Möglichkeit bis heute aber kaum. Es ist in China nicht üblich, dass man sein Testament macht[165]. Das verschärft auch den Reformdruck im Erbrecht. Dass die gesetzliche Regelung heute in vielerlei Hinsicht nicht mehr passt, wäre nicht so gravierend, wenn die Chinesen durch letztwillige Verfügungen rechtzeitig Vorsorge treffen würden. Durch Testamente könnte vieles interessengerechter gestaltet werden.

Besonderes Aufsehen hat in China beispielsweise der Erbfall *PENG Zuoyi* erregt, dem Hauptgeschäftsführer der berühmten *Tsingtao* Brauerei, dem größten chinesischen Bier-Exporteur. Unter der Führung von *PENG Zuoyi* hatte das Unternehmen seine Jahresproduktion innerhalb weniger Jahre verdreifacht. *PENG Zuoyi* starb im Jahr 2001 plötzlich und unerwartet, und er hinterließ kein Testament. Das war ein schwerer Schlag für das Unternehmen. Denn es kam zu einem Erbschaftsstreit über die von *PENG Zuoyi* gehaltenen Aktien, und dadurch stagnierte die Expansion des Unternehmens, und zwar volle drei Jahre lang.[166]

Will man hier auf eine Verhaltensänderung hinarbeiten, so muss man natürlich zuerst einmal wissen, warum die Chinesen so ungern Testamente errichten. Manche führen diese Erscheinung auf die konfuzianische Tradition zurück[167].

civil), wobei die Rechtsstellung des Universalvermächtnisnehmers weitgehend der des Erben angeglichen ist (*Döbereiner*, aaO., S. 611, 641 Rn. 87). Es kommt hinzu, dass bereits die Konstruktion eines Vermächtnisses als Vindikationslegat – wie im französischen Recht (*Döbereiner*, aaO., S. 611, 642 Rn. 89) – dieses natürlich viel näher an die Erbenstellung rückt als das deutsche Damnationslegat (zu letzterem *Lange/Kuchinke* [Fn. 57], § 29 II 1. a) [S. 622]).

164 S.o. III.

165 *ZHANG Shuhan*, ZChinR 2013, 75 und 85 unter Hinweis auf eine empirische Studie aus dem Jahr 2005; *ZHAO Yinan*, China Daily v. 24.7.2012, http://www.chinadaily.com.cn/china/2012-07/24/content_15610293.htm.

166 Den Hinweis auf diesen Fall verdankt die Autorin *WANG Baoshi* (Fn. 154, internetgestütztes Interview der Autorin vom 7.8.2013).

167 So z.B. *ZHANG Shuhan*, ZChinR 2013, 75.

Man fügt sich in China eben immer noch gern in die bestehende Ordnung ein und setzt nicht einfach „eigenmächtig" etwas anderes dagegen, noch dazu, wenn es um so etwas Existenzielles wie die letzten Dinge geht. Aber wahrscheinlich hat die Scheu der Chinesen vor Testamenten noch einen viel schlichteren Grund. Chinesen sind sehr abergläubische Menschen. Sie reagieren beispielsweise sehr stark auf Zahlen. So meidet man wenn irgend möglich die Zahlen 7, 10 und ganz besonders 4[168], weil sie im Chinesischen an das Wort für „Tod" oder „fortgegangen" erinnern. Alles, was irgendwie auf den Tod hinweist, bringt Unglück. Man schenkt deshalb zum Beispiel auch keine Messer oder Uhren[169]. Und auch ein Testament zu errichten, bringt natürlich Unglück[170]. Davon lässt man in China dann offenbar doch lieber die Finger[171].

3. Die Erweiterung der Testamentsformen

Was kann der Gesetzgeber tun, um hier eine Verhaltensänderung zu bewirken?[172] In den Entwürfen wird eine Erweiterung der Testamentsformen vorgeschlagen. Dadurch wird es für die Chinesen jedenfalls nochmals einfacher, ein Testament zu errichten. Schon bisher ist das chinesische Erbrecht bei den Testamentsformen weniger streng als das deutsche. Es kennt zwar auch das eigenhändige (§ 17 II ErbG) und das notarielle Testament (§ 17 I ErbG), aber darüber hinaus noch weitere Formen: Der Erblasser kann sein Testament ganz allgemein von einem anderen für sich schreiben lassen (§ 17 III ErbG) oder auf Tonträger aufnehmen (§ 17 IV ErbG). Die Entwürfe halten hieran fest und gehen gleichzeitig mit der Zeit, indem die moderne Technik weitere Testamentsformen ermöglichen soll. Nicht nur durch Tonaufnahme, sondern auch durch Videoaufnahme soll man

---

168 Sog. Tetraphobie, s. *Poppe*, http://www.mitteldeutsche-kirchenzeitungen.de/2014/01/12/zahlenmystik-und-tetraphobie/.

169 Vgl. *Diekmann/FANG Jieyan*, China Knigge, 2008, S. 146.

170 Vgl. *ZHANG Shuhan*, ZChinR 2013, 75, 86 auch mit Hinweis auf weitere Gründe für das Testierverhalten der Chinesen (S. 86 f.).

171 Auch in Deutschland ist man von solchen Empfindungen wohl nicht ganz frei. Der Aberglaube hindert offenbar auch bei uns viele Menschen daran, ein Testament zu errichten, vgl. http://www.bohrundadler.de/start/leistungen/erbrecht/. So wird vielleicht manchem schon durch den Kopf gegangen sein: ‚Wenn ich jetzt ein Testament mache, dann muss ich innerhalb der nächsten Tage sterben!' Ein ähnliches Phänomen lässt sich bei Organspenderausweisen beobachten.

172 Die Bedeutung letztwilliger Verfügungen kommt auch darin zum Ausdruck, dass im *YANG*-Entwurf das Testament (§§ 20 – 56) vor der gesetzlichen Erbfolge (§§ 57 – 65) geregelt wird.

künftig Testamente errichten können[173]. Oder man schreibt das Testament auf dem PC und druckt es aus[174] oder speichert es auch nur[175]. Erforderlich sind in diesen Fällen allerdings mehrere Zeugen. Ob die Chinesen künftig lieber Testamente errichten, wenn das Gesetz sie mit der modernen Technik „abholt", bleibt natürlich erst noch abzuwarten[176]. Umso wichtiger erscheint es in dieser Situation, dass das gesetzliche Erbrecht möglichst sachgerecht ausgestaltet wird.

V. Das Geliebtentestament

Eigentlich hätten es die Reformbefürworter also gern, dass die Chinesen ihre Testierfreiheit auch nutzen. Es gibt aber auch einen ganz speziellen Bereich, in dem manche Chinesen gerade Testamente machen, aber genau die stehen momentan sehr in der Kritik. Es geht um die besondere Kategorie des Geliebtentestaments. Das Geliebtentestament ist ein ganz aktuelles Thema in China[177], und es wird so kontrovers darüber gestritten, dass es auch in einem der Entwürfe für ein neues Erbgesetz aufgegriffen wird[178].

1. Geliebtentestamente und Wandel der Moralvorstellungen

Die Kategorie des Geliebtentestaments ist natürlich auch dem deutschen Erbrecht bekannt. Und bekanntlich wurde auch bei uns über das Geliebtentestament eine Weile lang sehr heftig gestritten[179]. Dabei geht es darum, dass der Erblasser in seinem Testament einen außerehelichen Intimpartner bedenkt. Der Ehegatte und die Verwandten werden auf diese Weise zumindest teilweise übergangen. Die deutsche Rechtsprechung der 1960er Jahre hielt solche letztwilligen Verfügungen regelmäßig für sittenwidrig und damit nichtig[180]. Sie schloss dieses Verdikt aus dem Vorliegen der außerehelichen sexuellen Beziehung als solcher. Die Rechtsprechung ging nämlich grundsätzlich davon aus, dass der Erblasser seine

173 § 27 *YANG*-Entwurf; § 38 *LIANG*-Entwurf.

174 § 25 *YANG*-Entwurf.

175 § 26 *YANG*-Entwurf; § 38 *LIANG*-Entwurf.

176 Nach der o. genannten Studie (Fn. 165) wird die Form des auf Tonträger aufgenommenen Testaments jedenfalls bisher nur sehr selten verwendet, s. *ZHANG Shuhan*, ZChinR 2013, 87.

177 Internetgestütztes Interview der Autorin vom 5.6.2013 mit *WANG Qiang* (Fn. 157).

178 Nämlich in § 32 *LIANG*-Entwurf. In dem aktualisierten Entwurf von *LIANG* (s.o. Fn. 2) fehlt diese Vorschrift allerdings.

179 Vgl. *Olzen*, Erbrecht, 4. Aufl. 2013, Rn. 263.

180 So BGH, NJW 1964, 764, 765; BGH, NJW 1968, 932, 934.

Geliebte mit der Zuwendung für die geschlechtliche Hingabe auch noch entlohnen wolle, dass er seine Geliebte zur Fortsetzung der sexuellen Beziehungen bestimmen wolle oder diese Beziehungen festigen wolle[181]. Und genau das wurde als sittenwidrig angesehen.

Aber die Veränderungen um das Jahr 1968 haben auch beim Geliebtentestament zu einem Beurteilungswandel geführt. Nun wurden auch die persönlichen Beziehungen zwischen dem Erblasser und der Geliebten gesehen, und diese wurden als achtbarer Grund für die letztwillige Verfügung erkannt[182]. Seit Beginn der 1970er Jahre – also seit nunmehr über 40 Jahren – sind nach deutschem Recht Geliebtentestamente nur noch in Ausnahmefällen sittenwidrig[183]. Das Geliebtentestament wird zwar noch in den Lehrbüchern dargestellt, aber eher zur Illustration des Aspekts: „§ 138 – Nichtigkeit des Testaments wegen Sittenwidrigkeit". In China dagegen ist das Geliebtentestament im Moment *das* Thema. Woran liegt das? Macht die chinesische Gesellschaft im Moment das durch, was wir 1968 durchgemacht haben?

Hintergrund der Diskussion ist sicher der Umstand, dass Geliebtentestamente in China erst heute vermehrt in Erscheinung treten. Dies hängt mit der raschen Wirtschaftsentwicklung zusammen, die ein Teil der Chinesen mehr als andere für ihr eigenes finanzielles Fortkommen nutzen konnten. „Lasst einige zuerst reich werden", so sagte bereits *DENG Xiaoping* zu Beginn der Wirtschaftsreformen[184]. Und so ist es auch gekommen. Vor 10 Jahren gab es in der Volksrepublik noch keinen einzigen Dollarmilliardär, heute sind es schon 315[185]. Demgegenüber leben selbst nach offiziellen Angaben mehr als 100 Millionen Chinesen in tiefer Armut[186]. Die Schere zwischen Arm und Reich wird immer größer. Und offenbar machen auch in China Erfolg und Reichtum einen Mann attraktiv. Viele

181 BGH LM Nr. 2 zu § 138 (Cd).

182 Vgl. BGH, NJW 1970, 1273, 1274.

183 Vgl. *Olzen* (Fn. 179), Rn. 265.

184 *Krüger*, in: Berliner Zeitung vom 19.12.2008, abrufbar unter http://www.berliner-zeitung.de/archiv/aufschwung---eine-rede-auf-dem-kongress-der-kommunistischen-partei-leitet-die-reformen-in-china-ein--30-jahre-spaeter-ist-aus-dem-entwicklungsland-eine-weltmacht-geworden--gehalten-hat-sie-deng-xiaoping---lasst-einige-zuerst-reich-werden-,10810590,10608114.html. Zu den Reichen in China s. auch *Landwehr*, Impulse vom 12.9.2013, abrufbar unter http://www.impulse.de/leben/im-reich-der-superreichen-in-china-wachst-die-zahl-der-milliardare.

185 S. *Landwehr*, Impulse vom 12.9.2013, abrufbar unter http://www.impulse.de/leben/im-reich-der-superreichen-in-china-wachst-die-zahl-der-milliardare.

186 S. *Landwehr*, Impulse vom 12.9.2013, abrufbar unter http://www.impulse.de/leben/im-reich-der-superreichen-in-china-wachst-die-zahl-der-milliardare.

scheinen dies als Chance zu begreifen. So kommt es wohl, dass mancher reich gewordene Chinese heute eine Geliebte hat; manchmal sogar auch mehrere. Für viele stellt die Geliebte regelrecht ein Statussymbol dar[187]. Tatsächlich spricht man heute in diesem Zusammenhang auch wieder von den Konkubinen[188], fast wie in der Kaiserzeit[189]. Auch in Deutschland war das früher übrigens ähnlich, da war die Rede vom Mätressentestament[190].

Im Erbrecht führen solche außerehelichen Verhältnisse in China aktuell zu der Frage, ob der Mann seiner Geliebten einen Teil seines Vermögens testamentarisch zuwenden darf. Diese Frage ist in China derzeit, wie gesagt, heftig umstritten, ähnlich wie früher bei uns. Die Rechtsprechung[191] und ein Teil der Lehre[192] lehnt eine testamentarische Zuwendungen an Geliebte strikt ab: Das verstoße gegen gesetzliche Bestimmungen (etwa über das Verbot der Doppelehe)

---

187 Vgl. *Bartsch*, Berliner Zeitung vom 6.1.2007, http://www.berliner-zeitung.de/archiv/fuer-reiche-chinesische-maenner-sind-zweit--und-drittfrauen-eine-art-statussymbol--wer-keine-geliebte-hat--macht-etwas-falsch-die-rueckkehr-der-konkubinen,10810590,10446306.html; *Vogelsang* (Fn. 17), S. 264.

188 Vgl. internetgestütztes Interview der Autorin vom 5.6.2013 mit *WANG Qiang* (Fn. 157).

189 S. zur Nebenfrau im traditionellen chinesischen Recht *Lasars-WU Chi-Yuen*, Die Nebenfrau im chinesischen Recht und in den Rechten von Hongkong, Malaysia und Singapur, Diss. FU Berlin 1987, S. 22 ff.

190 Vgl. *Olzen* (Fn. 179), Rn. 263.

191 So Naxi District Court of Luzhou city, Luzhou, Sichuang Provinz, Entscheidung vom 11.10.2001, Luminyizhongzi Nr. 621. (2001) 泸民一终字第621号, 张学英诉蒋伦芳遗赠纠纷案: *HUANG Yongbin* (Ehemann) und *JIANG Lunfang* (Ehefrau) waren seit 31 Jahren verheiratet, als *HUANG* eine Affäre mit einer 22 Jahre jüngeren Frau, *ZHANG Xueying*, begann. Sie lebten über vier Jahre in einer gemieteten Wohnung zusammen und gaben sich als Mann und Frau aus, bis *HUANG* schwer erkrankte und vier Monate später starb. *ZHANG* pflegte ihn bis zu seinem Tod. Zwei Tage vor seinem Tod hatte *HUANG* ein notarielles Testament errichtet, in dem er *ZHANG* sein Vermögen (60.000 RMB = ca. 7.300 €) zuwandte. Das Gericht hielt das Testament für nichtig wegen Verstoßes gegen Art. 7 AGZ (s.o. Fn. 30), wonach Zivilgeschäfte die allgemeine gesellschaftliche Moral wahren müssen. Der Fall wurde in den Medien aufgegriffen und erregte in China große Aufmerksamkeit. Die Entscheidung wird in der Literatur stark kritisiert. Von einem weiteren Fall, in dem ein Gericht ein Geliebtentestament für sittenwidrig und damit nichtig hielt, wird in der *Yangcheng Abendzeitung* vom 7.11.2013 berichtet. In diesem Fall hatte der verheiratete Mann fünf Jahre mit seiner Geliebten zusammengelebt, und das Paar hatte ein gemeinsames Kind.

192 U.a. *LIANG Huixing*, der eine entsprechende Regelung in seinen Entwurf aufgenommen hat, s.o. Fn. 178 und u. Fn. 198.

und gegen die öffentliche, gesellschaftliche Moral. Andere sind der Meinung, ein Teil des Nachlasses dürfe der Geliebten zugewandt werden, nicht aber der ganze Nachlass[193]. Das Problem erscheint als so wichtig, dass es, wie gesagt, in einem der Entwürfe aufgegriffen wird. Das ist übrigens anders als in Deutschland: Hier wurde das Problem mit dem allgemeinen Instrumentarium bewältigt, nämlich mit § 138 BGB[194]. Eine spezielle Regelung im Erbrecht war nicht erforderlich.

2. Der rechtliche Kontext

Nun zurück zu der Frage, ob sich in der chinesischen Gesellschaft gegenwärtig eine Veränderung in den Moralvorstellungen entwickelt, wie wir sie um das Jahr 1968 erlebt haben. Denn die Diskussion, die wir aus Deutschland kennen, wird ja nun gerade in China geführt. Allerdings: Die gegenwärtige Situation lässt sich nicht so einfach mit unserer vor gut 40 Jahren gleichsetzen. Der rechtliche Kontext in China ist nämlich ein anderer: Testierfreiheit nach geltendem chinesischen Erbrecht ist ja, wie schon gezeigt[195], etwas anderes als Testierfreiheit bei uns. Sie geht in China nämlich momentan sehr viel weiter als bei uns. Das liegt daran, dass das chinesische Erbrecht gegenwärtig noch keinen Pflichtteil kennt[196]. Wird also die Geliebte als Alleinerbin eingesetzt, dann ist den Verwandten des Erblassers und seiner überlebenden Ehefrau der Nachlass völlig entzogen. Es gibt auch keine Privilegierungen der Familie wie unseren „Dreißigsten" (§ 1969 BGB), also die Pflicht des Erben zur Unterhaltsgewährung in den 30 Tagen nach dem Erbfall. Die Problematik hat in China also eine ganz andere Dimension. In China heute geht es – anders als bei uns vor über 40 Jahren – nicht in erster Linie darum, außereheliche intime Beziehungen zu sanktionieren. Es geht vielmehr um die Versorgung der hinterbliebenen Familienangehörigen. Und diese Versorgungsfunktion des Erbrechts geht in China ja auf eine sehr lange Tradition zurück[197]. Da erscheint es verständlicherweise als nicht tragbar, wenn die Familie des Erblassers schlicht gar nichts aus dem Nachlass erhält. Dieses Problem wird natürlich sehr weitgehend entschärft, wenn mit der Erbrechtsreform nun der Pflichtteil ins chinesische Erbrecht eingeführt wird. Eine spezielle gesetzliche

193 Internetgestütztes Interview der Autorin vom 5.6.2013 mit *WANG Qiang* (Fn. 157). – Auch im tradtitionellen chinesischen Erbrecht konnte Konkubinen testamentarisch ein kleiner Teil des Familienvermögens zugewandt werden, s. *ZHANG Shuhan*, ZChinR 2013, 75, 77 m.w.N.

194 Vgl. *Olzen* (Fn. 179), Rn. 263-265.

195 S.o. III., IV 1.

196 S.o. III.

197 S.o. III. 2.

Regelung des Geliebtentestaments dürfte sich damit auch in China erübrigen[198]. Hieran ist aber auch beispielhaft erkennbar, dass die Schwierigkeiten des chinesischen Erbrechts vor allem darauf beruhen, dass die *basics* noch nicht stimmen: ein solides Verwandten- und Ehegattenerbrecht, das auch gegenüber der Testierfreiheit ausreichend abgesichert ist, etwa durch ein Pflichtteilsrecht.

In der Praxis gehen chinesische Erblasser übrigens häufig anders mit der Situation um: Sie errichten kein Geliebtentestament, sondern machen schon zu Lebzeiten großzügige Schenkungen an ihre Geliebte. Dann kann der Erblasser – ganz anständig – von seiner legalen Familie beerbt werden.[199] Aus Sicht des deutschen Rechts ist in diesem Zusammenhang natürlich an einen Pflichtteilsergänzungsanspruch (§ 2325 BGB; für den Erben: § 2329 I 2 BGB) zu denken. In China gibt es dagegen wegen solcher lebzeitigen Schenkungen keine Handhabe. Denn da das chinesische Erbrecht gegenwärtig noch keinen Pflichtteil kennt, kennt es natürlich auch keinen Pflichtteilsergänzungsanspruch. Aber lange wird das möglicherweise nicht mehr funktionieren. In einem der Entwürfe ist nämlich vorgesehen, dass Schenkungen widerrufen werden können, wenn der Pflichtteil sonst nicht ausreicht. Das soll allerdings nur für solche Schenkungen gelten, die der Erblasser in den zwei Jahren vor dem Erbfall gemacht hat.[200]

VI. Ausblick: Wie kommt die Reform voran?

Wie eingangs erwähnt, war die Erbrechtsreform vom Nationalen Volkskongress für 2013 als Gesetzgebungsvorhaben eingeplant. Das Jahr 2013 ist längst vorbei. Eine Reform hat bisher nicht stattgefunden, ja, es liegt bis jetzt noch nicht einmal ein offizieller Gesetzentwurf vor. Was hat das zu bedeuten?

Die chinesische Zivilrechtsordnung hat ein ganz eigenes Gepräge. Sie beruht nicht auf einer Kodifikation, sondern sie besteht aus einem System von sehr vielen Einzelgesetzen[201]. Es handelt sich dabei um Regelungen auf unterschiedlichen Ebenen – wie gezeigt[202] gehören sogar Auslegungen des Obersten Volksgerichts dazu. Die Regelungen stammen aus unterschiedlicher Zeit, haben

---

198 Auch *LIANG Huixing* spricht in seinem Entwurf (§ 32) nur davon, dass bei der Errichtung eines Testaments nicht gegen die allgemeine gesellschaftliche Moral verstoßen werden darf.

199 Diesen Hinweis verdankt die Autorin *WANG Baoshi* (Fn. 154).

200 S. § 52 *YANG*-Entwurf.

201 *Eberl-Borges/SU Yingxia*, ZVglRWiss 111 (2012), 125, 127; *SU Yingxia* (Fn. 15), S. 155 (zum Vertragsrecht).

202 O. I. 2.

sich unterschiedliche Rechtsordnungen zum Vorbild genommen und sind auf einem unterschiedlichen Entwicklungsstand. Gleichzeitig hängt alles mit allem zusammen. Veränderungen in einem Gesetz lösen deshalb eine ganze Kaskade von notwendigen Anpassungen in anderen Gesetzen aus, weil es sonst zu Unstimmigkeiten kommt[203]. Das macht eine Reform derart aufwendig, dass der chinesische Gesetzgeber möglicherweise davor zurückschreckt. Vielleicht ist eine Reform inzwischen nicht nur sehr mühsam, sondern sogar ganz unmöglich, weil die vielen unterschiedlichen Gesetze derart miteinander verkantet sind, dass sie eine Reform überhaupt blockieren. Was also tun, wenn es aus diesem Grund nicht zu einer Erbrechtsreform kommt, eine solche Reform aber dringend erforderlich erscheint?

Vielleicht wird in dieser Situation tatsächlich die Idee eines chinesischen Zivilgesetzbuches wieder aufgegriffen. An sich war ein chinesisches Zivilgesetzbuch bei Beginn der Rechtsreformen 1978 geplant[204]. Der Entwurf lag wie geplant auch schon 1982 vor[205]. Man hat dann aber bald eingesehen, dass es so

---

203 Beispielsweise folgt das Erbrecht in puncto Familienzugehörigkeit seinen eigenen Regeln, beziehungsweise: Familienrecht (insbesondere Abstammungsrecht) und Erbrecht sind nicht aufeinander abgestimmt. Im Rahmen der Erbrechtsreform soll daher auch die erbrechtliche Stellung von Personen geklärt werden, die durch künstliche Befruchtung gezeugt wurden (s. § 16 II *LIANG*-Entwurf, § 10 II *YANG*-Entwurf). In Deutschland sind die Folgen künstlicher Befruchtung dagegen kein erbrechtliches Thema. Die Frage wird vielmehr im Familienrecht (bei der Abstammung) geklärt und wirft dann im Erbrecht keine weiteren Fragen mehr auf. Ähnlich wird in China das gesetzliche Erbrecht im Falle einer Adoption thematisiert. Zwar verliert nach Art. 23 Adoptionsgesetz vom 4.11.1998 (deutsche Übersetzung von *Münzel* abrufbar unter http://www.chinas-recht.de/981104.htm) das adoptierte Kind seine rechtlichen Beziehungen zu seinen leiblichen Eltern. Hat es aber sowohl seinen Adoptiveltern als auch seinen leiblichen Eltern Unterhalt gewährt, so beerbt es beide (§ 19 OVG-Ansichten; § 61 II *YANG*-Entwurf). Verwitwete Schwiegerkinder, die ihre Schwiegereltern unterhalten haben, können sowohl ihre Eltern als auch ihre Schwiegereltern beerben (§ 12 ErbG; § 60 *YANG*-Entwurf). Und Stiefkinder, die von ihren Stiefeltern (oder einem Stiefelternteil) unterhalten worden sind, beerben sowohl ihre Eltern als auch ihre Stiefeltern (§ 10 III ErbG; § 21 OVG-Ansichten; § 16 I, III *LIANG*-Entwurf; § 59 I *YANG*-Entwurf). S. in diesem Zusammenhang auch § 10 II-IV ErbG, der die Begriffe Kinder, Eltern und Geschwister im Sinne des Erbgesetzes definiert. Diese Technik wird in den Entwürfen beibehalten, s. § 59 I-III *YANG*-Entwurf, §§ 16 – 18 *LIANG*-Entwurf.

204 *ZHANG Mo*, Chinese Contract Law – Theory and Practice, 2006, S. 9.

205 S. *BU Yuanshi* (Fn. 32), S. 79; *Heuser*, Grundriss der Geschichte und Modernisierung des chinesischen Rechts, 2013, S. 197; *LIANG Huixing*, Newsletter DCJV 2003, 68, 72.

schnell nicht geht[206]. Erst Anfang des neuen Jahrtausends wurden drei Entwürfe vorgelegt, darunter ein offizieller Entwurf der Rechtsarbeitskommission[207]. Weitere Fortschritte auf dem Weg zu einem chinesischen Zivilgesetzbuch gab es anschließend aber nicht. Im Weißbuch des Staatsrats vom Oktober 2011[208] ist die Rede davon, dass in den letzten 30 Jahren ein umfassendes Rechtssystem aufgebaut worden sei: Dieses sei nun grundsätzlich komplett. Damit sollte das Projekt eines chinesischen Zivilgesetzbuches offenbar *ad acta* gelegt werden. Aber wer weiß: Wenn sich jetzt zeigt, dass in dem gegenwärtigen komplizierten System von Einzelgesetzen eine dringende Reform, wie die des Erbrechts, gar nicht mehr so ohne weiteres verwirklicht werden kann, vielleicht wird die Idee eines chinesischen Zivilgesetzbuches dann doch noch einmal aufgegriffen – und in diesem Rahmen auch ein modernes Erbrecht Gesetz. Das „Mammut"-Projekt eines chinesischen Zivilgesetzbuches wäre in der Situation, in der sich das chinesische Recht gegenwärtig befindet, allemal ein Befreiungsschlag.

206 S.o. I. 1.
207 S.o. I. 1. mit Fn. 11.
208 Vgl. *Ahl*, ZChinR 2013, 6 mit Hinweis auf die chinesische Quelle in Fn. 7.

*WANG Qiang**

Das chinesische Erbrecht im rechtswissenschaftlichen, -linguistischen und -terminologischen Vergleich mit dem deutschen — unter Berücksichtigung der Erbrechtsreform in der VR China

Abstract: With an approach of legal studies, legal linguistics and legal comparison, this paper examines and assesses the endeavour by the latest draft proposals to update and reform China's current inheritance law. It also compares the Chinese inheritance law in general with its German counterpart, while analyzing the influences of the latter on the former.

I. Einführung

Das Erbrecht der VR China, dessen materielles Recht aus dem Erbgesetz[1] und seiner Auslegung durch das Oberste Volksgericht[2] besteht, ist höchst reformbedürftig. Dies zeigt sich in erster Linie an den Aufrufen des obersten Gesetzgebungsorgans

---

* Der Autor bedankt sich an der Stelle bei Frau Prof. Christina Eberl-Borges aus Universität Mainz für die Hilfe bei der Klarstellung des deutschen Begriffs des Vermächtnisses, u. a. auch im Vergleich zu dem im chinesischen Erbrecht, für den Hinweis auf die Regelung der künstlichen Befruchtung im deutschen Recht und für die Korrekturvorschläge und zudem bei Herrn David Siegel, Ass. jur.-Kandidat aus Universität Heidelberg, für das Korrekturlesen.

1 Erbgesetz der VR China, verabschiedet am 10.4.1985, in Kraft seit 1.10.1985; im Folgenden auch bezeichnet als Erbgesetz und bei der Heranziehung seiner einzelnen Vorschriften abgekürzt als ErbG. Chinesische Version u. a. in: Succession Law of the People's Republic of China, 2010, S. 1-23; deutsche Übersetzung v. *Münzel* abrufbar unter http://lehrstuhl.jura.uni-goettingen.de/chinarecht/inhalt.htm; v. *Manthe* in: WGO/MfOR 26/27 (1984/85), S. 378 ff.; englische Übersetzung in: *Schwartz*, The inheritance Law of the People's Republic of China, 1989, S. 469 ff.; französische Übersetzung v. *von Senger* in: Rev. dr. Int. et comp. 64 (1987), 65, 80 ff.

2 Ansichten des Obersten Volksgerichts zu einigen Fragen bei der Anwendung und der Umsetzung des „Erbgesetzes der VR China", in Kraft seit 11.09.1985; im Folgenden abgekürzt als Ansichten, oberstgerichtliche Ansichten, Ansichten des Erbgesetzes, Erbgesetz-Ansichten oder ErbG-Ansichten und bei der Heranziehung ihrer

Chinas, des Ständigen Ausschusses des Nationalen Volkskongresses, das geltende Erbgesetz gründlich zu revidieren.[3] Jedoch hat man aus dieser offiziellen Seite bisher keine substanziellen Fortschritte erfahren können, ganz zu schweigen von der Vorlegung eines neuen Gesetzesentwurfs. Aus akademischen Kreisen verwiesen und verweisen namhafte volksrepublikanische Juristen seit Jahren mit konstruktiver Kritik auf die zahlreichen Mängel am Erbrecht, und sprachen bzw. sprechen sich ausdrücklich für dessen gründliche Revision aus.[4] Repräsentative Ergebnisse aus diesen Bemühungen konkretisieren sich inzwischen in den zwei Vorschlagsentwürfen zur Revision des Erbgesetzes der VR China, dem Entwurf von *LIANG Huixing*[5]

---

einzelnen Vorschriften als ErbG-Ansichten; chinesische Version u. a. in: Succession Law of the People's Republic of China, 2010, S. 28-34.

3 S. etwa die Berichte von *LIU Wei*, Democracy and Law Times v. 18.04, http://www.mzyfz.com/html/1402/2012-04-18/content-349130.html; *ZHAO Yinan*, China Daily v. 24.7.2012, http://www.chinadaily.com.cn/china/2012-07/24/content_15610293.htm. Beide beriefen sich auf *WANG Shengming*, den Direktor des Büros für Zivilrecht der Rechtsarbeitskommission des Ständigen Ausschusses des Nationalen Volkskongresses, der sich für eine gründliche Änderung des Erbgesetzes ausgesprochen hatte. Im Folgenden werden chinesische Autoren bzw. Personen mit Nachnahmen (großgeschrieben) und Vornamen, andere Autoren nur mit dem Nachnamen zitiert.

4 Vgl. etwa *MA Junju/YU Yanman*, Grundtheorie des Zivilrechts, 2010, S. 890. Eine umfassende, systematische und tief eingehende Analyse verschiedener Probleme am Erbgesetz der VR China durch einflussreiche chinesische Juristen, darunter Prof. YANG Lixin, dessen Erbgesetz-Vorschlagsentwurf nachher in dem vorliegenden Beitrag auch untersucht werden wird, ist in den Diskussionsbeiträgen auffindbar, die auf dem vom 16.06. bis 17.06.2012 von der Südwestlichen Universität für Politik- und Rechtswissenschaft veranstalteten „Symposium über die im Brennpunkt stehenden schwierigen Probleme bei der Revision des Erbgesetzes der VR China" ("中国继承法修改热点难点问题研讨会", abrufbar unter: http://www.docin.com/p-575505155.html) ergingen.

5 Zurzeit Professor an der Chinese Academy of Social Sciences (CASS) in Beijing und Mitglied der Gesetzeskommission des Nationalen Volkskongresses; war bereits Leiter des Redaktionsausschusses für das Vertragsgesetz und außerdem Mitverfasser des Gesetzes zur Haftung bei Rechtsverletzungen und des Sachenrechtsgesetzes (detailliertere Information zu seiner Person und dessen Publikationen u. a. abrufbar unter http://baike.baidu.com/view/192623.htm?fr=aladdin). Nachdem er bereits 2003 einen Entwurf für ein Zivilgesetzbuch der VR China vorgelegt hatte, wurde unter seiner Leitung im Jahr 2013 der aus sieben Büchern bestehende, umfangreiche Vorschlagsentwurf eines Zivilgesetzbuchs der VR China veröffentlicht. Das siebte Buch dieses Vorschlagsentwurfs stellt eben das Erbrecht dar, während Allgemeine Bestimmungen, Sachenrecht, Allgemeines Schuldrecht, Vertragsrecht, Unerlaubte Handlungen bzw. Familienrecht die anderen sechs Bücher ausmachen. Das Buch des Erbrechts

et al., und dem von *YANG Lixin*[6] et al. Die beiden akademischen Entwürfe, abgesehen davon, dass ihre Spielräume bei der Erneuerungsinitiative angesichts Chinas Gesetzgebungslage immer noch Einschränkungen unterliegen müssen,[7] und sie haben noch keinen Status eines „formellen" Gesetzesentwurfs erlangen können,[8] sind wesentlich ausführlicher und systematischer.

---

von dem Vorschlagsentwurf – *LIANG Huixing*, Vorschlagsentwurf eines Zivilgesetzbuchs der VR China – Buch 7: Erbrecht, 2013 (im Folgenden: *LIANG*-Entwurf) – ist im Großen und Ganzen identisch mit dem bereits 2011 von *LIANG* vorgelegten Vorschlagsentwurf zur Revision des *Erbgesetzes der Volksrepublik China* (im Folgenden: *LIANG*-Entwurf 1), chinesische Version abrufbar unter: http://www.iolaw.org.cn/showNews.asp?id=26159.

6 Zivil- und Handelsrechtler, ehemaliger Richter im Zivilsenat des Obersten Volksgerichts, zurzeit Professor an der Renmin Universität in Beijing (detailliertere Information zu seiner Person und dessen Publikationen u. a. unter http://www.ncbuct.com/wfy/jsfc/tepinjiaoshou/2013-09-17/1198.html). Die chinesische Version des im Jahr 2012 unter seiner Leitung ausgearbeiteten Vorschlagsentwurfs zur Revision des *Erbgesetzes der Volksrepublik China* (im Folgenden: *YANG*-Entwurf) ist u. a. abrufbar unter http://xbmsf.nwupl.cn/Article/ShowArticle.asp?ArticleID=703.

7 Einerseits können oder müssen viele Grundbegriffe und die Grundsätze, die im Erbgesetz gelten, nicht neu definiert werden, sonst wird dies bei der Umsetzung der beiden Entwürfe zu Schwierigkeiten oder Widersprüchen zu den Grundregeln führen; andererseits können die Erneuerungen nicht gründlich oder tief genug erfolgen, da die beiden Entwürfe wie ihr Vorläufer immer noch mit vielen anderen Einzelgesetzen, die wiederum Widersprüche oder Diskrepanz enthalten, abgestimmt bleiben müssen. Das letztere Problem gilt nicht nur als Grundursache für die Mängel am geltenden Erbgesetz, sondern gleichzeitig für die Einschränkungen bei dessen Erneuerungen. Dies wird sich im Laufe der Arbeit zeigen.

8 Kurz zu dem Status der zwei sog. Vorschlagsentwürfe im Gesetzgebungsverfahren der Volksrepublik: Sie müssen zunächst als „formelle" Gesetzentwürfe beim Volkskongress vorgelegt werden. Erst nach diesem „Vorverfahren" beim Gesetzeserlass haben sie dann die Chance, von dem Gesetzgebungsorgan Chinas angeblich revidiert und dann verabschiedet zu werden. Jedoch dank dem Rechts- und vor allem dem bei der Gesetzgebung maßgebenden politischen System der VR China steht es fast immer fest, dass ein beim obersten Gesetzgebungsorgan als Gesetzesentwurf vorgelegtes Regelwerk nachher auch als Gesetz verabschiedet wird. Ist ein Regelwerk als Gesetzesentwurf angenommen worden, erlangt er die entsprechende Anerkennung seitens der Partei und Regierung und seine Ablehnung durch den Nationalen Volkskongress wird kaum noch vorkommen, obwohl laut Chinas Verfassung ein Gesetzesentwurf nach seiner Vorlage beim Volkskongress eigentlich von ihm als Gesetzgebungsorgan zu erörtern, zu prüfen, entweder zu genehmigen oder abzulehnen ist. Die zwei Entwürfe bleiben zunächst nur noch Vorschläge oder die sog. Vorschlagsentwürfe zwecks

Das Erbgesetz mit seiner oberstgerichtlichen Auslegung, beide zu kurz[9] und beide von 1985, steht als Rechtsgrundlage für das materielle Erbrecht der VR China zweifelsohne nicht mehr in Einklang mit deren heutiger Lebens-, Wirtschafts- und Gesellschaftslage.[10] Die Volkrepublik stellte ihr Erbrecht zunächst auf das sowjetische Zivilrecht ab, vornehmlich für den Zeitraum von 1949 bis 1978, zunächst auch noch nach Einführung der Reform- und Öffnungspolitik

---

der Gesetzrevision, und zwar überwiegend in akademischen bzw. rechtswissenschaftlichen Kreisen. Dies ist allerdings davon abzusehen, dass sie seit 2011 bzw. 2012 bei mehreren öffentlichen Gelegenheiten bekanntgemacht wurden. Ein entscheidender Grund dafür, dass keiner von den beiden ins formelle Gesetzgebungsverfahren aufgenommen wurde, liegt eventuell darin, dass aufgrund der getrennten Regelungssystematik des chinesischen Zivilrechts die Revision des Erbgesetzes auch wechselseitig mit Änderungen an zahlreichen anderen Einzelgesetzen zusammenhängt. Sonst würde ein neues Erbgesetz mit vielen solchen Gesetzen in Konflikt stehen. Zu diesen Gesetzen gehören u. a. die Allgemeinen Grundsätze des Zivilrechts der VR China (im Folgenden: AGZ), Gesetz über Sicherheiten, Vertragsgesetz, Sachenrechtsgesetz, Gesetz über elektronische Unterschriften, Treuhandgesetz, *Gesetz* zur *Haftung* bei *Rechtsverletzungen (Gesetz für Delikthaftung)*, Versicherungsgesetz, Gesetz zur Übernahme der Bewirtschaftung der ländlichen Grundstücke, Gesetz zur Verwaltung der Grundstücke, Gesetz zur Verwaltung der städtischen Immobilien, Beglaubigungsgesetz, Ehegesetz usw. Mit einem Wort schränkt Chinas eigene Rechtslage auch schon den Spielraum für eine rasche und tiefgreifende Erbgesetzrevision ein.

9 Das Erbgesetz umfasst nur 37 Vorschriften und die Ansichten lediglich 64 Artikel.

10 Das vererbbare Privatvermögen der Chinesen heutzutage hat dank der wirtschaftlichen Entwicklung und Privatisierung im Vergleich zu dem Niveau vor drei Jahrzenten mehrfach zugenommen. Die chinesischen Bürgerinnen und Bürger sind sich ihre Privatrechte auch immer bewusster. Sowohl unter den Juristen, Richtern, den sonstigen Funktionären im Rechtswesen, z. B. Leitern der für das Rechtswesen zuständigen Behörden, als auch unter normalen Bürgern ist es unumstritten, dass das Erbrecht als unzeitgemäß gelte und den aktuellen Lebensverhältnissen der chinesischen Bevölkerung nicht mehr entspreche. Dies ist insbesondere der Fall, wenn man die durch die Rechtsprechung unklar und erfolglos geregelten und oft beispielshalber herangezogenen Erbfälle, die einige berühmte chinesische Persönlichkeiten als Erblasser (z. B. den Gelehrten *JI Xianlin*, den medialen Star *HOU Yaowen*) betreffen, in Betracht zieht. Der Aufruf der Rechtswissenschaftler nach einer Erbrechtsreform wird durch die noch dringenderen Rechtsansprüche derjenigen, die in die Erbrechtsstreite verwickelt wurden und von der einschlägigen Rechtsprechung unmittelbar betroffen waren, unterstrichen. Der Wunsch nach der erbgesetzlichen Anpassung an die sich wandelnden sozialen, wirtschaftlichen Verhältnisse wird von Tag zu Tag stärker. Die Erneuerung des Erbrechts sollte erfolgen, indem schließlich ein moderneres, zeitgemäßes Erbgesetz in China ausgearbeitet wird.

im Jahr 1978. Diese sowjetische Prägung ist erkennbar an einigen Stellen des Erbgesetzes, beispielsweise an der Rangfolge der gesetzlichen Erben (§ 10 ErbG), der besonderen Rücksichtnahme auf die bedürftigen aber arbeitsunfähigen Erben (§ 13 ErbG) und Nichterben (§ 14 ErbG) im Rahmen der gesetzlichen Erbfolge sowie auf eben solche unterhaltsbedürftigen Erben bei den testamentarischen Verfügungen (§ 19 ErbG) und an dem Anfall des nicht geerbten oder übernommenen Nachlasses an die sog. staatliche Organisation (§ 32 ErbG).[11] Dennoch orientierte und orientiert sich das chinesische Zivilrecht (sowohl der Republik als auch der Volksrepublik daraufhin) im Sinne des Gesetzesrechts, dessen Geburt sich der Anfang des letzten Jahrhunderts initiierten Rechtsmodernisierung verdankt, in der Tat und insgesamt überwiegend am deutschen Recht.[12] Erst nach der 30-jährigen Unterbrechung (1949-1978), die sich im Endeffekt eher als schädlich für die Zivilrechtsentwicklung der Volksrepublik erwiesen hat, setzt sich diese Orientierung im Festland fort[13] und verstärkt sich

---

11 S. hierzu die Darstellung des Entwurfs eines Zivilgesetzbuchs von 1956 bei *CHEN Jianfu*, Chinese Law: Context and Transformation, 2008, S. 49; *von Senger*, Rev. dr. Int. et comp. 64 (1987), S. 65, 73; *ZHANG Shuhan*, ZChinR 2013, S. 75, 81; *Bilinsky*, JOR 1964, 137, 140, 148. Law Dictionary (Falü Cidian), hg. v. *Editorial Committee for Law Dictionary, Institute of Law, CASS* (Chinese Academy of Social Sciences), 2004, S. 636.

12 Für die Entstehungsgeschichte des chinesischen Zivilrechts und dessen Ausrichtung nach dem deutschen BGB als dem wichtigsten Vorbild mit den Hintergründen und Gründen s. etwa *WANG Qiang*, Beiträge der späten Qing-Zeit zu Chinas moderner vermögensrechtlicher Terminologie – Eine rechts-, translations- und sprachwissenschaftliche Studie über den auf dem deutschen BGB basierenden Zivilgesetzbuch-Entwurf, 2012, S. 12 ff. bzw. S. 26 ff. u. a. auch für weitere Literaturhinweise.

13 Das Zivilgesetzbuch der Republik China (ZGB), das erste und bisher einzige chinesische Zivilgesetzbuch, hatte nach dem sukzessiven Erlass seiner fünf Bücher zwischen 1929 und 1931 im ganzen China bis 1949 gegolten und gilt seitdem nur noch in Taiwan. Ihm gingen zwei Entwürfe des Zivilrechts voraus, die nicht als Gesetz in Kraft treten konnten: einer von 1911 aus der späten Kaiserzeit sowie ein anderer von 1925, s. dazu *WANG Qiang* (o. Fn 12), S. 15 f. und S. 20 ff. In der vorliegenden Arbeit wird hauptsächlich das Erbrecht der VR China untersucht. Daher, wenn man im Folgenden von der *chinesischen* Rechtsliteratur, dem *chinesischen* Erbrecht, den *chinesischen* Juristen usw. oder von China spricht, sind in der Regel damit diejenigen der Volksrepublik bzw. nur die Volksrepublik gemeint. Dies wird hervorgehoben, da zwischen den einzelnen Zivilrechtsgebieten der Republik und der Volksrepublik trotz der zunehmenden Affinität der Letzteren zur Ersteren immer noch ein beträchtlicher Unterschied besteht, der u. a. auch auf die Tatsache zurückzuführen ist: das Zivilrecht der Ersteren (in Taiwan) ist in vielerlei Hinsicht, beispielsweise was den allgemeinen

heute sogar noch mehr.[14] Trotz der Einflüsse des sowjetischen Rechts findet die maßgebliche Prägung des chinesischen Zivilrechts durch das deutsche Recht, u. a. auch hinsichtlich der erbrechtlichen Grundterminologie, ebenfalls Niederschläge im Erbgesetz. Umso mehr und noch unmittelbarer orientieren sich die beiden Vorschlagsentwürfe an dem deutschen Erbrecht. Gerade dank ihrer derartigen Ausrichtung[15] sind sie im Vergleich zum geltenden Erbgesetz im Inhalt umfangreicher, in der Rechtstechnik systematischer und hinsichtlich der begrifflichen Regelungen deutlich präziser, obwohl in diesen Aspekten weiterhin ein Verbesserungsbedarf besteht. Im Zuge Chinas eventueller Erbrechtsreform rückt das BGB mit vornehmlich seinem Erbrecht als die wichtigste ausländische Rechtsquelle wieder näher. Eine vergleichende Untersuchung des chinesischen und deutschen Erbrechts aus einer zweisprachigen Perspektive mit dem inhaltlichen Schwerpunkt auf die Terminologie und Rechtsbegrifflichkeit gewinnt insofern zunehmend an Bedeutung.

In Anbetracht der oben geschilderten Erbrechtslage in der VR China stellt ein rechtssprachlicher und -terminologischer Vergleich zwischen einerseits ihrem Erbrecht einschließlich des Erbgesetzes samt dessen oberstgerichtlichen Ansichten sowie der beiden Vorschlagsentwürfe[16], also auch unter Berücksichtigung der neuesten erbrechtlichen Entwicklung Chinas, und anderseits seinem Vorbild, dem wesentlich inhaltsreicheren und gründlicher geregelten deutschen Erbrecht (§§ 1922-2385 BGB), schon längst ein überfälliges Desiderat dar. Durch die vergleichende Untersuchung sollten die erbrechtlichen Termini und die einschlägigen Rechtsbegriffe zweisprachig systematisiert, die betreffende Rechtstechnik klargestellt und ihr Verständnis vertieft werden, um nicht zuletzt zu ihrer präziseren Anwendung beizutragen.

Teil (im Fall der Letzteren: ein wesentlicher Teil der AGZ [o. Fn 8]), das Familien- und Erbrecht angeht, tiefer und systematischer geregelt als das der Letzteren.

14 S. dazu das Vertragsgetz der VR China von 1999, deutsche Übersetzung v. *Scheil et al.* in: *Scheil, J. M. et al.*: Vertragsgesetz der Volksrepublik China – Übersetzung und Einführung, 1999, S. 39-118 und chinesische Version unter http://www.law-lib.com/law/law_view.asp?id=475; das Sachenrechtsgesetz der VR China von 2007, deutsche Übersetzung v. *Münzel* unter http://www.unil.ch/webdav/site/cda/users/mlerach/public/sachenrechtsg2007.pdf. und chinesische Version unter http://www.gov.cn/flfg/2007-03/19/content_554452.htm.

15 Vgl. dazu die Gesetzgebungsvorbilder für den *LIANG*-Entwurf bei *LIANG Huixing* (Fn 5), S. 5 ff.

16 Falls notwendig wird auch an einigen Stellen ein Vergleich zwischen dem Erbgesetz und *LIANG*- bzw. *YANG*-Entwurf durchgeführt.

Mit der obigen Zielsetzung ist die Vorgehensweise der vorliegenden Arbeit rechtswissenschaftlich und -systematisch strukturiert.[17] Die Termini werden mit dem jeweiligen Regelungsinhalt – im Fall des chinesischen Erbrechts mit den Vorschriften des Erbgesetzes, dessen oberstgerichtlicher Auslegung sowie der beiden akademischen Entwürfe und bezüglich des deutschen Vorbildes mit den Rechtssätzen des BGB-Erbrechts – als Rahmen untersucht. Für die noch nicht gesetzlich geregelten Termini dient die Literatur als Anhaltspunkt. Die sprachvergleichende, erbrechtsterminologische Analyse zugleich mit Erläuterungen, Klarstellungen und ggf. Fragestellungen beruht auf der entsprechenden Rechtssystematik und vollzieht sich mit der Regelungsreihenfolge und dem Gehalt des chinesischen Erbrechts als Ausgangspunkt bzw. Kontext beim Vergleich.

II. Grundbegriffe und Grundpinzipien

1. Inhalt und Natur des Erbrechts

Dass der chinesische Rechtssprachgebrauch, anders als der deutsche, *Recht* im Sinne der *objektiven Rechtsordnung* oder *Gesetze* (客观法) von demjenigen mit der Bedeutung der *subjektiven Rechte* (主观权利) unterscheidet,[18] gilt ausnahmslos für das Erbrecht. Das Erbrecht im Sinne des objektiven Rechts, d. h. der Gesamtheit der das Vermögen einer verstorbenen natürlichen Person betreffenden Rechtssätze,[19] nennt man auf Chinesisch 继承法[20]. Dem Begriff als subjektives Recht mit aber derselben deutschen Bezeichnung, der auf die beim Tod des Erblassers für eine oder mehrere andere Personen entstehende Berechtigung am Nachlass[21] hinausläuft, stellt die chinesische Rechtssprache einen anderen Ausdruck 继承权[22] zur Verfügung.

Während die volksrepublikanische Literatur bei der Auseinandersetzung mit der Natur des Erbrechts (im Sinne der Berechtigung) die verschiedenen

---

17 Die Vor- und Nachteile dieses Ansatzes für die vorliegende Arbeit finden sich übrigens bei *WANG Qiang* (o. Fn 12), S. 4 f.

18 Ausführlich dazu bei *WANG Qiang* (Fn 12), S. 148.

19 Vgl. hierzu *Köbler*, Juristisches Wörterbuch, 15. Aufl. 2012, S. 124.

20 w.: Erbgesetz i. w. S., d. h. im Sinne sämtlicher das Vermögen eines Verstorbenen betreffenden Rechtsvorschriften, im Fall der VR China das Erbgesetz und die Ansichten des Obersten Volksgerichts dazu.

21 Vgl. hierzu *Köbler* (Fn 19), S. 124.

22 w.: das Recht oder die Berechtigung, (das Vermögen eines Verstorbenen) zu erben.

Betrachtungsweisen[23] wahrnimmt,[24] ordnen die AGZ[25] das Erbrecht ohne weitere begriffliche Klarstellung schlechthin den *Vermögensrechten* bezüglich des Eigentums am Vermögen (与财产所有权有关的财产权) zu.[26] Weiterhin wird das Erbrecht in der Literatur auf zwei Stufen definiert: einerseits objektiv als die Befugnis (资格)[27] oder i. w. S. *nur* als die Erbanwartschaft (继承期待权)[28] einer natürlichen Person, vor dem Erbfall kraft Gesetzes oder testamentarischer Bestimmungen den Nachlass des Erblassers anzunehmen; andererseits subjektiv oder i. e. S. als das tatsächliche Recht (事实权利)[29], das dem Erben nach dem Erbfall und bei Vorliegen der erforderlichen Voraussetzungen[30] – ebenfalls kraft gesetzlicher Vorschriften oder testamentarischer Bestimmungen – an der vom

23 Etwa als Option oder Auswahlrecht (选择权), also eine Art Gestaltungsrecht (形成权), als Sachenrecht (物权), als die Rechtsstellung des Erben, die Vermögensrechte und Pflichten des Erblassers in Gesamtheit zu übernehmen, als Vermögensrecht (财产权) oder als Standesrecht (身份权); vgl. dazu *MA Junju/YU Yanman* (Fn 4), S. 895-896; *ZHANG Junhao*, Grundsätze der Zivilrechtswissenschaft, 1997, S. 956.

24 Während nach *MA Junju* und *YU Yanman* ([o. Fn 4], S. 895-896) das Erbrecht objektiv kein Recht, sondern nur eine rechtliche Stellung und subjektiv eine Art Vermögensrecht darstellt, sieht *ZHANG Junhao* ([o. Fn 23], S. 956) darin das auf dem Standesrecht als ein Nahangehöriger (近亲属) (des Erblassers) beruhende Recht, den Nachlass (des Erblassers) zu erwerben.

25 Allgemeine Grundsätze des Zivilrechts der VR China, verabschiedet am 12.04.1986 und in Kraft seit 01.01.1987; deutsche Übersetzung v. *Münzel* in: *Chinas Recht*, III. 7 (12.4.86/1) unter http://lehrstuhl.jura.uni-goettingen.de/chinarecht/zivilrecht.htm und chinesische Version abrufbar unter http://www.dffy.com/faguixiazai/msf/200311/20031110212803.htm.

26 S. Kapitel 5 (Zivilrechte) Abschnitt 1 (Vermögenseigentum und zum Vermögenseigentum in Bezug stehende Vermögensrechte) der AGZ (o. Fn 8) und § 76 darunter, der lediglich den gesetzlichen Schutz für das Vermögenserbrecht (财产继承权) einer privaten Person bekräftigt hat.

27 S. dazu *MA Junju/YU Yanman* (Fn 4), S. 894. Unter den chinesischen Juristen wird das Erbrecht außerdem auch als die Rechtsfähigkeit des Erben, den Nachlass zu erben, angesehen; s. dazu *GUO Mingrui/FANG Shaokun/GUAN Tao*, Forschung zum Erbrecht, S. 16.

28 d. h. Anwartschaft auf die Erbfolge; s. dazu Law Dictionary (o. Fn 11), S. 323.

29 Oder 既得权利 (tatsächlich erworbenes Recht); s. dazu *MA Junju/YU Yanman* (Fn 4), S. 895 und Law Dictionary (o. Fn 11), S. 323.

30 Dazu gehören: 1. Der Tod des Erblassers ist festzustellen. 2. Der Erblasser hat eine Erbschaft hinterlassen. 3. Der Erbe hat sein Erbrecht nicht verwirkt oder ihm ist sein Erbrecht nicht entzogen worden; vgl. dazu *MA Junju/YU Yanman* (Fn 4), S. 895.

Erblasser hinterlassenen Erbschaft gebührt.[31] Dass Chinas Erbrecht dem Tod des Erblassers übereinstimmend die Übergangsrolle, schließlich zur Realisierung des Erbrechts[32], zuschreibt, lehnt sich in erster Linie an die Legaldefinition des Erbfalls (继承开始)[33] an: Der Erbfall tritt mit dem Tod des Erblassers ein (§ 2 ErbG).[34] Dieser Grundsatz ergibt sich zunächst auch vom deutschen Erbrecht (§ 1922 Abs. 1 BGB).

2. Rechtssubjekte des Erbrechts

Durch § 1922 Abs. 1 BGB liefert das deutsche Erbrecht nicht nur eine Legaldefinition des Erbfalls sondern auch die Definition des Erblassers als die verstorbene Person, deren Vermögen auf andere Personen übergeht, und zugleich des Erben als diejenige Person, auf welche mit dem Tod des Erblassers der Übergang dessen Vermögens in Gesamtheit geschieht.[35] In China definiert erst der *LIANG*-Entwurf (§ 1933 Abs. 2) formell den Begriff des Erblassers (被继承人)[36] als die verstorbene Person, deren Vermögen, welches ihr zu Lebzeiten gehörte (生前所享有的财产), und von Todes wegen auf andere Personen übergeht, und anderseits den Begriff des Erben (继承人)[37] als die Person, die das Vermögen des (verstorbenen) Erblassers kraft Gesetzes – und zwar bei der gesetzlichen oder testamentarischen Erfolge[38] – übernimmt.

Darüber, dass lediglich eine natürliche Person Erblasser sein darf, da juristische Personen nicht sterben, sondern vielmehr nur erlöschen,[39] sind sich das

---

31 Aus einer anderen Perspektive unterteilt sich das deutsche Erbrecht in das gesetzliche, das sich ausschließlich aus dem Gesetz ergibt, und das gewillkürte, dem eine Willenserklärung in Testament oder Erbvertrag zugrundeliegt; s. dazu *Köbler* (o. Fn 19), 124.

32 Zusammenfassend: vor dem Tod des Erblassers gebührt dem Erben nur ein Anwartschaftsrecht auf die Erbfolge, während er mit dem Tod des Erblassers bereits sein Erbrecht ausüben kann; s. dazu *ZHANG Junhao* (Fn 23), S. 952-955.

33 w.: Beginn des Erbfalls oder Eintritt der Erbfolge. Terminologisch deutet der Ausdruck 继承开始 (Erbfall) auch darauf hin, dass erst damit das Erbverhältnis (继承关系) in der Tat zustande kommt; s. hierzu § 5 ErbG; *ZHANG Junhao* (Fn 23), S. 947.

34 Ebenso nach *YANG*-Entwurf (§ 3 Abs. 1) und *LIANG*-Entwurf (§ 1934).

35 Vgl. *Olzen*, Erbrecht, 3. Aufl. 2009, S. 34.

36 w.: derjenige, der beerbt wird.

37 w.: Nachfolger des Erblassers oder derjenige, der (den Nachlass) erbt.

38 S. dazu *MA Junju/YU Yanman* (Fn 4), S. 896; vgl. hierzu Law Dictionary (Fn 11), *S. 324-325 u. a. auch für eine umfassende Erläuterung des Begriffs des Erben.*

39 Was nach der Auflösung mit ihren Rechten, vor allem mit ihrem Vermögen geschieht, regelt nicht das Erbrecht, sondern das Vereins- und Gesellschaftsrecht; vgl. hierzu *Olzen* (o. Fn 35), S. 34; die §§ 45 BGB für den Anfalls des Vereinsvermögens bei

chinesische und das deutsche Erbrecht einig.[40] Bezüglich der rechtssubjektivischen Eigenschaft des Erben weichen sie aber voneinander ab: Während nach dem deutschen Recht sowohl eine natürliche als auch eine im Zeitpunkt des Erbfalls bestehende juristische Person[41] Erbe werden kann,[42] schließt das Chinesische die juristische Person, sonstige Organisation oder den Staat als Erbe aus,[43] denn sie können nicht in einem Verwandtschafts- oder Eheverhältnis mit dem Erblasser stehen und sind daher erbunfähig.[44] Eine definitorische Festlegung des Erben als eine beim Eintritt des Erbfalls lebende, natürliche Person erfolgt erst in den beiden akademischen Entwürfen[45].

Begrifflich unterscheidet das deutsche Erbrecht den Erben ferner von den Personen, denen durch den Erbfall nur Ansprüche erwachsen, die aber selbst nicht Gesamtrechtsnachfolger[46] des Erblassers, sondern nur schuldrechtlich am Nachlass teilhaben und somit keine Erben werden können, und zählt zu solchen Personen beispielsweise den Vermächtnisnehmer (§§ 1939, 2147 ff. BGB), Pflichtteilsberechtigten (§§ 2303 ff. BGB) oder sog. Erb-ersatzberechtigten (§ 1934 BGB a. F.).[47] In China wird ausschließlich derjenige, der kraft des ihm gebührenden Erbrechts den Nachlass erwirbt, als Erbe betrachtet.[48] Personen, die beim Eintritt des Erbfalls zum Nachlasserwerb berechtigt sind (有权取得遗产的人)[49], aber die Berechtigung eben nicht kraft des Erbrechts haben, gelten

der Auflösung eines rechtsfähigen Vereins; die §§ 264 AktG für die Abwicklung der Aktiengesellschaft.

40 Vgl. dazu *ZHANG Junhao* (Fn 23), S. 948; *Olzen* (o. Fn 35), S. 34.

41 Nach hM auch die OHG und KG, wohl auch die BGB-Außengesellschaft; vgl. hierzu *Lange/Kuchinke*, Lehrbuch des Erbrechts, 5. Aufl. 2001, § 4 III 1. Fn 12a.

42 Vgl. hierzu *Köbler* (Fn 19), S. 123. Erbfähig ist nach *Olzen* ([o. Fn 35], S. 34) jeder Rechtsfähige, weil es bei der Erbfähigkeit nicht auf die Geschäftsfähigkeit ankommt und sich der Erwerb der Erbschaft kraft Gesetzes, d. h. ohne Rechtsgeschäft, vollzieht. Somit sind alle natürlichen und juristischen Personen erbfähig und zugleich berechtigt, Erben zu sein; vgl. hierzu *Olzen* (Fn 35), S. 128 ff., 364-366.

43 S. *MA Junju/YU Yanman* (Fn 4), S. 896-898; *ZHANG Junhao* (Fn 23), S. 948.

44 Dies ist davon abzusehen, dass sie Vermächtnisnehmer des vom Erblasser hinterlassenen Nachlasses werden können; vgl. hierzu *MA Junju/YU Yanman* (Fn 4), S. 897-898.

45 *LIANG*-Entwurf: 1938; *YANG*-Entwurf: § 10 Abs. 2 S. 1.

46 Vgl. dazu § 1922 Abs. 1 BGB (Gesamtrechtsnachfolge).

47 Vgl. dazu *Kroiß/Ann/Mayer*, NomosKommentar zum BGB-Erbrecht — Band 5: §§ 1922-2385, 4. Aufl., 2014, § 1922 Rn 6 (im Folgenden auf diese Weise zitiert: NK-BGB/*Kroiß* [Bearbeiter], § 1922 Rn 6); *Olzen* (Fn 35), S. 34-36.

48 *MA Junju/YU Yanman* (Fn 4), S. 896.

49 w.: zum Nachlasserwerb Berechtigte. In dem Fall gelten sie als Oberbegriff für Erben (= die kraft des Erbrechts zum Nachlasserwerb Berechtigten) und die nicht kraft des

ausdrücklich nicht als Erben. Zu solchen Personen zählen z. B. der Vermächtnisnehmer (受遗赠人)[50], der zur angemessenen Zuteilung des Nachlasses Berechtigte (酌情分得遗产人)[51] und der gemäß der Vereinbarung über Vermächtnisse und Unterhalt Unterhaltspflichtige (遗赠扶养协议中的抚养人)[52]. Schließlich beschränkt Chinas Erbrecht den Erbenkreis auf folgende Personen[53]: Die begrifflich nicht näher definierten Nahangehörigen (近亲属)[54] und die verwitweten Schwiegerkinder, die ihre Schwiegereltern überwiegend unterhalten haben (对公婆、岳父母尽了主要赡养义务的丧偶儿媳、女婿)[55]. Die oben genannten Personen gehören jedoch eben nicht dazu.

Ferner werden in Chinas Literatur für die Rechtsstellung des Erben drei Bedingungen vorausgesetzt: er muss Erbfähigkeit (继承能力)[56] besitzen, er hat sein Erbrecht nicht verwirkt (未丧失继承权) und er ist entweder von der (gesetzlichen) Erbrangfolge (继承顺序) erfasst oder durch testamentarische Erbfolge

---

Erbrechts zum Nachlasserwerb Berechtigten; vgl. hierzu *MA Junju/YU Yanman* (Fn 4), S. 896.

50 S. etwa § 18 ErbG; *LIANG*-Entwurf: § 1974; *YANG*-Entwurf: §§ 31, 35.

51 S. etwa § 14 ErbG; vor allem § 1957 *LIANG*-Entwurf und § 61 *YANG*-Entwurf u. a. auch für ähnliche Bezeichnungen als 继承人以外可适当分得遗产的人 (Nichterben mit Ansprüchen auf angemessene Nachlassverteilung) bzw. 遗产酌分请求权人 (Anspruchsberechtigter auf angemessene Nachlassverteilung).

52 S. etwa § 31 ErbG; *LIANG*-Entwurf: § 1997; *YANG*-Entwurf: § 66.

53 Vgl. §§ 10, 12 ErbG; *MA Junju/YU Yanman* (Fn 4), S. 896; *ZHANG Junhao* (Fn 23), S. 948.

54 Die Nahangehörigen sind die Angehörigen einer Person, die zu ihr in einem gesetzlichen Rechts- und Pflichtverhältnis stehen. Sie stellen einen rechtsgebietsübergreifenden, dem chinesischen Erb- und Familienrecht eigenartigen Begriff dar. Nach dem Erbgesetz (§ 10) *und* Law Dictionary ([o. Fn 11], S. 353) bestehen sie aus Ehegatten, Kindern, Eltern, Geschwistern, Großeltern und Enkelkindern. Dem Strafprozessgesetz der VR China (§ 106 Nr. 6, chinesische Version abrufbar unter: http://www.gov.cn/flfg/2012-03/17/content_2094354.htm) zufolge umfassen die Nahangehörigen Ehegatten, Eltern, Kinder und blutsverwandte Geschwister.

55 Solche Bezeichnungen begegnen in § 12 ErbG und § 60 *YANG*-Entwurf, aber nicht mehr unmittelbar im *LIANG*-Entwurf. Sie gehören gemäß § 1957 Nr. 2 des *LIANG*-Entwurfs vermutlich zu einer Gruppe der Nichterben mit Ansprüchen auf angemessene Zuteilung des Nachlasses (继承人以外可适当分得遗产的人).

56 w.: Fähigkeit, den Nachlass des Erblassers als Erbe zu erwerben. Darüber, dass es sich bei der Erbfähigkeit um eine erbrechtliche Eigenschaft der allgemeinen Rechtsfähigkeit handelt, bestehen in China und Deutschland keine Unterschiede; s. etwa *MA Junju/YU Yanman* (Fn 4), S. 896; NK-BGB/*Kroiß* § 1923 Rn 1; Müko/*Leipold*, § 1923 Rn 2; *Ebenroth* Rn 12.

(遗嘱继承) als Erbe bestimmt worden. Wer vor oder gleichzeitig mit dem Erblasser stirbt, ist unabhängig von der Art seiner Erbeinsetzung her erbunfähig.[57] Die Erbfähigkeit der Leibesfrucht (胎儿) als Grenzfall regelt Chinas Erbrecht mit mehreren Vorschriften. Als Grundsatz wird zunächst der Leibesfrucht ein Erbteil bei der Nachlassteilung gewährt.[58] Die in der Literatur[59] viel erörterte Einschränkung des Prinzips wird erst durch den *LIANG*-Entwurf (§ 1939) konkretisiert: Nur wenn die vor dem Erbfall bereits gezeugte Leibesfrucht (nachher) lebend geboren wird, gilt sie als davor geboren, und somit ebenfalls als erbfähig.[60] Eine Rechtsfolge dieser Erbfähigkeit sehen die ErbG-Ansichten (in Art. 45 Abs. 2 S. 1)[61] vor: im Fall des Todes der Leibesfrucht nach der Geburt (出生后死亡), geht ihr Erbteil auf ihre eigenen Erben über. Ist die Leibesfrucht aber bei der Geburt tot (出生时是死体), fällt sie als Erbe aus[62]. Folglich fällt dann der ihr bedachte Erbteil in die Hände ihrer Miterben.[63] Die Erbfähigkeit des Nasciturus[64] klärt das BGB mit einer einzigen Vorschrift des § 1923 Abs. 2 unter derselben Voraussetzung, dass er später lebend zur Welt kommt.[65] Hinsichtlich der erbrechtlichen Stellung der im Zeitpunkt des Erbfalls noch nicht geborenen Person schließt sich Chinas Erbrecht wie sein deutsches Vorbild dem gleichen Prinzip des Spezialismus[66] an. Der *YANG*-Entwurf geht (in § 10 Abs. 1 S. 2, 3) sogar noch einen Schritt weiter und erfordert für testamentarische Erben oder

57 Vgl. hierzu NK-BGB/*Kroiß* § 1923 Rn 1.

58 § 28 S. 1 ErbG; Art. 45 Abs. 1 ErbG-Ansichten; *LIANG*-Entwurf: § 2021 Abs. 2 S. 1; *YANG*-Entwurf: § 65 Abs. 1 S. 1.

59 Vgl. *MA Junju*/*YU Yanman* (Fn 4), S. 897; *ZHANG Junhao* (Fn 23), S. 973.

60 Ebenso bei *MA Junju*/*YU Yanman* (Fn 4), S. 897. Die andere Ansicht, dass die Leibesfrucht nach Chinas geltendem Erbgesetz nicht als erbfähig zu betrachten ist, u. a. bei *GUO Mingrui*/*FANG Shaokun*/*GUAN Tao* (Fn 27), S. 46-47.

61 Ebenso in *YANG*-Entwurf: § 65 Abs. 1 S. 2.

62 S. § 28 S. 2 ErbG; *LIANG*-Entwurf: § 2021 Abs. 2 S. 2. Die Formulierung der beiden Rechtssätze „Ist die Leibesfrucht aber bei der Geburt tot, so wird nach der gesetzlichen Erbfolge verfahren“ ist missverständlich. Sie erweckt eher den Eindruck, als ob schon bei Tod der Leibesfrucht *nach* der Geburt die gesetzliche Erbfolge nicht eingreifen würde.

63 Art. 45 Abs. 2 S. 2 ErbG-Ansichten; *YANG*-Entwurf: § 65 Abs. 1 S. 3.

64 Lat. (w.: einer, der geboren werden wird), bezieht sich gemäß dem lateinischen Rechtssatz „Nasciturus pro iam nato habetur“ (der Entstehende wird wie der schon Geborene behandelt) auf die grundsätzlich noch nicht rechtsfähige, ungeborene Leibesfrucht (尚不具权利能力之未出生胎儿); s. dazu *Köbler* (Fn 19), S. 289.

65 Vgl. NK-BGB/*Kroiß* § 1923 Rn 1, 12.

66 Vgl. *MA Junju*/*YU Yanman* (Fn 4), S. 897.

Vermächtnisnehmer die zur Zeit des Erbfalls bereits vollzogene Geburt ebenfalls nicht. Solche Personen gelten im Zweifel als Nacherben (后位继承人)[67].

Da in der Volksrepublik Familienrecht (insbesondere Abstammungsrecht) und Erbrecht nicht aufeinander abgestimmt sind, wird im Rahmen der Erbrechtsreform auch versucht, die erbrechtliche Stellung der Kinder, die durch künstliche Befruchtung geboren wurden (人工生育), zu bestätigen. Solche Kinder gelten als bereits beim Eintritt des Erbfalls lebend und genießen insofern denselben erbrechtlichen Status wie die leiblich Geborenen (s. dazu § 16 Abs. 2 *LIANG*-Entwurf 1[68]; § 10 Abs. 2 *YANG*-Entwurf). In Deutschland sind dagegen die Folgen künstlicher Befruchtung nicht erbrechtlich geregelt. Solche Fragen werden vielmehr dem Familienrecht (bei der Abstammung) überlassen und daher im deutschen Erbrecht nicht mehr weiter thematisiert.

3. Rechtsobjekt des Erbrechts

Das deutsche Erbrecht bezeichnet die Erbschaft als das Vermögen des Erblassers, das bei dessen Tod kraft Gesetzes als Ganzes auf den oder die Erben übergeht (vgl. § 1922 Abs. 1 BGB).[69] Das vom Erblasser hinterlassene Vermögen beschränkt sich daher inhaltlich nicht wie im gemeinsprachlichen Gebrauch auf das Aktivvermögen, nämlich Vermögen i. e. S. Vielmehr fallen Schulden, die noch aus den Lebenszeiten des Erblassers herrühren, mit dem Erbfall entstehen oder durch die Erben begründet werden, ebenfalls unter den Begriff der Erbschaft. Solche Passiva sind die Nachlassverbindlichkeiten, die der Erbe zu berichtigen hat (gemäß § 1967 BGB Abs. 1), während das Aktivvermögen nur die geldwerten Güter und Rechte des Erblassers, m. a. W. alle dinglichen und persönlichen Vermögensrechte[70] von ihm erfasst. Zusammenfassend beinhaltet die Erbschaft sowohl das Aktiv- als auch das Passivvermögen des Erblassers.

---

67 Auch dies ähnelt dem BGB-Erbrecht (§ 2178), nicht zuletzt deshalb, weil § 1923 Abs. 2 BGB für einen Vermächtnisnehmer entsprechend anwendbar ist; vgl. dazu NK-BGB/*Kroiß* § 1923 Rn 16; *Hafner*, BWNotZ 1984, 67.

68 Gemäß § 16 Abs. 2 *LIANG*-Entwurf 1 genießen die durch künstliche Befruchtung geborenen Kinder denselben Status wie die leiblich Geborenen. Im Gegensatz dazu wird dies in dem nachbearbeiteten und bereits publizierten *LIANG*-Entwurf nicht mehr thematisiert.

69 Vgl. hierzu *Köbler* (Fn 19), S. 124; *Olzen* (Fn 35), S. 37.

70 Vorausgesetzt wird, dass sie nicht höchstpersönlich sind, wie z. B. die Leibrente gemäß § 759 BGB oder der Nießbrauch nach § 1061 BGB; s. dazu *Olzen* (Fn 35), S. 37; NK-BGB/*Kroiß* § 1922 Rn 7.

Die deutsche Rechtssprache verwendet für denselben Begriff des Erblasservermögens auch den Ausdruck Nachlass[71], ohne dass damit ein inhaltlicher Unterschied verbunden ist. Der Begriff *Erb*schaft wird häufig gebraucht, vor allem wenn die Beziehung des hinterlassenen Vermögens zum Erben betont werden sollte, während das Wort *Nach*lass sich zumeist auf das Vermögen als solches, namentlich das Aktivvermögen, bezieht.[72] Im Gegensatz benutzt man auf Chinesisch eher eine einheitliche Bezeichnung 遗产[73] für das Erblasservermögen. Durch die Legaldefinition von Nachlass als das von den Bürgern bei ihrem Tod hinterlassene legale, persönliche Vermögen (gemäß § 3 ErbG[74]) ist in China der begriffliche Umfang des Nachlasses auf das Aktivvermögen (积极遗产) begrenzt.[75] Erst das Objekt des Erbrechts wird als Inbegriff von sowohl Nachlass i. S. d. Aktivvermögens[76] als auch Verbindlichkeiten i. S. d. Passivvermögens (消极遗产)[77] betrachtet.[78]

Ähnlich wie der im BGB (§ 1922 Abs. 1) festgelegte Grundsatz der Universalsukzession (Gesamtrechtsnachfolge[79]) gilt für Chinas Erbrecht das Prinzip der Gesamterbfolge (概括继承)[80], nämlich die gesamte Nachfolge des oder der Erben in die zu Lebzeiten des Erblassers entstehenden (sämtlichen) Vermögensrechte und -pflichten.[81] Während das Prinzip im geltenden Erbgesetz nicht

---

71 Z. B. in den Vorschriften der §§ 1960 f, 1967, 1975 BGB.

72 Vgl. *Olzen* (Fn 35), S. 37.

73 w.: Hinterlassenschaft oder hinterlassenes Vermögen.

74 Die Definition des Nachlasses in § 3 ErbG haben sowohl der *LIANG*-Entwurf (in § 1941 Abs. 1) als auch der *YANG*-Entwurf (in § 7 Abs. 1) beibehalten.

75 Dazu *MA Junju/YU Yanman* (Fn 4), S. 899; Law Dictionary (Fn 11), S. 799.

76 D. h. der Rechte.

77 D. h. der Pflichten.

78 Eine andere Ansicht, die angeblich auf § 33 ErbG und Art. 62 ErbG-Ansichten beruhe, und der die vorliegende Arbeit sich nicht anschließt, dass der Nachlass sowohl das Aktivvermögen oder den sog. aktiven Nachlass als auch das Passivvermögen oder den sog. passiven Nachlass umfasst und der Nachlass selbst direkt als Objekt des Erbrechts gilt, findet sich u. a. bei *WEI Zhenying*, Civil Law, 4. Aufl. 2010, S. 575; *ZHANG Junhao* (Fn 23), S. 955-956.

79 Auf Chinesisch: 总括的权利继受; für die chinesische Bezeichnung s. u. a. Deguo Minfadian (BGB), übersetzt aus dem Deutschen und mit Anm. v. *CHEN Weizuo*, 2. Aufl. 2010, S. 551.

80 *Für die Bezeichnung* s. u. a. *MA Junju/YU Yanman* (Fn 4), S. 892; *ZHANG Junhao* (Fn 23), S. 958.

81 Vgl. *MA Junju/YU Yanman* (Fn 4), S. 892.

ausreichend klar zum Ausdruck kommt,[82] erfolgt seine ausdrückliche Regelung im *YANG*-Entwurf (§ 5)[83].[84] Ferner ist die Gesamterbfolge bedingt (有条件) und beschränkt (有限制),[85] was sich in § 33 S. 1 Hs. 2 ErbG niederschlägt: die (von den Erben) zu zahlenden Steuern (应缴纳税款) und zu begleichenden Schulden (应清偿债务) sind auf den tatsächlichen Wert (实际价值) des Nachlasses begrenzt.[86] Diesen in China als 限定继承 (beschränkte Erbfolge) bezeichneten Haftungsgrundsatz[87] ordnet das deutsche Erbrecht in Form von einer Begrenzung (namentlich in § 1975 BGB) der unbeschränkten Haftung (in §§ 1967 BGB) an.[88]

Der im Erbgesetz (§ 3) vorgeschriebene Gehalt der Erbschaft beschränkt sich angesichts Chinas Wirtschafts-, Gesellschafts- und Rechtslage zu der Zeit, da das Gesetz verfasst wurde, vornehmlich auf festes Einkommen (收入),[89] die überwiegend für den täglichen Bedarf notwendigen oder überlebenswichtigen Gegenstände,[90] Produktionsmittel (生产资料) in begrenzter Menge,[91] Kulturgüter (文物), Druckwerke und Dokumente (图书资料)[92] sowie Vermögensrech-

---

82 Durch § 33 S. 1 Hs. 1 ErbG wird nur geregelt, dass bezüglich des geerbten Nachlasses die dem Erblasser obliegenden Steuern und Schulden zu begleichen sind.

83 Die Überschrift des § 5 *YANG*-Entwurf lautet Gesamtübernahme (概括承受).

84 Vgl. hierzu § 2013 *LIANG*-Entwurf: Umfang der Nachlassverbindlichkeiten und gesamtschuldnerische Haftung der Miterben.

85 Vgl. *MA Junju*/*YU Yanman* (Fn 4), S. 892.

86 Der Grundsatz wird in den beiden Vorschlagsentwürfen fortgesetzt; s. § 2014 *LIANG*-Entwurf: Beschränkung der Haftung der Erben bei der Begleichung [der Nachlassverbindlichkeiten] (继承人偿还责任的限制); § 77 *YANG*-Entwurf: Bedingte und beschränkte Erbfolge (有条件的限定继承).

87 S. dazu *MA Junju*/*YU Yanman* (Fn 4), S. 892, 902.

88 Durch § 1967 Abs. 1 BGB wird zuerst klargestellt, dass mit dem in § 1922 BGB angeordneten Übergang der Vermögensrechte auch die Haftung des Erben für die Nachlassverbindlichkeiten verbunden ist. Grundsätzlich hat der Erbe mit seinem gesamten Vermögen (= jeglichem Vermögen, dessen Rechtsinhaber er ist) einzustehen. Die Schärfe der unbeschränkten Haftung wird jedoch durch die Regeln in §§ 1975 ff. zurückgenommen. Die Vorschriften der §§ 1975 ff. BGB behandeln die Möglichkeiten der Beschränkung der Haftung auf den Nachlass und Verschonung des Eigenvermögens des Erben. Damit wird die unbeschränkte Haftung des Erben für Nachlassverbindlichkeiten wiederum beschränkbar gemacht; vgl. hierzu NK-BGB/*Krug* § 1967 Rn 1; *LIANG*-Entwurf: §§ 2013 und 2014.

89 In Nr. 1.

90 In Nr. 2 und 3.

91 In Nr. 5.

92 In Nr. 4.

te in Form von Urheber- (著作权) und Patentrechten (专利权)[93]. Eine solche Auflistung war, ist aber nicht mehr zeitgemäß, da sie in der Praxis kaum noch erschöpfend wirken kann.[94] Viele chinesische Juristen[95] befürworten die im deutschen Erbrecht praktizierte Strategie, den genauen Inhalt der Erbschaft nicht im Gesetz, sondern im Wege von Auslegung und Rechtsfortbildung durch die Rechtsprechung und Literatur näher zu bestimmen[96]. Ähnlich wie bei ihrem deutschen Vorbild[97] zählt die Literatur[98] generell Sachenrechte (物权), Schuldrechte (债权), Vermögensrechte beim geistigen Eigentum (知识产权中的财产权益), Gestaltungsrechte (形成权) wie Anfechtungsrechte (撤销权) und Widerrufs- oder Rücktrittsrechte (解除权) usw. zu den Erbrechtsobjekten. Trotz dieses Trends ist festzuhalten, dass die beiden akademischen Entwürfe durch die Erweiterung des konkreten Inhalts des vererbbaren Vermögens und die rechtsbegriffliche Präzisierung dessen Umfangs die aktuellen wirtschaftlichen, sozialen und rechtlichen Entwicklungen im Festland China in Betracht gezogen haben. Zu den im Erbgesetz festgelegten Nachlassgegenständen fügt beispielsweise der *YANG*-Entwurf (in § 7 Abs. 1) noch Rechte zur vertraglichen Übernahme der Grundstücksbewirtschaftung (土地承包经营权) und die durch die Übernahme erzielten Erträge (承包收益),[99] vermögensrechtliche Forderungen (财产债权) und ihre Sicherheiten (担保), in Wertpapieren (有价证券) eingetragene Vermögensrechte, Gesellschaftsanteile (股权) oder Vermögensrechte an einer Partnerschaft (合伙中的财产权益), Vermögensrechte beim geistigen Eigentum (知识产权), die aus den dem Erblasser gebührenden Persönlichkeitsrechten (被继承人享有的人格权) abgeleiteten Vermögensvorteile (衍生的财产利益) und virtuelles Eigentum im Internet (互联网络中的虚拟财产) hinzu. Außerdem berücksichtigt der Entwurf in dem Zusammenhang die Neuentwicklung des Persönlichkeitsschutzes und verbietet die Vererbung solches virtuellen Eigentums im Internet, das sich auf die persönlichen Informationsrechte (个人信息权) oder auf die Rechte auf Privatsphäre (隐私权) des Erblassers bezieht (§ 7 Abs. 3). Der *LIANG*-Entwurf nimmt durch § 1941 zugleich seine Stellung zu einigen der zurzeit in der Volksrepublik umstrittenen Erbrechtsob-

93 In Nr. 6.

94 *MA Junju/YU Yanman* (Fn 4), S. 899; *ZHANG Junhao* (Fn 23), S. 976-978.

95 *S. ZHANG Junhao* (Fn 23), S. 976; *MA Junju/YU Yanman* (Fn 4), S. 899 mwN.

96 Für eine systematische Darstellung und Erläuterung der Erbrechtsobjekte im deutschen Erbrecht s. u. a. NK-BGB/*Kroiß*, § 1922 Rn 7 ff.

97 S. dazu NK-BGB/*Kroiß*, § 1922 Rn 7 ff.

98 *S. MA Junju/YU Yanman* (Fn 4), S. 899.

99 Zustimmend *MA Junju/YU Yanman* (Fn 4), S. 899-900.

jekte[100], indem er einerseits die durch den Erblasser von Todes wegen erlangte Versicherungssumme (保险金), Kompensationssumme (补偿金) und Entschädigungssumme (赔偿金)[101] zum vererbbaren Vermögen zählt und andererseits die an die Peron des Erblassers gebundenen Personenrechte (与被继承人人身不可分离的人身权利) und die auf den Erblasser bezogenen, persönlichen Forderungen und Verbindlichkeiten (与被继承人人身有关的专属性债权债务)[102] als Nachlassgegenstände ausschließt.[103]

---

100 Für einige solcher strittiger Rechtsobjekte s. u. a. *MA Junju/YU Yanman* (Fn 4), S. 899-902.

101 … solange ihre Anspruchsberechtigten nicht persönlich bestimmt gewesen sind. Gemäß Art. 17 der „Erläuterungen einiger Fragen zu den anwendbaren Gesetzen bei der Rechtsprechung über den Ersatz der körperlichen Schäden des Obersten Volksgerichts" (最高人民法院关于审理人身损害赔偿案件适用法律若干问题的解释), chinesische Version abrufbar unter: http://www.law-lib.com/law/law_view.asp?id=81918, bezieht sich die sog. Kompensationsgebühr für Todesfälle auf die Kompensation gerade für den Tod des (tödlich) Geschädigten anstatt auf eine Kompensation gegenüber dessen Nahangehörigen. Da die Schadensersatzpflicht des Schädigers infolge des von ihm verursachten Todes nicht mit dem Tod des Geschädigten erlischt, kann (der Anspruch auf) die Kompensationsgebühr für Todesfälle von dem oder den Erben des Geschädigten geerbt werden. In dem Fall können die Erben des tödlich Geschädigten nicht nur die dem Geschädigten gebührenden Ansprüche auf Ersatz von dessen Vermögensschäden erben, sondern auch noch die ihnen selbst zustehenden Schadensersatzansprüche geltend machen, solange sie als Nahangehörige des Geschädigten gelten; vgl. *hierzu MA Junju/YU Yanman* (Fn 4), S. 900-901.

102 Wie z. B. Unterhaltsansprüche (抚养费请求权) nach *MA Junju/YU Yanman* (Fn 4), S. 899.

103 Nach hM zählen die Beerdigungskosten (丧葬费) für den Erblasser nicht als Erbrechtsobjekt (i. S. d. Pflicht), da die durch Beerdigung herrührenden Schulden die den Erben obliegenden aber nicht von ihrem Erblasser zu tragenden Pflichten sind. Außerdem sind die infolge Immaterialschäden (精神损害) entstehenden Schmerzensgeldansprüche (抚慰金请求权) in Anlehnung an Art. 7 der „Erläuterungen einiger Fragen zur Feststellung der Pflichten zum Ersatz der infolge Zivilrechtsverletzung entstehenden immaterialen Schäden durch das Oberste Volksgericht" (最高人民法院关于确定民事侵权精神损害赔偿责任若干问题的解释 chinesische Version abrufbar unter: http://baike.baidu.com/view/438776.htm) weder abtretbar noch vererbbar; vgl. hierzu *MA Junju/YU Yanman* (Fn 4), S. 899, 900-901. Durch ihre inhaltlichen Regelungen der Nachlassgegenstände haben die beiden Entwürfe sich dem Standpunkt angeschlossen.

III. Gesetzliche Erbfolge

1. Grundsätze

Bei der gesetzlichen Erbfolge (法定继承) richtet das chinesische Erbgesetz die Erbrangfolge (继承顺序[104]) in erster Linie nach dem Eheverhältnis (婚姻关系) und Verwandtschaftsverhältnis (血缘关系[105]) aus. Gemäß § 10 Abs. 1 ErbG gelten Ehegatten, Kinder und Eltern[106] des Erblassers als dessen Erben der ersten Ordnung (第一顺序继承人), Geschwister sowie Großeltern väter- und mütterlicherseits des Erblassers gehören zu dessen Erben zweiter Ordnung (第二顺序继承人)[107]. Als ein Schwerpunkt ihrer Erneuerungsinitiative erweitern die beiden akademischen Entwürfe[108] den Kreis der gesetzlichen Erben (法定继承人) um noch eine dritte Ordnung (第三顺序), die aus sonstigen Blutsverwandten der geraden Linie oder Seitenlinie (直系或者旁系血亲) bis zum vierten Grad (四亲等之内)[109] des Erblassers besteht. Dementsprechend ordnen sie ferner in einem größeren Umfang an[110], dass die Erben einer näheren Ordnung (前一顺序继承人) die der ferneren (后一顺序继承人) von der Erbfolge ausschließen[111] (ebenso gemäß § 1930 BGB).

---

104 w.: Erbreihenfolge. Bei der gesetzlichen Erbfolge ist der *Rang* die ausschlaggebende Kategorie und Erben innerhalb desselben Rangs steht in der Regel ein gleicher Anteilsanspruch zu. Daher eignet sich *Erbrangfolge* besser als Entsprechung für die chinesische Bezeichnung 继承顺序, obwohl sie auf Chinesisch sich wörtlich wiederum häufiger als 继承序位 /继承顺位 bezeichnen lässt.

105 w.: Blutsverwandtschaft.

106 Die Ansicht, dass Eltern eigentlich der zweiten Ordnung angehören sollten, bei *ZHANG Yumin*, Forschung zum Erbfolgesystem, 1994, S. 258; dass Eltern angesichts der zunehmend alternden Bevölkerungsstruktur und des noch weit nicht flächendeckenden Altersvorsorgesystems in der VR China gesetzliche Erben in der ersten Ordnung bleiben sollten, bei *GUO Mingrui/FANG Shaokun/GUAN Tao* (Fn 27), S. 72-73.

107 Durch § 57 fügt der *YANG*-Entwurf noch Enkelkinder zu Erben der zweiten Ordnung hinzu.

108 § 57 *YANG*-Entwurf; § 1946 *LIANG*-Entwurf.

109 *YANG*-Entwurf führt sie in § 57 u. a. als Urgroßeltern väter- und mütterlicherseits, Onkel väter- und mütterlicherseits, Tanten väter- und mütterlicherseits, Cousins und Cousinen väter- und mütterlicherseits, Neffen, Nichten, Großneffen und Großnichten väter- und mütterlicherseits, Urenkelkinder väter- und mütterlicherseits aus.

110 *YANG*-Entwurf: § 58 Abs. 1; *LIANG*-Entwurf: § 1953.

111 Laut § 10 Abs. 2 ErbG schließen Erben (nur) der ersten Ordnung (nur) die der zweiten Ordnung von der Erbfolge aus.

Das deutsche Recht kennt neben dem Ehegattenerbrecht (§§ 1931 ff. BGB) das unbegrenzte Verwandtenerbrecht (§§ 1924 ff. BGB). Beim Letzteren wird auf die gemeinsamen Stammeltern abgestellt und bestimmt sich die Reihenfolge nach Ordnungen[112] (Parentelen).[113] Abkömmlinge des Erblassers sind Erben erster Ordnung, was gleichzeitig bedeutet, dass sie an erster Stelle erben und alle anderen Verwandten (gesetzlichen Erben) verdrängen. Sowohl der den Erbenkreis maßgeblich erweiternde Begriff des Abkömmlings[114] mit dessen schlüsselartiger Verwandtschaftsstellung als auch das innerhalb der Stämme[115] geltende Repräsentationsprinzip[116], gemäß welchem in den ersten Ordnungen die mit dem Erblasser Nächstverwandten ihre eigenen Abkömmlinge von der Erbfolge ausschließen,[117] sind dem volksrepublikanischen Erbrecht fremd.

Zu Kindern und Eltern in der ersten Ordnung gehören laut § 10 Abs. 3 und 4 ErbG eheliche Kinder (婚生子女), uneheliche Kinder (非婚生子女), Adoptivkinder (养子女)[118] und Stiefkinder in einer Unterhaltsbeziehung (有扶养

112 Darunter erste Ordnung: die Abkömmlinge des Erblassers (§ 1924 Abs. 1 BGB); zweite Ordnung: die Eltern des Erblassers und deren Abkömmlinge (§ 1925 Abs. 1 BGB); dritte Ordnung: die Großeltern des Erblassers und deren Abkömmlinge (§ 1926 Abs. 1 BGB); vierte Ordnung: Urgroßeltern des Erblassers und deren Abkömmlinge (§ 1928 Abs. 1 BGB).

113 Vgl. NK-BGB/*Kroiß*, § 1924 Rn 1.

114 Seine chinesische Bezeichnung 晚辈直系血亲 bedeutet wörtlich „Blutsverwandte der geraden, absteigenden Linie“. Der *LIANG*-Entwurf hat einmalig (in § 1951 Erbfolge durch Eintritt) für *Abkömmling* die vom ZGB (Zivilgesetzbuch der Republik China, in § 1140) verwendete chinesische Bezeichnung 直系血亲卑亲属 übernommen.

115 Auf Chinesisch: 血统; s. hierzu § 1924 Abs. 3 BGB und dessen chinesische Übersetzung v. *CHEN Weizuo* (Fn 79), S. 551.

116 §§ 1924 Abs. 2, 1925 Abs. 2, 1926 Abs. 2 BGB.

117 Genauer bedeutet dies, dass der mit dem Erblasser am nächsten verwandte Angehörige jedes Stammes während seiner Lebenszeit die weiteren Angehörigen desselben Stamms (z. B. der Sohn seine Kinder) *repräsentiert* und daher von der Erbfolge ausschließt (gemäß § 1924 Abs. 2 BGB); vgl. *Köbler* (Fn 19), S. 356. Ab der vierten Ordnung gilt allerdings generell das sog. Gradualsystem, s. §§ 1928 Abs. 3 BGB (wobei auch insoweit die niedrigere Ordnung Vorrang vor der höheren hat, § 1930 BGB).

118 *Wenn die* Adoptivkinder *der Unterhaltspflicht gegenüber ihren Adoptiveltern nachgekommen sind (*§ 13 Abs. 4 ErbG*), und gleichzeitig ihre leiblichen Eltern* in größerem Umfang *unterhalten haben, sind sie berechtigt,* einen angemessenen Anteil vom Nachlass des Letzteren zugeteilt zu erhalten (§ 14 ErbG; ausdrücklich in Art.

关系的继子女)[119] bzw. leibliche Eltern (生父母)[120], Adoptiveltern (养父母)[121] und Stiefeltern in einer Unterhaltsbeziehung (有扶养关系的继父母)[122].[123] Zu Erben der ersten Ordnung zählt Chinas Erbgesetz (§ 12)[124] noch die verwitweten Schwiegerkinder, die ihre Schwiegereltern überwiegend unterhalten haben (对公婆或岳父母尽了主要赡养义务的丧偶儿媳或女婿[125]).[126] Unter den ausführlich geregelten Begriff der Geschwister (兄弟姐妹) in der zweiten Ordnung

---

19 ErbG-Ansichten, *YANG*-Entwurf: § 61 Abs. 2), obwohl sie infolge der Adoption nicht mehr ihre Erben sind; *s. hierzu MA Junju/YU Yanman* (Fn 4), S. 920.

119 Beziehung, in der das Stiefkind von den Stiefeltern oder einem Stiefelternteil unterhalten wird; s. hierzu die deutsche Übersetzung des Erbgesetzes v. *Münzel* (Fn 1), Anm. 10. Diese Beziehung läuft auf die sog. „Quasiblutsverwandtschaft" hinaus. Daher können die in einer solchen Beziehung stehenden Stiefkinder, die den Nachlass ihrer Stiefeltern geerbt haben, ungehindert den Nachlass ihrer leiblichen Eltern erben (ausdrücklich in Art. 21 Abs. 1 ErbG-Ansichten und *LIANG*-Entwurf: § 1948 Abs. 2); s. hierzu *MA Junju/YU Yanman* (Fn 4), S. 920.

120 Sind aber ihre leiblichen Kinder von anderen Personen adoptiert worden, verlieren sie dann ihr Erbrecht am Nachlass ihrer leiblichen Kinder; s. hierzu *MA Junju/YU Yanman* (Fn 4), S. 920.

121 Erlischt das Adoptionsverhältnis, können die Adoptiveltern den Nachlass ihrer Adoptivkinder nicht mehr erben; s. hierzu *MA Junju/YU Yanman* (Fn 4), S. 920.

122 Beziehung, in der die Stiefeltern oder der Stiefelternteil das Stiefkind unterhält; s. hierzu die deutsche Übersetzung des Erbgesetzes v. *Münzel* (Fn 1), Anm. 10. Die in einer solchen Beziehung stehenden Stiefeltern können, nachdem sie den Nachlass ihrer Stiefkinder geerbt haben, ungehindert den Nachlass ihrer leiblichen Kinder erben (ausdrücklich in Art. 21 Abs. 2 ErbG-Ansichten und *LIANG*-Entwurf: § 1949 Abs. 2).

123 Ebenso in *YANG*-Entwurf: § 59 Abs. 1, 2; *LIANG*-Entwurf: § 1948 Abs. 1; § 1949 Abs. 1. Wenn andere Personen als Adoptivgroßkinder (养孙子女) adoptiert sind und ihr Verhältnis zu ihren Adoptivgroßeltern (养祖父母) dem der Adoptiveltern zu den Adoptivkindern entspricht, können sie im Verhältnis zueinander auch Erben der ersten Ordnung sein (Art. 22 ErbG-Ansichten; *LIANG*-Entwurf: § 1948 Abs. 3).

124 Ebenso in *YANG*-Entwurf: § 60.

125 Auch wenn sie erneut heiraten (vgl. Art. 29 ErbG-Ansichten; *YANG*-Entwurf: § 60). Außerdem können ihre Kinder auch ungehindert an *ihrer* Stelle in die Erbfolge eintreten (vgl. Art. 29 ErbG-Ansichten). Aus Art. 29 ErbG-Ansichten lässt sich jedoch nicht eindeutig schlussfolgern, ob die Kinder von der früheren Ehe (mit dem verstorbenen Ehegatten) oder von der später geschlossenen Ehe stammen. Vermutlich beziehen sich die Kinder hier auf diejenigen aus der letzteren Ehe, da Kindern aus der vorherigen Ehe in der Regel bereits ein Recht zum Eintritt an der Stelle ihres verstorbenen Elternteils zusteht.

126 Kritische Ansichten zu dem Rechtsinstitut u. a. bei *GUO Mingrui/FANG Shaokun/GUAN Tao* (Fn 27), S. 74-76; *MA Junju/YU Yanman* (Fn 4), S. 921 Fn 4.

fallen (nach § 10 Abs. 5 ErbG) außer Geschwistern mit gemeinsamen Eltern (同父母的兄弟姐妹) noch Geschwister mit einem gemeinsamen Elternteil (同父异母或者同母异父的兄弟姐妹), Adoptivgeschwister[127] (养兄弟姐妹) und die Stiefgeschwister im Unterhaltsverhältnis[128] (有扶养关系的继兄弟姐妹).

Im deutschen Recht sind unter dem Begriff der Verwandtschaft die Blutsverwandtschaft in gerader Linie und in der Seitenlinie (§ 1589 BGB), und auch Verwandtschaft durch Adoption zu verstehen[129]. Die Verwandten des Ehegatten des Erblassers, mit anderen Worten die verschwägerten Personen, zählen nicht zu den gesetzlichen Erben. Die Erbrechte der unterhaltsleistenden verwitweten Schwiegerkinder und der im Unterhaltsverhältnis stehenden Stiefverwandten sind dem deutschen Recht unbekannt. Trotzdem erbt nach deutschem Recht dank seines breiteren Erbenkreises auch ein so entfernter Verwandter (oder der Ehegatte oder Lebenspartner) aber nicht der Staat, solange irgendein Erbe noch vorhanden ist (§ 1936 BGB). Im Gegensatz dazu ist der Kreis der gesetzlichen Erben gemäß Chinas Erbgesetz viel begrenzter und die Erbschaften fallen auch eher und öfter an den Staat.

---

127 Das sog. geschwisterliche Verhältnis zwischen Adoptivkindern und leiblichen Kindern, zwischen Adoptivkindern und Adoptivkindern. Das Erbverhältnis zwischen den adoptierten Personen und ihren leiblichen Geschwistern erlischt durch die Begründung des Adoptionsverhältnisses (Art. 23 ErbG-Ansichten).

128 Das *Unterhaltsverhältnis* bezieht sich hier auf dasjenige, das auf dem von einem Stiefgeschwisterteil an einen anderen geleisteten Unterhalt beruht. Ohne das Unterhaltsverhältnis kann kein wechselseitiges Erbrecht unter ihnen begründet sein (Art. 24 Abs. 1 Hs. 2 ErbG-Ansichten). In Anlehnung an § 29 des Ehegesetzes der VR China (in Kraft seit 01.01.1981, chinesische Version abrufbar unter: http://www.gov.cn/banshi/2005-05/25/content_847.htm, deutsche Übersetzung v. *Münzel* abrufbar unter http://lehrstuhl.jura.uni-goettingen.de/chinarecht/800910.htm) sind die unterhaltsfähigen Geschwister verpflichtet, die minderjährigen (jüngeren) Geschwister, deren Eltern verstorben oder unterhaltsunfähig sind, zu unterhalten; s. dazu *MA Junju/YU Yanman* (Fn 4), S. 920. Die Deutung v. *Münzel* in Anm. 11 zur deutschen Übersetzung des Erbgesetzes (o. Fn 1), dass es sich bei dem Unterhaltsverhältnis um ein solches handelt, d. h. wenn Stiefschwester oder -bruder von einem Stiefelternteil, der gleichzeitig der [leibliche] Elternteil des anderen [Stief-] Geschwisterteils ist, unterhalten wird, ist nicht zutreffend. Hinzu kommt, dass der Stiefgeschwisterteil, der den Nachlass des anderen (im Unterhaltsverhältnis zu ihm stehenden) Stiefgeschwisterteils geerbt hat, noch ungehindert die Erbschaft seines leiblichen Geschwisterteils erben kann (Art. 24 Abs. 2 ErbG-Ansichten; *LIANG*-Entwurf: § 1950 Abs. 2).

129 Vgl. NK-BGB/*Kroiß*, § 1924 Rn 1.

2. Erbfolge nach Stämmen

In der chinesischen Erbrechtsterminologie wird die Erbfolge nach Stämmen als 代位继承[130], der eintretende Erbe als 代位继承人 und die Person, an deren Stelle der Eintritt erfolgt, als 被代位人 bezeichnet. In Anlehnung an ihre Legaldefinition in § 11 ErbG liegt eine solche Erbfolge vor, wenn anstelle von vorverstorbenen Kindern[131] (des Erblassers) deren unmittelbare Blutsverwandten der nächsten Generation(en) in gerader Linie (Abkömmlinge), anders gesagt, die Enkelkinder des Erblassers, erben.[132] Beim Vorversterben sonstiger Verwandter findet in China dagegen kein Eintritt von Abkömmlingen statt. Laut ErbG-Ansichten (Art. 25 S. 1, 26) umfassen die eintrittsberechtigten Personen Enkelkinder väter- und mütterlicherseits[133], Urenkelkinder väter- und mütterlicherseits[134], Adoptivkinder des Erblassers[135], leibliche Kinder der vom Erblasser unterhaltenen Stiefkinder[136], Adoptivkinder sowohl der leiblichen als auch der Adoptivkinder des Erblassers und Adoptivkinder der vom Erblasser unterhaltenen Stiefkinder[137].[138]

---

130 w.: Erbfolge durch Eintritt. Synonymische chinesische Bezeichnungen umfassen noch 代袭继承 (Erbfolge durch Eintritt)/承祖继承 (Erbfolge zur Fortsetzung der Voreltemschaft/Erbfolge nach Stämmen).

131 Also zu den Kindern gehören leibliche, Adoptiv- und die vom Erblasser unterhaltenen Stiefkinder; s. *MA Junju/YU Yanman* (Fn 4), S. 924.

132 Obwohl die beiden Vorschlagsentwürfe den Kreis der gesetzlichen Erben auf Blutsverwandte der geraden oder Seitenlinie des Erblassers bis zum vierten Grad erweitert haben, beschränken sie (§ 17 Abs. 1 *YANG*-Entwurf; § 1951 Abs. 1 *LIANG*-Entwurf), genauso wie das Erbgesetz, die Eintrittsberechtigten weiterhin auf die Abkömmlinge der Kinder des Erblassers.

133 Auf Chinesisch: 孙子女/外孙子女.

134 Auf Chinesisch: 曾孙子女/曾外孙子女.

135 Sehr fragwürdig ist, an wessen Stelle sie eintreten.

136 Auf Chinesisch: (与被继承人)已形成扶养关系的继子女的生子女.

137 Auf Chinesisch: 与被继承人已形成扶养关系的继子女的养子女.

138 Laut Art. 25 S. 2 ErbG-Ansichten (ebenso laut § 17 Abs. 3 S. 1 *YANG*-Entwurf; § 1951 Abs. 3 S. 1 *LIANG*-Entwurf) ist die durch Eintritt begründete Erbfolge nicht auf eine oder mehrere Generationen beschränkt (不受辈数的限制). Ferner sehen die beiden Entwürfe (§ 17 Abs. 3 S. 2 *YANG*-Entwurf; § 1951 Abs. 3 S. 2 *LIANG*-Entwurf) jedoch den Verwandtschaftsgrad (wörtliche Bezeichnung auf Chinesisch 亲等) als maßgebend für die Rangfolge beim Eintreten an. Nach *MA Junju/YU Yanman* (Fn 4), S. 924 besteht eine der Voraussetzungen für die Eintrittsberechtigung darin, dass der vorverstorbene Erbe sein Erbrecht (dem Erblasser gegenüber) nicht verwirkt, oder der eintretende Erbe sein Erbrecht ihm gegenüber nicht verwirkt hat.

In Deutschland kommt das Eintrittsrecht zur Geltung, wenn der betreffende, innerhalb der jeweiligen Stämme als Repräsentant dienende Erbe, vorstirbt. In einem solchen Fall sieht das Eintrittsprinzip im umgekehrten Verhältnis zum Repräsentationsprinzip vor, dass die Abkömmlinge[139] des Erben[140], der nun von Todes wegen für die Erbfolge ausfällt, an dessen Stelle treten und somit in die gesetzliche Erbfolge eintreten.[141]

Der in der Volksrepublik selbst schon eingeschränkte Erbenkreis (§ 10 ErbG) und dazu noch die Beschränkung der Eintrittsberechtigten (Erben) auf die Abkömmlinge der Kinder des Erblassers (§ 11 ErbG) haben häufig zur Folge, dass der gesamte Kreis der gesetzlichen Erben schneller als in Deutschland erschöpft ist. Daher kommt es im Festland beispielsweise vor, dass schon Nichten[142] und Neffen[143], Cousins[144] und Cousinen[145] nicht (als gesetzliche Erben) erben können, und der Staat folglich auch früher die Nachlässe überhimmt.[146]

---

139 i. e. die entfernteren Verwandten des Erblassers.

140 i. e. der mit dem Erblasser Nächstverwandte, ohne dass er ein Kind des Erblassers sein muss.

141 S. §§ 1924 Abs. 3, 1925 Abs. 3, 1926 Abs. 3 BGB; vgl. hierzu die Definition des Eintrittsrechts bei *Köbler* (Fn 19), S. 117. Im deutschen Erbrecht gilt ab der vierten Ordnung das Gradualsystem, d. h. das Erbrecht bestimmt sich nicht mehr nach Linien und Stämmen. Damit soll eine zunehmende Zersplitterung des Erbes vermieden werden; s. dazu §§ 1928 Abs. 3 BGB (Sind zur Zeit des Erbfalls die Urgroßeltern verstorben, so erbt von ihren Abkömmlingen derjenige, welcher mit dem Erblasser dem Grade nach am nächsten verwandt ist); vgl. hierzu NK-BGB/*Kroiß*, § 1924 Rn 1 ff., § 1925 Rn 1-2, § 1926 Rn 1-3, § 1928 Rn 1-3.

142 Auf Chinesisch: 侄女/外甥女.

143 Auf Chinesisch: 侄子/外甥.

144 Auf Chinesisch: 堂兄弟/表兄弟.

145 Auf Chinesisch: 堂姐妹/表姐妹.

146 Der nicht im Erbgesetz aber nur durch Art. 52 ErbG-Ansichten (ebenfalls in § 18 *YANG*-Entwurf; § 1952 *LIANG*-Entwurf) extra angeordnete Erbrechtsübergang (转继承, w.: Weitererbfolge), dass im Fall des Todes des Erben nach Eintritt des Erbfalls aber vor der Erbauseinandersetzung, ohne die Erbschaftsausschlagung erklärt zu haben, dessen Erbrecht auf dessen gesetzliche Erben (= Erben, die den dem vorverstorbenen Erben gebührenden Nachlass übernehmen; auf Chinesisch bezeichnet als 转继承人) übergeht, ist dem deutschen Erbrecht nicht bekannt; für eine ausführliche Unterscheidung zwischen Erbfolge nach Stämmen und Erbrechtsübergang s. *MA Junju*/*YU Yanman* (Fn 4), S. 924-925.

3. Gesetzlicher Erbteil

In China ist unter dem Begriff des gesetzlichen Erbteils (法定应继份) der gesetzlich direkt bestimmte Erbteil, anhand dessen das Erblasservermögen unter den gesetzlichen Erben derselben Ordnung (同一顺序法定继承人) aufzuteilen ist, zu verstehen.[147] In der Rechtswissenschaft ist der gesetzliche Erbteil eigentlich dem Oberbegriff Erbteil untergeordnet. Der Letztere bezieht sich auf den Anteil am Nachlass des Erblassers, den jeder Miterbe berechtigt ist, kraft Gesetzes oder eines Testaments[148] zu erben, und in der Regel auch auf den Anteil an der mit dem Nachlass verbundenen, dem Miterben zugleich obliegenden Pflicht.[149]Also umfasst der Begriff sowohl den gesetzlichen als auch den (im volksrepublikanischen Erbrecht dann testamentarisch) angeordneten Erbteil (意定应继份)[150]. Der in der chinesischen Erbrechtssprache als 应继份[151] bezeichnete Begriff des Erbteils taucht nicht im geltenden Erbgesetz sondern erst in den beiden Vorschlagsentwürfen[152] auf, und zwar i. S. d. gesetzlichen Erbteils. Im Vergleich dazu definiert das deutsche BGB den Erbteil (in § 1922 Abs. 2) prägnanter Weise als Anteil eines Miterben am Nachlass[153], d. h. denjenigen eher i. S. d. oben genannten Oberbegriffs.

Gemäß dem in § 13 Abs. 1 ErbG[154] angeordneten Grundsatz bezüglich des Erbteils müssen die von den (gesetzlichen) Miterben derselben Ordnung geerbten Anteile am Nachlass (遗产份额) in der Regel gleichmäßig (均等) sein.[155] Als Ausnahmen von der prinzipiellen Gleichmäßigkeit sind noch einige Sonderregelungen vorgesehen. Die unter besonderen Schwierigkeiten lebenden (生活有特殊困难) und nicht arbeitsfähigen (缺乏劳动能力)[156] Erben sind laut § 13 Abs. 2 ErbG bei der Nachlassverteilung besonders zu berücksichtigen

147 Vgl. Law Dictionary (Fn 11), S. 125.

148 im Rahmen des Erbrechts der VR China.

149 Vgl. Law Dictionary (Fn 11), S. 125, 814.

150 Vgl. Law Dictionary (Fn 11), S. 125.

151 w.: der einem Erben bei der Erbfolge gebührende Anteil (am Nachlass).

152 In *YANG*-Entwurf: § 63 Festlegung des gesetzlichen *Erbteils* (法定应继份的确定), und des Weiteren §§ 10, 17, 44, 45; in *LIANG*-Entwurf (im Kapitel über die gesetzliche Erfolge): § 1955 Erbteil (应继份), und des Weiteren §§ 1942, 1951, 1954, 1962.

153 S. *Köbler* (Fn 19), S. 124.

154 Ebenso nach § 63 Abs. 1 *YANG*-Entwurf; § 1955 Abs. 1 *LIANG*-Entwurf.

155 S. u. a. §§ 1924 Abs. 4, 1925 Abs. 2, 1926 Abs. 2, 1928 Ab. 2 Hs. 2 BGB für ähnliche Anordnungen.

156 z. B. minderjährige (未成年人) und nicht mehr arbeitsfähige (丧失劳动能力的人), s. dazu *MA Junju*/*YU Yanman* (Fn 4), S. 922.

(予以照顾)[157].[158] Ferner kann § 13 Abs. 3 ErbG zufolge Erben, die dem Erblasser überwiegend *Unterhalt*[159] gewährt (尽了主要扶养义务)[160] oder mit ihm zusammengelebt haben (与被继承人共同生活), ein größere Erbschaftsanteil bei der Nachlassverteilung gewährt werden.[161] In § 13 Abs. 4 ErbG ist letztens

---

157 Genauer gesagt soll ihnen bei der Nachlassverteilung ein größerer Anteil zufallen (ausdrücklich so in § 1956 Abs. 1 *LIANG*-Entwurf).

158 Ebenso in § 63 Abs. 4 *YANG*-Entwurf; § 1956 Abs. 1 *LIANG*-Entwurf.

159 Als Entsprechungen für den deutschen Begriff *Unterhalt* verwendet die chinesische Rechtssprache drei verschiedene Begriffe 扶养(*fúyǎng*), 抚养(*fǔyǎng*), 赡养 (*shànyǎng*). Trotz ihrer unterschiedlichen Bedeutungen werden sie auf Deutsch nur synonymisch als *Unterhalt/Unterhalt leisten/Unterhaltspflicht erfüllen* wiedergegeben:
- 扶养 i. e. S. (w.: am Leben halten) bezieht sich eher auf den Unterhalt, den Personen aus derselben Generation, vor allem Ehegatten, sich gewähren; vgl. §§ 20, 29, 44, 48 Ehegesetz, für die chinesische Version und deutsche Übersetzung v. *Münzel* s. o. (Fn 128);
- 抚养 (w.: schützen, erziehen und unterhalten) steht eher im Zusammenhang mit dem Unterhalt, den Eltern ihren Kindern oder die älteren Geschwister den jüngeren gewähren; vgl. §§ 21, 25, 27, 28, 29, 36 Ehegesetz, für die chinesische Version und deutsche Übersetzung v. *Münzel* s. o. (Fn 128);
- 赡养 (w.: den Lebensbedarf befriedigen oder Unterstützung/Lebensunterhalt leisten) bezieht sich dann eher auf den Unterhalt, den Kinder ihren Eltern gewähren; vgl. §§ 21, 28, 30, 44 Ehegesetz, für die chinesische Version und deutsche Übersetzung v. *Münzel* s. o. (Fn 128);
Derselbe Ausdruck 扶养 i. w. S. ist gleichzeitig Oberbegriff für die drei obigen Unterbegriffe (darunter auch 扶养 i. e. S.) und dient als allgemeiner Ausdruck für *Unterhalt* in der deutschen Rechtssprache. Da in dem Zusammenhang die Erben in allen drei obigen Arten von Unterhaltsbeziehungen zum Erblasser stehen können, ist hier Unterhalt eher als Oberbegriff, d. h. als Entsprechung von 扶养 i. w. S., gemeint; vgl. hierzu Law Dictionary (Fn 11), S. 192; deutsche Übersetzung des Erbgesetzes v. *Münzel* (Fn 1), Anm. 7, 14.

160 w.:… die dem Erblasser gegenüber hauptsächliche Unterhaltspflicht erfüllt… Art. 30 ErbG-Ansichten zufolge gilt die Zurverfügungstellung der hauptsächlichen Unterhaltsquelle oder das Angebot der hauptsächlichen Unterstützung mit Arbeitsleistung an den Erblasser als Erfüllung der hauptsächlichen *Unterhalt*spflichten (尽了主要赡养义务或扶养义务), s. auch *YANG*-Entwurf: § 63 Abs. 2 S. 2.

161 Ähnlich in *YANG*-Entwurf (§ 63 Abs. 2 S. 1) und *LIANG*-Entwurf (§ 1956 Abs. 2), wobei der *YANG*-Entwurf in § 63 Abs. 2 S. 1 als die alternative Voraussetzung für eine höhere Nachlassverteilung zusätzlich noch die Unterhaltsgewährung in größerem Umfang (hinzu zum Zusammenleben mit dem Erblasser) gestellt hat, und der *LIANG*-Entwurf in § 1956 Abs. 2 das Zusammenleben mit dem Erblasser

gegen Erben mit der Fähigkeit und den Möglichkeiten, (den Erblasser) zu unterhalten (有扶养能力和有扶养条件的继承人), die trotzdem ihre Unterhaltspflichten vernachlässigen, eine Sanktionsmaßnahme verordnet: ihnen wird bei der Nachlassverteilung weniger oder nichts zuteil.[162] Die ergänzende Anordnung in ErbG-Ansichten (Art. 33), dass wenn der Erblasser dank seiner eigenen festen Einkünfte und Arbeitsfähigkeit ausdrücklich auf seinen Unterhaltsanspruch gegen einen Erben verzichtet hat, obwohl der in der Lage und bereit ist, seinen Unterhaltspflichten nachzukommen, sein Erbteil unvermindert bleiben soll, haben beide Entwürfe[163] übernommen. Im Fall der Erbfolge nach Stämmen gebührt jedem eintretenden Erben aber nur der Erbteil, der eigentlich der Person, an deren Stelle er eintritt, zugefallen sein sollte.[164] Solche Besonderheiten bei der gesetzlichen Erbfolge kennt das deutsche Recht nicht. Abgesehen von der Beibehaltung zahlreicher auf den gesetzlichen Erbteil bezogener Regelungen aus dem Erbgesetz hat der *LIANG*-Entwurf (in § 1942) noch für den vom Erblasser lebzeitig beschenkten Erben eine Ausgleichungspflicht vorgeschrieben. Damit schließt er sich einem Grundsatz des § 2050 BGB bei der Erbauseinandersetzung an. Gemäß § 1942 Abs. 1 *LIANG*-Entwurf ist das Vermögen, das der Erblasser einem Erben zu Lebzeiten zwecks der Eheschließung (结婚), des Getrenntlebens (分居), Geschäftsbetriebs (营业) oder aus sonstigen Gründen zuwandte, auf den Nachlass anzurechnen (列入遗产范围), solange der Erblasser zu Lebzeiten keinen Willen dagegen erklärt hat (vgl. § 2050 Abs. 1 BGB). Der Erbteil des beschenkten Erben vermindert sich bei der Erbauseinandersetzung um den Wert der Zuwendung (§ 1942 Abs. 2 *LIANG*-Entwurf).

4. Anspruch der Nichterben auf Nachlasszuteilung

Durch § 14 ErbG wird schließlich auch den Nichterben (继承人以外的人[165]), die bei fehlender Arbeitsfähigkeit (缺乏劳动能力) über keine Lebensunterhaltsquelle verfügen (没有生活来源) und auf den Unterhalt des Erblassers angewiesen waren (依靠被继承人扶养) (Alt. 1), sowie denjenigen, die den Erblasser in größerem Umfang unterhalten haben (对被继承人扶养较多) (Alt. 2), der Erwerb angemessenes Nachlasses (适当的遗产) ermöglicht. Bei dieser Regelung

schlechthin nicht mehr als eine alternative Voraussetzung für eine höhere Nachlassverteilung belässt.

162 Ähnlich in *YANG*-Entwurf: § 63 Abs. 3 S. 1; *LIANG*-Entwurf: § 1956 Abs. 3 S. 1.

163 *YANG*-Entwurf: § 63 Abs. 3 S. 2; *LIANG*-Entwurf: § 1956 Abs. 3 S. 2.

164 Vgl. Law Dictionary (Fn 11), S. 814.

165 w.: Personen, die anders als Erben sind.

handelt es sich um den ausschließlich im chinesischen Erbrecht geltenden Anspruch auf angemessene Zuteilung des Nachlasses (遗产酌分请求权)[166]. Im Fall des im BGB (§ 1969) angeordneten „Dreißigsten" geht es eher um die Privilegierung der Familie des Erblassers, also um den Unterhaltsanspruch[167], der dessen Familienangehörigen gegenüber dessen Erben zusteht. Im Gegensatz dazu hat der Anspruch auf angemessene Nachlasszuteilung die Erbschaft als sein Rechtsobjekt. Anders als das Erbrecht und das Recht zum Empfang von Vermächtnissen stellt dieser Anspruch eher eine besondere Art von Recht mit typischer chinesischer Prägung dar.[168] In China gehören die Blutsverwandten des Erblassers, wie z. B. dessen Nichten/Neffen, Onkel/Tanten mütterlicher- und väterlicherseits, aufgrund des stark eingeschränkten Kreises der gesetzlichen Erben auch den Nichterben[169] an. Indem solche Personen häufig als die zur angemessenen Nachlasszuteilung Berechtigten (遗产酌分请求权人)[170] in Frage kommen,[171] wird diese Einschränkung wiederum abgemildert. In den beiden Entwürfen[172] wird diese Regelung auch beibehalten, wobei der *YANG*-Entwurf (§ 61 Abs. 2)[173] noch Adoptivkindern, die ihre leiblichen Eltern in erheblichem Maß unterhalten haben, denselben Anspruch bezüglich deren Nachlasses zuerkennt. Ferner sieht dieser Entwurf (in § 61 Abs. 3) ausführlich vor, dass das dem Anspruchsberechtigten (bereits) vermachte oder vom Erblasser zu Lebzeiten geschenkte Vermögen auf den ihm angemessen zuzuteilenden Anteil am Nachlass anzurechnen ist.

Der Anspruch auf angemessene Nachlasszuteilung teilt sich in zwei Arten auf, i. e. den bedarfs- und leistungsabhängigen. Beim bedarfsabhängigen Anspruch

---

166 Auch Überschrift von § 61 *YANG*-Entwurf. Bei *MA Junju/YU Yanman* (Fn 4), S. 926, wird er als 酌情分得遗产权 bezeichnet. Dieses Rechtsinstitut ist u. a. auch dem deutschen Recht unbekannt.

167 Auf Chinesisch: 扶养请求权.

168 *MA Junju/YU Yanman* (Fn 4), S. 926.

169 Leben noch gesetzliche Erben der ersten Ordnung (Ehegatte, Kinder, Eltern), gelten diejenigen der zweiten Ordnung (Großeltern und Geschwister) ebenfalls als Nichterben.

170 S. *YANG*-Entwurf: § 61 Abs. 3, 4 für den Ausdruck. Bei *MA Junju/YU Yanman* (Fn 4), S. 926, wird der Anspruchsberechtigte als 酌情分得遗产权人 (Anspruchsberechtigter zur angemessenen Nachlasszuteilung) bezeichnet.

171 Die nicht mit dem Erblasser Verwandten, solange sie die notwendigen Voraussetzungen erfüllen, können ebenfalls zur angemessenen Zuteilung des Nachlasses berechtigt sein; s. *MA Junju/YU Yanman* (Fn 4), S. 926.

172 *YANG*-Entwurf: § 61; *LIANG*-Entwurf: § 1957.

173 Wie Art. 19 ErbG-Ansichten.

ist der vom Erblasser zu Lebzeiten (an den Anspruchsberechtigten wegen dessen eigener Arbeitsunfähigkeit und Mittellosigkeit) gewährte (Alt. 1) und im Fall des leistungsabhängigen dann der vom Anspruchsberechtigten (an den Erblasser) geleistete Unterhalt (Alt. 2) ausschlaggebend.[174] Mit anderen Worten hängt die Höhe des dem Anspruchsberechtigten zustehenden Anteils am Nachlass von dem Ausmaß seines Unterhaltsverhältnisses mit dem Erblasser ab.[175] Die Position des Anspruchs gegenüber sonstigen mit dem Erbgang verbundenen Ansprüchen ist in China nicht gesetzlich festgelegt. Laut Literatur hat er Priorität vor dem Erbrecht (继承权) und dem Recht zum Empfang von Vermächtnissen (受遗赠权); die schuldrechtlichen Ansprüche der Nachlassgläubiger (遗产债权) und die von den Entwürfen vorgeschlagenen Pflichtteilsansprüche haben wiederum Vorrang vor ihm.[176] Der zur angemessenen Nachlasszuteilung Berechtigte muss die Annahme oder Ausschlagung des Anspruchs nach seiner Kenntniserlangung vom Eintritt des Erbfalls und spätestens vor der Nachlassregelung erklären.[177] Die Verletzung seines Anspruchs ist laut *YANG*-Entwurf (§ 61 Abs. 4) binnen zwei Jahren seit dem Tag, an dem der Anspruchsberechtigte den Eintritt des Erbfalls kennt oder kennen muss, einklagbar.

IV. Testamentarische Erbfolge

1. Testamentarische Erbfolge in beiden Rechtskontexten

Verfügungen von Todes wegen sind einseitige, nicht empfangsbedürftige Rechtsgeschäfte, durch welche der Erblasser Anordnungen über sein Vermögen für die Zeit nach seinem Tod trifft.[178] Durch die Erbeinsetzung in einer Verfügung von

174 Die Dauer des vom Erblasser zu Lebzeiten gewährten Unterhalts ist unerheblich. Entscheidend ist eher, dass die Unterhaltsgewährung vor dem Tod des Erblassers ununterbrochen erfolgt ist. Hat der Erblasser die betreffende Person adoptiert, ist sie dann als Adoptivkind zum Erben in der ersten Ordnung geworden. Ihr steht daher auch kein Anspruch mehr zur angemessenen Nachlasszuteilung zu; vgl. *MA Junju/YU Yanman* (Fn 4), S. 926-927.

175 Laut ErbG-Ansichten (Art. 31) kann der Anteil den Umständen entsprechend über oder unter dem Erbteil liegen.

176 Für ausführliche Begründungen der Position des Anspruchs gegenüber sonstigen Ansprüchen, vor allem die Berücksichtigung der Bedürftigkeit des Anspruchsberechtigten, s. *MA Junju/YU Yanman* (Fn 4), S. 927.

177 Eine verspätet abgegebene Erklärung gilt dann als Ausschlagung des Anspruchs; vgl. hierzu *LIU Chunmao*, Chinesisches Zivilrecht – Erben des Vermögens, Beijing, 1990.

178 Die Bezeichnung „Verfügungen von Todes wegen“ gilt eigentlich als Oberbegriff für die unterschiedlich ausgestalteten, letztwilligen Rechtsgeschäfte; s. *Olzen* (o. Fn

Todes wegen wird eine gewillkürte Erbfolge festgelegt. Die so festgelegte Erbfolge entspricht der freien Entscheidung des Erblassers und demnach dessen Willkür. Sie wird vom Gesetzgeber vorrangig behandelt und setzt die gesetzliche Erbfolge außer Kraft. Insoweit stimmen das deutsche und das chinesische Erbrecht überein. In Deutschland erfolgt die gewillkürte Erbfolge jedoch im Rahmen eines Testaments oder Erbvertrags. Die gewillkürte Erbfolge verkörpert daher den Oberbegriff der testamentarischen und erbvertraglichen Erbfolge, und die Verfügung von Todes wegen (vgl. §§ 1937 ff. BGB) dann den Oberbegriff für das Testament (s. §§ 2064 ff. BGB) und den Erbvertrag (s. §§ 2274 ff. BGB). In China, da der Erbvertrag (继承合同) als eine Art der Verfügung von Todes wegen (死因处分) nicht gesetzlich vorgesehen ist[179], wird im Gegensatz zum deutschen Erbrecht die gewillkürte Erbfolge (意定继承)[180] der testamentarischen Erbfolge (遗嘱继承) gleichgestellt. Die letztere Erbfolge wird deshalb als das alleinige „Gegenstück" zur gesetzlichen Erbfolge wahrgenommen[181]. Die Verfügung von Todes wegen umfasst insofern auch nur das Testament und kommt im Rahmen des volksrepublikanischen Erbrechts allein der letztwilligen Verfügung (终意处分)[182] gleich. In beiden Ländern beinhaltet die testamentarische Verfügung (遗嘱处分)[183] des Weiteren sowohl testamentarische Erbeneinsetzung als auch Vermächtnis,[184] wobei dessen Unterscheidung noch im Folgenden ausgeführt wird. Nicht zuletzt ist wie folgt erkennbar, dass die wesentlich gründlichere Neuregelung der testamentarischen Erbfolge wiederum einen Schwerpunkt der beiden Vorschlagsentwürfe bei deren Reformbemühung darstellt.

2. Grundbegriffe und Grundsätze

Einem Testament (遗嘱) verleiht der *LIANG*-Entwurf (in § 1958) die Legaldefinition als das von einer natürlichen Person vorgenommene, einseitige Rechtsgeschäft (单方法律行为) zur Verfügung über ihr Vermögen und zur Regelung der diesbezüglichen Angelegenheiten, das mit ihrem Tod wirksam wird. Der

---

35), S. 75; Staudinger/*Otte*, Vorbem. zu §§ 1937-1941 Rn 2; MünchKomm/*Leipold*, § 1937, Rn 4; *Schreiber*, Verfügungen von Todes wegen, Jura 1996, S. 360 u. 409.

179 In den beiden Entwürfen auch nicht.

180 Auch als 指定继承, d. h. (vom Erblasser) angeordnete Erbfolge, bezeichnet; s. *MA Junju*/*YU Yanman* (Fn 4), S. 929.

181 Law Dictionary (Fn 11), S. 803; *MA Junju*/*YU Yanman* (Fn 4), S. 929.

182 S. hierzu § 1937 BGB und dessen chinesische Übersetzung v. *CHEN Weizuo* (Fn 79), S. 555.

183 Überschrift von § 20 *YANG*-Entwurf.

184 S. §§ 1939, 2064 ff., 2147 ff. BGB; § 16 Abs. 2, 3 ErgG; § 20 Abs. 1 *YANG*-Entwurf.

Testator, d. h. der ein Testament errichtende Erblasser, lautet 遗嘱人 und der von ihm eingesetzte testamentarische Erbe 遗嘱继承人 auf Chinesisch. Ein Testator muss die von beiden Entwürfen[185] ausdrücklich als 遗嘱能力 bezeichnete Testierfähigkeit, nämlich die volle Zivilgeschäftsfähigkeit (完全民事行为能力)[186] beim Testieren (立遗嘱时) besitzen.[187] Ein Geschäftsunfähiger (无行为能力人) oder (10- bis 18-jähriger) beschränkt Geschäftsfähiger (限制行为能力人)[188] ist testierunfähig (s. § 22 ErbG)[189]. Im Gegensatz dazu besitzen dem BGB (§ 2229 Abs. 1, 2) zufolge die 16-jährigen oder älteren Minderjährigen schon die Testierfähigkeit und dürfen Testamente ohne Zustimmung ihrer gesetzlichen Vertreter erreichten. In Anlehnung an Art. 41 S. 2 ErbG-Ansichten und ebenso die beiden Entwürfe[190] wird die Wirksamkeit des von dem beim Testieren noch geschäftsfähigen Testator errichteten Testaments nicht dadurch berührt, dass er nachher die volle Zivilgeschäftsfähigkeit verliert. Diesen eigentlich auf Geschäftsfähigkeit bezogenen Grundsatz ordnet das BGB nicht mehr extra für den Testator an, sondern regelt ihn bereits im Allgemeinen Teil (§ 130 Abs. 2).

Laut § 21 S. 1 ErbG kann das Testament mit einer Auflage (义务[191]) verbunden werden. In dem Fall muss der eingesetzte Erbe die Auflage vollziehen. § 36 S. 1 *YANG*-Entwurf bestimmt darüber hinaus, dass der mit einer Auflage (负担[192]) beschwerte Erbe zu deren Vollziehung nur insoweit verpflichtet, als er bedacht ist (以其所受利益为限). Kommt der Erbe seiner Auflage ohne triftige Gründe nicht nach, so kann das Gericht in Einklang mit § 21 S. 2 ErbG auf Antrag der Betroffenen sein Erbrecht aufheben (vgl. § 36 S. 2 *YANG*-Entwurf). Der *LIANG*-Entwurf spricht (in § 1976 Abs. 1) anstatt dessen von dem Testament, das mit einer Bedingung verbunden ist (附条件). Ohne die Rechtsfolge der Nichterfüllung der Bedingung bestimmt zu haben, verbietet der Entwurf ferner (in § 1976 Abs. 2) nur deren Verstoß gegen gesetzliche Verbotsvorschriften (法律的禁止性规定) oder gegen die öffentliche Ordnung (公共秩序) und guten Sitten (善良风俗). Zudem statuiert der *LIANG*-Entwurf (durch § 1975)[193] noch das Institut

---

185 Überschrift von § 21 *YANG*-Entwurf u. § 1965 *LIANG*-Entwurf.

186 Nach § 11 Abs. 1 AGZ (o. Fn 8) sind nur 18-jährige oder ältere Personen volljährig und daher unbeschränkt zivilgeschäftsfähig.

187 *YANG*-Entwurf: § 21 Abs. 1 S. 1; *LIANG*-Entwurf: § 1965 Abs. 1.

188 S. §§ 11, 12 AGZ (o. Fn 8).

189 Ebenfalls in *YANG*-Entwurf: § 21 Abs. 1 S. 2.

190 *YANG*-Entwurf: § 21 Abs. 2; *LIANG*-Entwurf: § 1965 Abs. 2 S. 2.

191 w.: Pflicht.

192 w.: Belastung.

193 S. *YANG*-Entwurf: § 20 Abs. 2.

der sog. testamentarischen Treuhand (遗嘱信托), das bis jetzt dem volksrepublikanischen Erbrecht völlig fremd ist, und verweist für dessen Anordnung auf die einschlägigen Bestimmungen des Treuhandgesetzes (信托法).

Den im Erbgesetz[194] nur kurz erwähnten Begriff, Testamentsvollstrecker (遗嘱执行人), normiert der *LIANG*-Entwurf ausführlich und systematisch mit einem ganzen Titel[195], indem er sich abermals an das deutsche BGB anlehnt. Damit stellt er eine bessere Regelung der entscheidenden Phase bei der testamentarisch festgelegten Erbauseinandersetzung. So muss der Testamentsvollstrecker nach § 1988 des Entwurfs voll geschäftsfähig sein[196]. Der Erblasser kann durch Testament den Testamentsvollstrecker ernennen oder die Ernennung einem Dritten überlassen (§ 1989 Abs. 1)[197]. Im Fall, dass kein Vollstrecker ernannt wurde oder der Ernannte der Testamentsvollstreckung (执行遗嘱) nicht gewachsen ist, übernimmt der gesetzliche Erbe des Erblassers das Amt (§ 1989 Abs. 2).[198] Ist ferner kein gesetzlicher Erbe vorhanden, dann übernimmt der städtische Wohnbevölkerungsausschuss (居民委员会) bzw. der Dorfbevölkerungsausschuss (村民委员会) am Ort des Eintritts des Erbfalls die Funktion des Vollstreckers (§ 1989 Abs. 3). Einem zum Vollstrecker ernannten Nichterben (继承人以外的人) steht es frei, das Amt abzulehnen (§ 1990 Hs. 1). Seine Ablehnung hat er aber den Erben, Vermächtnisnehmern oder anderen materiell Interessierten, sozusagen den Beteiligten, unverzüglich zu erklären (§ 1990 Hs. 2).[199] Für den Fall, dass es mehr als zwei Vollstrecker gibt, bestimmt § 1991 Abs. 1 *LIANG*-Entwurf für sie die gemeinsame Vollstreckung (共同执行), solange keine abweichende Anordnung des Erblassers vorliegt[200]. Sind nur mehrere gesetzliche Erben aber kein ernannter Vollstrecker vorhanden, so werden sie Mitvollstrecker (共同遗嘱执行人) und können sich gemeinschaftlich von einem oder mehreren Miterben bei der Testamentsvollstreckung vertreten lassen (§ 1991 Abs. 2).

---

194 S. §§ 16 Abs. 1, 23 S. 1 ErbG.

195 Titel 6 (Testamentsvollstreckung) von Kapitel 77 (Testamentarische Erbfolge).

196 Vgl. § 2201 BGB; *YANG*-Entwurf: § 54 Abs. 4.

197 Vgl. § 2198 Abs. 1 BGB; *YANG*-Entwurf: § 54 Abs. 1.

198 Nach § 54 Abs. 3 *YANG*-Entwurf wählen die Erben durch Verhandlungen einen Testamentsvollstrecker, wenn der Erblasser weder einen Testamentsvollstrecker ernannt noch einen Dritten zu dessen Ernennung beauftragt hat. Falls sich die Erben über die Auswahl des Testamentsvollstreckers nicht einigen, so üben alle voll geschäftsfähigen Erben das Amt gemeinschaftlich aus.

199 § 2202 Abs. 2 S. 1 BGB zufolge erfolgt die Erklärung der Annahme oder Ablehnung gegenüber dem Nachlassgericht.

200 Vgl. § 2224 Abs. 1 S. 1 Hs. 1 BGB.

Bei einer Meinungsverschiedenheit über die Vollstreckung können die Vollstrecker gemäß § 1991 Abs. 3 das Volksgericht um ein Urteil anrufen (请求人民法院裁定).[201] Die Aufgaben des Vollstreckers normiert der *LIANG*-Entwurf ausführlich in § 1992[202].[203] Als Haftungsgrundsatz bezüglich seiner Amtsführung muss der Vollstrecker entsprechend § 1993 Abs. 1 seine Pflichten gemäß den gesetzlichen Vorschriften (法律的要求) und dem Willen des Testators (遗嘱人的意愿) treu und gewissenhaft (忠实) erfüllen.[204] Außerdem ist er verpflichtet, gegenüber den Erben und Vermächtnisnehmern für den von ihm vorsätzlich (故意) oder grobfahrlässig (重大过失) herbeigeführten Schaden zu haften, und bei einer entgeltlichen Vollstreckung auch noch die Fahrlässigkeit (过失) zu vertreten (§ 1993 Abs. 2).[205] Im Falle seiner Unfähigkeit, die entsprechenden Pflichten ordnungsgemäß zu erfüllen (适当地履行), können die Beteiligten seine Entlassung als Vollstrecker beim Gericht beantragen (§ 1994).[206] Andererseits gebührt dem Vollstrecker nach § 1995 ein Anspruch auf Vergütung (报酬) für die Amtsführung, sofern der Testator das angeordnet hat. In Ermanglung einer Festlegung durch den Testator ist der Testamentsvollstrecker zur Vergütung nur anspruchsberechtigt, wenn die Erben oder Vermächtnisnehmer sie freiwillig an

---

201 Vgl. § 2224 Abs. 1 S. 1 Hs. 2 BGB.

202 § 1992 *LIANG*-Entwurf zufolge umfassen die Aufgaben des Vollstreckers die Überprüfung der Rechtmäßigkeit und Authentizität des Testaments (查明遗嘱是否合法真实), Ordnen und Inventarisieren (清理) sowie Verwaltung (管理) des Nachlasses, prozessuale Vertretung (诉讼代理), Versammlung (召集) aller testamentarischen Erben (遗嘱继承人) und Vermächtnisnehmer (受遗赠人), Bekanntgabe des Testamentsinhalts (公开遗嘱内容), endgültige Übertragung des Nachlasses an die testamentarischen Erben und Vermächtnisnehmer gemäß den testamentarischen Anordnungen und schließlich die Beseitigung aller Hemmnisse gegen die Testamentsvollstreckung (排除各种执行遗嘱的妨碍).

203 Die §§ 2205-2207 BGB regeln den Umfang der Verwaltungs- und Verpflichtungsbefugnisse, die bei der regulären Testamentsvollstreckung bestehen. § 2208 BGB befasst sich noch mit der Beschränkung der Befugnisse des Vollstreckers durch den Erblasser; vgl. hierzu NK-BGB/*Kroiß*, Vorbem. zu §§ 2197 ff. Rn 1.

204 Ähnlich gemäß § 55 Abs. 1 *YANG*-Entwurf; vgl. hierzu § 2203 BGB.

205 Vgl. dazu § 2219 BGB. Demnach haftet der Testamentsvollstrecker für Vorsatz und Fahrlässigkeit, ungeachtet dessen, ob die Vollstreckung entgeltlich ist oder nicht. Der Maßstab des Verschuldens, das nach dem Wortlaut der Vorschrift sozusagen dem Vollstrecker zur Last fallen sollte, richtet sich nach § 276 Abs. 1 und 2; vgl. hierzu NK-BGB/*Kroiß*, § 2219 Rn 1-4.

206 Vgl. dazu § 2227 BGB, gemäß welchem grobe Pflichtverletzung auch ein Grund für die Entlassung ist.

ihn leisten (自愿支付).[207] Zu den Rechten des Testamentsvollstreckers gehört außerdem noch der Anspruch gegen die Erben auf Ersatz des Schadens, den er während der Amtsführung aus den nicht von ihm zu vertretenden Gründen (因不可归责于自己的事由) erleidet (§ 1996).

3. Anderweitig testamentarisch eingesetzte Erben

Chinas geltendes Erbgesetz kennt nur noch die vorbehaltlos testamentarisch eingesetzten Erben. Andere Arten testamentarisch eingesetzter Erben, beispielsweise Ersatz- und Nacherben, deren Berufung erst bedingt erfolgt, sind bisher ausschließlich in der Literatur als ausländische, insbesondere deutsche Rechtsinstitute wahrgenommen[208]. Der *YANG*-Entwurf nimmt diese Institute nunmehr in sein vorgeschlagenes Regelwerk auf. Seine diesbezüglichen Vorschriften (§§ 38-43) erinnern, wie im Folgenden dargelegt, wiederum inhaltlich stark an die einschlägigen Bestimmungen des deutschen Erbrechts (§§ 2096 ff., 2100 ff. BGB).

3.1. Ersatzerbe

Ein Ersatzerbe (替补继承人[209]) wird nach § 38 Abs. 1 *YANG*-Entwurf vom Testator im Testament für einen Erben zur Übernahme (承受) dessen Nachlassanteils eingesetzt, falls der Letztere vor dem Testator stirbt, sein Erbrecht verliert oder die Erbschaft ausschlägt. Das deutsche Recht definiert (in § 2096 BGB) den Ersatzerben als den vom Erblasser eingesetzten Erben, der nur in dem Fall selbst zum Erben wird, dass die primär bedachte Person (aus ähnlichen Gründen wie z. B. durch Tod oder Erbunwürdigkeit) vor oder nach dem Eintritt des Erbfalls wegfällt, m. a. W. die Erbschaft nicht antreten kann oder will[210]. Die flüchtig ausgestalte Vorschrift des § 38 Abs. 2 YANG-Entwurf ist inhaltlich wesentlich knapper gefasst als die umfassende Auslegungsregel des § 2098 BGB. Die Norm

---

207 Im Gegensatz zu § 1995 *LIANG*-Entwurf räumt § 2221 BGB dem Testamentsvollstrecker einen Vergütungsanspruch in angemessener Höhe ein, solange der Erblasser nichts anderes angeordnet hat.

208 Vgl. dazu *MA Junju/YU Yanman* (Fn 4), S. 931-932.

209 w.: (den anderen Erben) ersetzender Erbe. Der Begriff lautet auf Chinesisch auch 候补继承人 (nachrückender Erbe) oder 补充继承人 (ergänzender oder komplementärer Erbe), s. dazu *MA Junju/YU Yanman* (Fn 4), S. 931-932.

210 Vgl. hierzu *Köbler* (Fn 19), S. 130; NK-BGB/*Krafka*, § 2096 Rn 1 ff.

führt lediglich aus, dass die Erben wechselseitig als Ersatzerben eingesetzt werden (相互指定为替补继承人) können[211].

3.2. *Nacherbe*

Wenn der Erblasser einen Ersatzerben einsetzt, tritt dieser nur bei Wegfall des ursprünglich Bedachten an dessen Stelle. Der Nacherbe hingegen soll dem Willen des Erblassers entsprechend auf alle Fälle dessen Nachlass übernehmen, jedoch mit zeitlicher Verzögerung.[212] Mit seiner chinesischen Bezeichnung als 后位继承人[213] wird der Nacherbe in Anlehnung an § 39 Abs. 1 S. 1 *YANG*-Entwurf vom Erblasser eingesetzt, um unter bestimmten Bedingungen (条件) oder einer Befristung (期限) die von seinem Vorerben (前位继承人[214]) bereits geerbte Erbschaft zu erhalten (取得). Eine wesentlich ausführlichere Regelung des Nacherben sieht das BGB-Erbrecht (in §§ 2100-2146) vor. Ein Nacherbe wird durch § 2100 BGB als ein in der Weise eingesetzter Erbe definiert, der erst zu einem späteren Zeitpunkt (u. U. beim Tod des Vorerben)[215] Erbe wird, *nachdem* zunächst eine andere Person Erbe (Vorerbe) geworden ist.[216] Beim Eintritt des Nacherbfalls, d. h. eines bestimmten späteren Zeitpunkts oder bestimmten Ereignisses, ist der Vorerbe anhand § 42 Abs. 1 *YANG*-Entwurf sowie §§ 2103, 2130 BGB verpflichtet, dem Nacherben die Erbschaft herauszugeben. Der wirtschaftliche Hintergrund der Regelung liegt darin, dass der Nachlass in der Substanz dem als Nacherben Bedachten letztendlich zufallen soll, während in der Zeit vor Eintritt des Nacherbfalls Nutzungen aus dem Stamm des Nachlasses auch dem Vorerben zugutekommen können[217]. Hat der Testator keine Bedingung für den

---

211 Vgl. hierzu NK-BGB/*Krafka*, § 2098 Rn 1, 2.

212 S. hierzu NK-BGB/*Gierl*, § 2102 Rn 1 ff.

213 w.: nachfolgender Erbe. Der Begriff lautet auf Chinesisch auch 替代继承人 ([den Vorerben] ersetzender Erbe) oder 次位继承人 (Erbe mit einer nachrangigen Stellung); s. dazu *MA Junju*/*YU Yanman* (Fn 4), S. 932.

214 w.: Vorgänger-Erbe.

215 Vgl. hierzu *Köbler* (Fn 19), S. 286.

216 Vgl. hierzu *Köbler* (Fn 19), S. 286.

217 Insoweit ähnelt die Stellung des Vorerben der des Nießbrauchers. Nießbrauchsrechtliche Bestimmungen sind daher im Einzelfall anwendbar. Eine solche Anordnung des Erblassers kann in dessen Sinne folgende Funktionen haben: *Sicherungs- und Erhaltungsfunktion*, dessen Vermögen über die nachfolgende Generation hinweg zu regeln und zu sichern; *Vorsorgefunktion*, den Vorerben durch Nutzungen des Nachlasses zu Lebzeiten finanziell abzusichern; *Gestaltungsfunktion*, dessen eigenen Willen und eigene Interessen nach dessen Tod durch die Ausgestaltung des

Erhalt der Erbschaft durch den Nacherben gestellt, so fällt die Erbschaft nach § 39 Abs. 1 S. 2 *YANG*-Entwurf dem Nacherben mit dem Tod des Vorerben an (ebenso gemäß § 2106 Abs. 1 BGB).

Der Nacherbe kann anhand § 39 Abs. 2 *YANG*-Entwurf beim Eintritt des Erbfalls noch ungeboren[218] (nach § 2101 Abs. 1 S. 1 BGB noch nicht gezeugt[219]) sein. § 40 Abs. 3 *YANG*-Entwurf zufolge ist ein Nacherbe als Ersatzerbe anzunehmen (推定为替补继承人). Die im Vergleich zum Nacherben schwächere Position des Ersatzerben spiegelt sich in ähnlicher Weise in § 2102 Abs. 1 BGB wider,[220] wonach in der Einsetzung als Nacherbe im Zweifel bereits die Einsetzung als Ersatzerbe enthalten ist. Genauso wie § 2104 Abs. 1 in Verbindung mit § 2105 BGB Abs. 1 regelt § 40 Abs. 2 *YANG*-Entwurf zusammen mit Abs. 1 die Fälle, bei denen zwar der Erblasser einen mehrfachen, zeitlich nacheinander erfolgenden Erbfall gewollt, dabei aber entweder den Nacherben (后位继承人) oder den Vorerben (前位继承人) nicht festgelegt hat. Um die Unwirksamkeit der letztwilligen Verfügung des Erblassers zu vermeiden, wird diese Verfügungslücke durch die mutmaßliche Einsetzung der (anderen) gesetzlichen Erben (法定继承人) des Erblassers von Gesetzes wegen geschlossen[221], indem sie jeweils als Nach- bzw. Vorerben angenommen werden.

Den Vorerben berechtigt der *YANG*-Entwurf (in § 41 Abs. 1 S. 1), die Vermögensgegenstände der Erbschaft zu gebrauchen (使用) und daraus Nutzungen zu ziehen (收益). Der Vorerbe, weil er Erbe ist, rückt unmittelbar in die Rechtsstellung des Erblassers ein und wird *Eigentümer* dessen Nachlasses, jedoch nur

---

Eintritts des Nacherbfalls durchzusetzen; vgl. hierzu Müko/*Grunsky*, § 2100 Rn 3; NK-BGB/*Gierl*, § 2100 Rn 1-3.

218 Auf Chinesisch: 尚未出生.

219 Eine ausführliche Auslegung der praktischen Bedeutung der Bestimmung über den noch nicht gezeugten Nacherben in Deutschland auffindbar bei NK-BGB/*Gierl*, § 2101 Rn 1 ff. Zwischen „ungeboren" und „ungezeugt" liegt ein großer Unterschied. Der ungeborene Nasciturus fällt schließlich nach deutschem Verfassungsrecht schon unter Art. 1 I GG und hat insbesondere im Erb- und Deliktsrecht eine gesetzlich normierte Stellung. Der noch nicht gezeugte Mensch in § 2101 I 1 BGB ist dahingegen nur eine absolute Besonderheit. Dass der *YANG*-Entwurf nur den Nasciturus und nicht wie das BGB auch den noch nicht gezeugten Menschen schützen will, ist nicht ganz klar. Vermutlich steht es in Einklang mit seiner Definition der Erbfähigkeit in § 10 S. 2, 3. S. hierzu oben II 2.

220 Vgl. hierzu Müko/*Grunsky*, § 2102 Rn 1 ff.

221 Als sog. konstruktive Nach- bzw. Vorerbfolge; s. dazu NK-BGB/*Gierl*, § 2104 Rn 1 ff.

auf Zeit.[222] Diese Berechtigung des Vorerben hat das BGB daher nicht extra angeordnet (vgl. trotzdem § 2112 BGB). Die Befreiung des Vorerben (gemäß § 41 Abs. 1 S. 2 *YANG*-Entwurf) von der Haftung für die Abnutzung des Nachlasses (遗产损耗), die durch ordnungsmäßigen Gebrauch (正常使用) herbeigeführt wird, ähnelt aber doch wieder stark der durch § 2132 BGB vorgesehenen Nicht-Haftung des Vorerben für gewöhnliche Abnutzung. Die vom Vorerben vorgenommenen Verfügungen über den Nachlass (对遗产的处分) dürfen § 41 Abs. 2 *YANG*-Entwurf zufolge den Wert der Nacherbschaft (后位继承遗产) nicht beeinträchtigen (损害) oder den Eintritt der Nacherbfolge (后位继承) unmöglich machen (无法实现). Im Fall des aufgrund der Verfügungen entstandenen Schadens ist der Vorerbe noch schadensersatzpflichtig (承担损害赔偿责任). Im Rahmen des § 2113 BGB Abs. 1 wird die umfassende Verfügungsbefugnis des Vorerben über den Nachlass in der Weise eingeschränkt: Seine Verfügungen über Nachlassgegenstände wie Grundstücke, Grundstücksrechte oder Schiffe und Schiffsbauwerke, die nach dem deutschen Recht in der Regel einen erheblichen Wertbestandsteil eines Nachlasses ausmachen, werden mit Eintritt des Nacherbfalls unwirksam, sofern solche Verfügungen das Recht des Nacherben vereiteln oder beeinträchtigen. In Anlehnung an § 41 Abs. 3 *YANG*-Entwurf fallen dem Vorerben die zur Wartung und Instandhaltung (保养维护) der Nachlassgegenstände erforderlichen Kosten zur Last. Auf ähnliche Weise bürdet § 2124 Abs. 1 BGB dem Vorerben gegenüber dem Nacherben die sog. gewöhnlichen Erhaltungskosten auf. Andere Aufwendungen, die der Erhaltung von Nachlassgegenständen dienen, jedoch nicht regelmäßig anfallen und eine langfristig wertsteigernde Wirkung aufweisen[223], kann der Vorerbe (laut § 2124 Abs. 2 S. 1 BGB) aus der Erbschaft bestreiten. Solche Bestimmungen, die die Verteilung von den während der Vorerbschaft angefallenen Kosten zwischen Vor- und Nacherben noch weitgehender behandeln[224], kennt der *YANG*-Entwurf nicht.

Mit seiner Vorschrift des § 42 Abs. 1 verpflichtet der *YANG*-Entwurf den Vorerben, die Erbschaft nach dem Eintritt der Nacherbfolge an den Nacherben zu übergeben (vgl. § 2139 BGB für den Anfall der Erbschaft an den Nacherben als Rechtsfolge des Nacherbfolgeeintritts). Dem Vorerben obliegt gemäß § 42 Abs. 2 *YANG*-Entwurf außerdem die Pflicht, den von ihm aufgrund des Untergangs der Erbschaft (遗产灭失) oder des Verlustes des Erbschaftsbesitzes (遗产占有

222 Mit Eintritt des Nacherbfalls tritt nach dem Willen des Erblassers der Nacherbe an die Stelle des Vorerben; vgl. hierzu NK-BGB/*Gierl*, § 2100 Rn 33 ff., § 2113 Rn 1.

223 Vgl. NK-BGB/*Gierl*, § 2124 Rn 6.

224 Wie z. B. §§ 2124 Abs. 2 S. 2, 2125, 2126 BGB; vgl. hierzu NK-BGB/*Gierl*, § 2124 Rn 1 ff.

丧失) erlangten Anspruch gegen Dritte (对第三人请求权) auf den Nacherben zu übertragen. Die Rechtsfolgen der Veränderungen an der Erbschaft zwischen Erb- und Nacherbfall und die Aufteilung des Nachlasses zwischen Vor- und Nacherben regelt das BGB in § 2111, sozusagen einer Kernnorm des Vor- und Nacherbschaftsrechts[225]. Demzufolge gebührt mit Eintritt des Nacherbfalls dem Nacherben, was der Vorerbe aufgrund der drei Arten von Veränderungen in der Nachlasssubstanz unter dem Prinzip der dinglichen Surrogation an dem Wert der Nachlassgegenstände gesteigert hat, soweit der Erwerb nicht eine Nutzung des Nachlasses darstellt[226]: Erwerb aufgrund eines zur Erbschaft gehörenden Rechtes (Alt. 1), Ersatz für die Zerstörung, Beschädigung oder Entziehung eines Erbschaftsgegenstandes (Alt. 2) oder Erwerb durch Rechtsgeschäft mit Mitteln der Erbschaft (Alt. 3). Letzten Endes schreibt der *YANG*-Entwurf (durch §§ 42 Abs. 3 und 4) für den Vorerben die Haftung für die an den Nacherben übertragene Erbschaft auf Rechtsmangelfreiheit (没有权利瑕疵) und die Pflicht zum Ersatz des von ihm verschuldeten Schadens an der Erbschaft (因过错造成的遗产损害) vor. In Anlehnung an § 2130 Abs. 1 S. 1 BGB obliegt dem Vorerben die Pflicht, dem Nacherben die Erbschaft in dem Zustand herauszugeben, der sich bei einer bis zur Herausgabe fortgesetzten ordnungsmäßigen Verwaltung ergibt. Den Haftungsmaßstab in Ansehung der *ordnungsmäßigen Verwaltung* beschränkt anschließend § 2131 auf diejenige Sorgfalt, welche der Vorerbe üblicherweise in eigenen Angelegenheiten anwendet. Er ist insoweit entsprechend dem subjektiven Haftungsmaßstab i. S. d. § 277 BGB von einer Haftung wegen leichter Fahrlässigkeit befreit und haftet nur bei einem grob fahrlässigen Verstoß gegen die Verwaltungspflichten[227].

Die Nacherbfolge erlischt (消灭) laut § 43 *YANG*-Entwurf infolge des Verlustes oder der Ausschlagung des Erbrechts durch den Nacherben (Alt. 1), des frühzeitigen Todes des Nacherben vor Eintritt der Nacherfolge (Alt. 2), der feststehenden Tatsache, dass die Bedingung für den Nacherbfolgeeintritt nicht eintreten wird (Alt. 3) oder infolge des Nichteintretens der Bedingung für den Nacherbfolgeeintritt (后位继承开始的条件) mit Ablauf von 30 Jahren nach Eintritt des Erbfalls (继承开始后) (Alt. 4). Als eine Rechtsfolge der Ausschlagung der Erbschaft durch den Nacherben fällt die Erbschaft § 2142 Abs. 2 BGB zufolge dem Vorerben an, soweit der Erblasser keine anderweitige Regelung für den Wegfall des Nachlasses getroffen hat, und wenn weiterhin alle gesetzlichen

225 Vgl. NK-BGB/*Gierl*, § 2111 Rn 1.
226 Vgl. NK-BGB/*Gierl*, § 2111 Rn 3 ff.
227 Vgl. NK-BGB/*Gierl*, § 2131 Rn 2 ff.

Erben ihrerseits die Erbschaft ausgeschlagen haben[228]. Genauso wie die vierte alternative Voraussetzung für das Erlöschen der Nacherbfolge i. S. d. § 43 *YANG*-Entwurf begrenzt 2109 Abs. 1 S. 1 BGB dieselbe Frist auf 30 Jahre.

4. Testierfreiheit und ihre Einschränkungen

In der Volksrepublik herrscht grundsätzlich fast uneingeschränkte Testierfreiheit (遗嘱自由), i. e. die Freiheit des Menschen, nach Belieben testamentarische Verfügungen über sein Privatvermögen zu errichten[229]. Sie dient nicht zuletzt dazu, die familiäre Unterhaltsfunktion zur Geltung zu bringen, um die Sozialsicherung und Altersvorsorge zu gewährleisten[230]. Diese erbrechtliche Verfügungsfreiheit des Erblassers spiegelt sich zuerst in § 16 ErbG wieder, gemäß welchem der Erblasser sowohl einen oder mehrere gesetzliche Erben einsetzen (Abs. 2) als auch sein Nachlassvermögen dem Staat (国家), Kollektiven (集体) oder anderen Personen als den gesetzlichen Erben (法定继承人以外的人) vermachen (Abs. 3) kann. In Deutschland beruht die Testierfreiheit als Unterfall der Privatautonomie[231] und Ausformung der umfassenden Verfügungsfreiheit des Eigentümers auf dem Grundgesetz (z. B. Art. 19 Abs. 2)[232]. Außerdem bezieht sich die Testierfreiheit nach deutschem Recht tatsächlich auf jegliche Verfügungen von Todes wegen anstatt nur auf testamentarische Verfügungen,[233] obwohl das chinesische Erbrecht zwischen den beiden Verfügungsbegriffen keinen Unterschied macht. Die Testierfreiheit in Deutschland wird eingeschränkt, u. a. durch das Pflichtteilsrecht oder eine eventuelle Wechselbezüglichkeit eines gemeinschaftlichen Testaments[234]. Der *LIANG*-Entwurf und insbesondere der *YANG*-Entwurf haben versucht, solche Testierfreiheitsbeschränkungen, die dem Erbgesetz bisher unbekannt sind, in sich zu integrieren.

4.1. Unentziehbarer Teil

Auch durch das geltende Erbrecht wird die Testierfreiheit in China nur noch zur Versorgung bedürftiger Hinterbliebener des Erblassers eingeschränkt. So ist

---

228 Vgl. NK-BGB/*Gierl*, § 2142 Rn 6-7.

229 Vgl. *MA Junju/YU Yanman* (Fn 4), S. 930; *Köbler* (Fn 19), S. 418.

230 S. *MA Junju/YU Yanman* (Fn 4), S. 931.

231 Vgl. *Köbler* (Fn 19), S. 418.

232 Vgl. *Olzen* (o. Fn 35), S. 27 auch für weitere Literaturhinweise.

233 S. hierzu *Köbler* (Fn 19), S. 418.

234 Oder durch einen Erbvertrag, der dem chinesischen Erbrecht fremd ist; s. hierzu *Köbler* (Fn 19), S. 418.

der Erblasser bei der Testamentserrichtung verpflichtet, den arbeitsunfähigen (缺乏劳动能力的) gesetzlichen Erben, die über keine Lebensunterhaltsquelle (生活来源) verfügen, den notwendigen Teil des Nachlasses vorzubehalten (§ 19 ErbG). Wurde dies nicht von ihm angeordnet, so schreiben die ErbG-Ansichten es vor, vermutlich auch zur Verstärkung der zwingenden Wirkung der vorherigen Bestimmung, bei der Nachlassverteilung für solche bedürftigen Erben einen zum Überleben notwendigen Anteil zu reservieren. Erst mit dem Rest kann nach den testamentarisch festgelegten Verteilungsprinzipien verfahren werden (Art. 37 Abs. 1). Um zu bemessen, ob die betreffenden Erben arbeitsunfähig sind und zugleich über keine gesicherte Lebensunterhaltsquelle verfügen, sind deren konkrete Verhältnisse (具体情况) im Zeitpunkt des Wirksamwerdens (anstatt im Zeitpunkt der Errichtung)[235] des Testaments (遗嘱生效时) maßgebend (Art. 37 Abs. 2).

Bei dieser Regelung handelt es sich um das chinesische Rechtsinstitut des unentziehbaren Teils. Mit der auch in der Literatur[236] erwähnten Benennung 必留份[237] als Überschrift regelt § 48 *YANG*-Entwurf gleichfalls diesen Begriff, legt zudem für dessen Berechnung die Pro-Kopf-Konsumausgaben (人均消费性支出) der Stadtbewohner (城镇居民) bzw. die Pro-Kopf-Ausgaben für den Lebensbedarf (人均生活消费支出) der Landbewohner (农村居民) im Zeitpunkt des Eintritts des Erbfalls zugrunde (§ 48 Abs. 3 S. 1) und beschränkt dessen Höhe auf die des Erbteils, der eigentlich dem bedürftigen Erben zustehen würde (§ 48 Abs. 3 S. 2). Als ein Noterbrecht stellt das Rechtsinstitut die einzige Einschränkung der Testierfreiheit in Chinas geltendem Erbrecht dar, allerdings nur für solche arbeitsunfähigen und unterhaltsbedürftigen gesetzlichen Erben. Aufgrund dieser engen Voraussetzungen und Unklarheiten bei der Bemessungsgrundlage der Bedürftigkeit[238] ist die Regelung in der Praxis nicht so durchsetzbar wie eigentlich vom Gesetzgeber vorgesehen. Sie zielt in erster Linie darauf ab, im Fall des Todes des Erblassers dessen minderjährige Kinder, heutzutage immer öfter aber auch Eltern und Großeltern durch die Hinterlassenschaft zu versorgen.

---

235 S. *ZHANG Junhao* (Fn 23), S. 993.

236 Vgl. *MA Junju/YU Yanman* (Fn 4), S. 930.

237 w.: unbedingt vorzubehaltender Teil/Anteil oder (zur Unterhaltssicherung) unabdingbarer Teil/Anteil. Der aus der sowjetischen Zeit stammende Begriff heißt auf Chinesisch auch 必继份 (w.: unbedingt zu erbender Teil); s. dazu Law Dictionary (Fn 11), *S. 636*.

238 S. etwa *LIANG Huixing* (Fn 5), S. 71-72, u. a. auch für die Begründung, warum der *LIANG*-Entwurf das Institut des unentziehbaren Teils i. S. d. § 19 ErbG nicht beibehalten hat.

Die negativen, immer mehr spürbaren Auswirkungen der Ein-Kind-Politik in China, obwohl sie mittlerweile bereits aufgelockert worden ist und zukünftig eventuell abgeschafft werden könnte[239], erschweren zusätzlich die Zweckerreichung[240]. Außerdem zählt China bereits zu einer alternden Gesellschaft[241] und

---

239 Als erster Schritt hat die chinesische Regierung im Jahr 2009 erlaubt, dass ein Ehepaar ein zweites Kind haben darf, wenn beide Ehegatten Einzelkind von der jeweiligen Abstammungsfamilie sind. Daraufhin wurde 2013 die Ein-Kind-Politik weitert aufgelockert: Es ist in den meisten Provinzen (bis auf in einigen mit übermäßig hoher Bevölkerungszahl) zulässig, ein zweites Kind zur Welt zu bringen, wenn nur ein Ehegatte eines Ehepaares das Einzelkind von seiner Abstammungsfamilie ist. Zahlreiche chinesische Demographen plädieren zurzeit dafür, landesweit die vorbehaltlose Geburt des zweiten Kindes zu einzuführen; mehr dazu abrufbar unter http://baike.pcbaby.com.cn/qzbd/1270013.html; http://news.tom.com/hot/ertai/.

240 Die seit ca. drei Jahrzenten streng praktizierte Ein-Kind-Politik hat im Zusammenhang mit dem Erbgesetz diese Folgen mit sich gebracht. Einerseits haben die minderjährigen Kinder außer ihren Eltern und Großeltern immer weniger Blutsverwandte der Seitenlinie wie Onkel, Tanten, denen gegenüber sie nach dem geltenden Erbgesetz ohnehin noch nicht Erben werden können, und auf deren reine Unterhalts- bzw. Hilfsbereitschaft (anstatt eventueller Unterhaltspflicht) sie nach dem Tod ihrer Eltern angewiesen sind. Zudem haben die Minderjährigen immer weniger ältere Geschwister, denen gegenüber sie von Gesetzes wegen noch Erben werden könnten, und die traditionsgemäß nach dem Tod der Eltern die Fürsorge für die jüngeren Geschwister übernehmen. Wären solche Verwandten vorhanden, könnten sie eigentlich als gesetzliche Vertreter der elternlosen Minderjährigen das von deren Eltern hinterlassene – im Fall der älteren Geschwister auch das gemeinsame – Nachlassvermögen mit ihnen zusammen oder an ihrer Stelle verwalten. Dadurch könnte den Minderjährigen noch eine Versorgung gesichert werden. Falls andererseits ein Einzelkind von unterhaltsbedürftigen Eltern stirbt, werden die Eltern häufig hilflos zurückgelassen, vor allem wenn ihr verstorbenes Einzelkind ihnen kein substanzielles Nachlassvermögen hinterlassen hat, worauf sie sich als Erben finanziell stützen können. Die Problematik hängt grundsätzlich damit zusammen, dass in China aufgrund der besser gewordenen, aber immer noch mangelhaften Sozial- und Alterssicherung eine gute und umfassende Versorgung für viele Hilfsbedürftigen, insbesondere für die Bevölkerung auf dem Land, nur noch überwiegend durch die familiäre Unterstützung sicherzustellen ist.

241 Nach dem von der UNO festgelegten Maßstab zählt eine Gesellschaft bereits zu einer alternden Gesellschaft, wenn der Anteil der Alten, d. h. der 60-jährigen oder 65-jährigen, mehr als 10% bzw. 7% der Gesamtbevölkerung ausmacht. Mit einem Altenanteil von 12,5% (167 Millionen) gilt China heutzutage eindeutig als eine alternde Gesellschaft. Gemäß der aktuellen demographischen Struktur und dem jetzigen Alterungstempo wird China bis 2030 eine sog. überalterte Gesellschaft werden, wobei der Altenanteil 30% der Gesamtbevölkerung beträgt; s. hierzu die Analyse

viele alte Chinesen sind unterhaltsbedürftig. Durch das Erbrecht sollte eigentlich auf diese Weise einer sozialen Notlage begegnet werden, solange in China noch kein flächendeckendes, gesetzlich klar geregeltes, streng durchsetzbares und durchgesetztes Sozial-, Kranken- und Altersversicherungssystem vorhanden ist. In Anbetracht der Kritik am Institut des unentziehbaren Teils durch die chinesischen Juristen[242] hat der *LIANG*-Entwurf es nicht beibehalten, und anstatt dessen eine dem „Dreißigsten" (§ 1969 BGB) ähnliche Sonderregelung in § 2016 Abs. 3 vorgeschlagen, um den Erben in einer schwächeren Position den Unterhalt für die Übergangszeit zu sichern. Demnach sind vor der Nachlassregelung denjenigen arbeits- und unterhaltsunfähigen Erben, deren Lebensunterhalt durch die Tilgung der Nachlassverbindlichkeiten oder die Erbauseinandersetzung gefährdet wird, Lebenshaltungskosten für die Dauer von sechs Monaten vorzubehalten.

4.2. Pflichtteil

Der unentziehbare Teil stellt also immer ganz konkret auf die Bedürftigkeit ab und ist deswegen bedarfsabhängig. Eine Einschränkung der Testierfreiheit durch einen bedarfsunabhängigen Pflichtteil, wie er im deutschen Recht existiert, kennt das chinesische Erbrecht noch nicht. Einige chinesische Vertreter in der Literatur sind jedoch der Auffassung, dass 必留份, i. e. der unentziehbare Teil, mit seiner Schutzfunktion für die arbeits- und unterhaltsunfähigen Erben gerade die chinesische Version des Pflichtteils darstelle[243]. Das Fehlen des Pflichtteilsbegriffs hat zur Konsequenz, dass die Testierfreiheit in China viel weitreichender als im deutschen Recht ist. Während der *YANG*-Entwurf beide Begrenzungen der Testierfreiheit hintereinander regelt, hat der *LIANG*-Entwurf unter sowohl „Erwägung der Anwendungsschwierigkeiten des unentziehbaren Teils" als auch unter „Anerkennung der Vorteile des Pflichtteilsrechts"[244] nur den Pflichtteil in sich integriert. Den Pflichtteilsregelungen in beiden Entwürfen liegt wieder der Gedanke aus dem BGB-Erbrecht (§§ 2303-2338) zugrunde.

Der Pflichtteil bezieht sich auf die unentziehbare Mindestbeteiligung bzw. -berechtigung der nahen, zumindest teilweise enterbten Angehörigen am

---

unter http://finance.ifeng.com/news/special/laolinghua/20100915/2623318.shtml (15.12.2014).

242 S. etwa *MA Junju/YU Yanman* (Fn 4), S. 930; *GUO Mingrui/FANG Shaokun/GUAN Tao* (Fn 27), S. 147-150.

243 S. Law Dictionary (Fn 11), S. 636.

244 Z. B. die quantitative Festlegung des Anteils, bessere Durchsetzbarkeit; vgl. *LIANG Huixing* (Fn 5), S. 71-72; *MA Junju/YU Yanman* (Fn 4), S. 930.

Erblasservermögen, nicht als ein Noterbrecht[245] für sie sondern in Form eines ihnen – gegenüber den (sonstigen) Erben – zustehenden schuldrechtlichen Geldanspruchs[246]. Den Begriff versieht die chinesische Erbrechtssprache mit dem Ausdruck 特留份[247] oder dessen weniger gängigen Alternativen 强留份[248] bzw. 保留份[249].[250] Während der *LIANG*-Entwurf (in § 1961 Abs. 2) dem Ehegatten, den Kindern, Eltern (gesetzlichen Erben der ersten Ordnung), Geschwistern und Großeltern (gesetzlichen Erben der zweiten Ordnung) des Erblassers das Pflichtteilserbrecht (特留份继承权) gewährt, zählt der *YANG*-Entwurf (durch § 49 Abs. 1 S. 1) lediglich den Ehegatten, die Abkömmlinge und Eltern des Erblassers zu den Pflichtteilserben (特留份继承人). Mit einem Wort ist der pflichtteilsberechtigte Personenkreis beim *YANG*-Entwurf völlig identisch mit dem seines deutschen Vorbildes (s. § 2303 BGB). Die von den beiden Entwürfen verwendeten Ausdrücke wie Pflichtteils*erbrecht* (Pflichtteilsrecht) oder Pflichtteils*erben* (Pflichtteilsberechtigter) deuten darauf hin, dass sie begrifflich die Pflichtteilsberechtigten immer als Erben und deren Recht dementsprechend als Erbrecht ansehen. Diesbezüglich unterscheiden sie sich wiederum vom deutsche Erbrecht (s. § 2304 BGB).[251] In Anlehnung an den *YANG*-Entwurf (§ 49 Abs. 1 S. 2) beläuft sich der Pflichtteil (特留份额[252]), genauso wie im BGB (§ 2303 Abs. 1 S. 2), auf die Hälfte des Wertes des gesetzlichen Erbteils. Diesen Anteil differenziert der *LIANG*-Entwurf jedoch (in § 1962 Abs. 1, 2) als die Hälfte und ein Drittel des Erbteils, der den betreffenden Erben jeweils der ersten bzw. zweiten Ordnung gebühren sollte. Als unwirksam gelten sowohl eine von den gesetzlichen Bestimmungen abweichende testamentarische Verfügung des Testators über den Pflichtteil (§ 1964 Abs. 1) als auch der vorzeitige Verzicht des Pflichtteilserben auf dessen Pflichtteil vor dem Tod des Erblassers (§ 1964 Abs. 2). Davon abgesehen verbietet der *LIANG*-Entwurf (mit § 1961 Abs. 1 Hs. 2) ausdrücklich die Beschwerung des Pflichtteils. In Deutschland kann der Pflichtteil ebenfalls nicht beschwert werden, was sich jedoch nur noch aus §§ 2303 ff. ergibt.

---

245 S. NK-BGB/*Bock*, § 2303 Rn 1.

246 Vgl. *Köbler* (Fn 19), S. 317; *Olzen* (o. Fn 35), S. 361; NK-BGB/*Bock*, § 2303 Rn 1.

247 w.: extra vorzubehaltender Teil/Anteil.

248 w.: zwingend vorzubehaltender Teil.

249 w.: zu reservierender Teil.

250 S. dazu Law Dictionary (Fn 11), S. 636; *MA Junju*/*YU Yanman* (Fn 4), S. 930.

251 S. dazu o. II 2 (bei Fn 47).

252 w.: Pflichtteilsquote. Durch die Verwendung desselben Ausdrucks 特留份额, der in der Tat nur Pflichtteilsquote bedeutet, verwechselt der *YANG*-Entwurf sprachlich den Begriff der *Pflichtteilsquote* (in § 49 Abs. 1) mit dem des *Pflichtteils* (in § 49 Abs. 2).

Der Berechnung des Pflichtteils, für die der gesetzliche Erbteil maßgebend ist, legt § 49 Abs. 2 *YANG*-Entwurf den Wert der beim Eintritt des Erbfalls vorhandenen Erbschaft (继承开始时所存遗产的价额) zuzüglich des Wertes des vom Testator binnen zwei Jahren vor dem Eintritt des Erbfalls zugewandten Vermögens (继承开始前二年内遗嘱人赠与财产的价额) abzüglich des Betrags der [Nachlass-]Verbindlichkeiten (债务额) zugrunde.[253] Im Endeffekt kommt dasselbe Berechnungsprinzip durch § 2315 BGB zum Ausdruck, gemäß welchem der Pflichtteilsberechtigte bei lebzeitigen Zuwendungen des Erblassers sich den Wert der Zuwendung bei der Berechnung seines Pflichtteils anrechnen lassen soll, wenn er die Zuwendung trotz einer Anrechnungsbestimmung des Erblassers angenommen hat (Abs. 1)[254]. Bei der Bestimmung des Pflichtteils ist

---

253 Durch ein Berechnungsbeispiel lässt sich der relativ komplizierte, aber in § 49 Abs. 2 *YANG*-Entwurf nicht ganz klar formulierte Grundsatz zur Pflichtteilsberechnung folgendermaßen verdeutlichen: E, der seinen Bruder B testamentarisch zum Alleinerben eingesetzt hat, hinterlässt noch seine Kinder K1, K2 und K3, die von der testamentarischen Erbfolge ausgeschlossen sind. Im letzten Jahr vor seinem Tod hat er K1 einen Vermögensgegenstand mit einem Wert von 60,000 Yuan (chinesische Währung) zugewandt. Außer seiner Verbindlichkeit in Höhe von 10,000 Yuan gegenüber dem Gläubiger G hinterlässt er Nachlassvermögen mit dem Wert von 430,000 Yuan. Wie hoch sind die Pflichtteile der drei Kinder? Zunächst ist aus dem Nachlass von 430,000 Yuan die Verbindlichkeit von 10,000 gegenüber G zu begleichen. Nach der Schuldenbereinigung ergibt sich der zu verteilende Nachlasswert (43,000 – 1,000 =) 420,000 Yuan. Bei der gesetzlichen Erbfolge würde auf K1–K3 ein Erbteil von je 1/3 fallen, so dass die Pflichtteilsquote für jedes Kind 1/6 beträgt. Für K1 gilt Folgendes: zum Nachlasswert in Höhe von 420,000 Yuan (nach der Schuldenbereinigung) ist § 49 Abs. 2 *YANG*-Entwurf zufolge der Wert der Zuwendung mit 60,000 Yuan hinzuzurechnen. Dieser *fiktive* Nachlasswert von 480,000 dient als Grundlage der Pflichtteilsberechnung. K1 erhält 1/6 × 480,000 = 80,000 Yuan. Davon muss man noch die Zuwendung in Höhe von 60,000 abziehen, so dass K1 nur einen Pflichtteilsanspruch auf Zahlung von (80,000 – 60,000 =) 20,000 Yuan hat. Der Pflichtteil von K2 und K3 beträgt jeweils 1/6 von 420,000, also 70,000 Yuan. Für dieses Beispiel vgl. *Olzen* (Fn 35), S. 369.

254 Die Anrechnung der Zuwendung auf den Pflichtteil schmälert insoweit den Pflichtteil des Anrechnungspflichtigen um den erhaltenen Vorempfang zum Vorteil der Erben. Auf die Pflichtteilsansprüche anderer Pflichtteilsberechtigter wirkt sich die Anrechnung nicht aus; s. dazu NK-BGB/*Bock*, § 2315 Rn 1. Dieses Anrechnungsprinzip wird jedoch durch § 49 Abs. 2 *YANG*-Entwurf nicht deutlich genug unterstrichen. Dennoch muss es gelten. Sonst hätte im obigen Beispiel der Pflichtteil von K1 80,000 Yuan (also ohne den Abzug der im Voraus gemachten Zuwendung) betragen, was eine Doppelbeteiligung von K1 am Vermögen des Erblassers bedeuten würde.

noch der Wert der Zuwendung dem Nachlass hinzurechnen (Abs. 2. S. 1) und entscheidend für den Zuwendungswert ist die Zeit, zu welcher die Zuwendung erfolgt ist (Abs. 2. S. 2).

Ferner berechtigt § 51 *YANG*-Entwurf den Pflichtteilserben, um seinen Pflichtteil zu gewährleisten, für den Fall, dass der Betrag der testamentarischen Verfügung (遗嘱处分) oder des Vermächtnisses den der verfügbaren Erbschaft (可处分的遗产数额) übersteigt und der Betrag des Pflichtteils (特留份数额) infolgedessen nicht ausreichend ist, (von den Miterben) den Abzug (扣减) des entsprechenden Betrags (相应数额[255]) von der testamentarischen Erbschaft (遗嘱继承) bzw. dem Vermächtnis (遗赠) zu fordern. Der Gedanke beruht auf § 2305 S. 1 BGB. D. h., wenn einem Pflichtteilsberechtigten nur noch ein Erbteil verbleibt, der geringer ist als die Hälfte des gesetzlichen Erbteils, so hat der Pflichtteilsberechtigte zur Erreichung des Pflichtteils einen Anspruch gegen die Miterben auf den Wert des an der Hälfte fehlenden Teils.

Durch § 52 stärkt der *YANG*-Entwurf noch zusätzlich die Position des Pflichtteilsrechts. Führt eine vom Testator binnen der letzten zwei Lebensjahren gemachte Schenkung zur Unzulänglichkeit des Pflichtteils, so kann der Pflichtteilserbe in Anlehnung an § 52 Abs. 1 innerhalb der Grenze des Fehlbetrags (在不足限度内) den Widerruf der Schenkung (撤销赠与)[256] und die Rückerstattung des (geschenkten) Vermögens (返还财产)[257] verlangen, falls der Fehlbetrag sich durch die testamentarische Erbschaft bzw. das Vermächtnis immer noch nicht ausgleichen lässt.[258] Mit dieser Vorschrift trifft der *YANG*-Entwurf in der Tat gleichzeitig eine Aussage über das Rangverhältnis zwischen dem Pflichtteilsrecht, dem Erbrecht nach der testamentarischen Anordnung und dem Anspruch auf Vermächtnis. Diese zusätzliche Maßnahme zur Befriedigung des Pflichtteilsrechts durch Rückgriff auf die vom Testator lebzeitig beschenkte Person ähnelt nur hinsichtlich des Funktionsmechanismus (aber nicht inhaltlich) der Vorschrift des § 2329 Abs. 1 S. 1 BGB, die jedoch an den (den beiden Entwürfen fremden) Pflichtteilsergänzungsanspruch des § 2325 anknüpft und insofern ebenfalls nur eine subsidäre Ausfallhaftung des zu Lebzeiten durch den Erblasser Beschenkten beinhaltet. Die Haftung des Beschenkten beginnt dort,

255 D. h. den Wert des an dem Pflichtteil fehlenden Teils.

256 Vom Testator.

257 Vom Beschenkten.

258 Dieser Anspruch des Pflichtteilserben ist gemäß § 52 Abs. 2 noch anwendbar auf den vom Testator binnen zwei Jahren vor seinem Tod zu einem unangemessen niedrigen Preis (不合理低价) mit einem bösgläubigen Käufer getätigten Verkauf.

wo die des Erben endet[259]: Derjenige Pflichtteilsberechtigte, der Ergänzung seines Pflichtteils nach § 2325 verlangen kann, soll, wenn der Erbe zur Ergänzung des Pflichtteils nicht verpflichtet ist, durch den Anspruch gegen den vom Erblasser Beschenkten vor den durch lebzeitige Schenkungen des Erblassers herbeigeführten Folgen ungerechtfertigter Bereicherungen bewahrt werden, m. a. W. von dem Beschenkten die Herausgabe des Geschenks zur Deckung des noch am Pflichtteilsergänzungsanspruch (anstatt am Pflichtteil selbst) fehlenden Betrags verlangen[260]. Des Weiteren erinnert § 52 *YANG*-Entwurf noch einigermaßen an das in §§ 399-400 des Zivilgesetzbuch-Entwurfs der Qing-Dynastie und vor allem durch § 244 des allgemeinen Teils des ZGB[261]-Schuldrechts bestimmte Gläubigeranfechtungsrecht. So kann der Gläubiger beim Gericht die Anfechtung eines unentgeltlichen Geschäfts des Schuldners, das seine Forderung beeinträchtigt, beantragen (§ 244 Abs. 1 ZGB), oder die Anfechtung eines solchen entgeltlichen Geschäfts, wenn sowohl der Schuldner zur Zeit der Vornahme des Geschäfts als auch der sog. (durch das Geschäft) Bevorteilte bei dessen Bevorteilung bösgläubig waren, beantragen (§ 244 Abs. 2 ZGB), soweit der Gegenstand des Geschäfts im Vermögen besteht oder der Gegenstand der Forderung sich nicht auf die Leistung unvertretbarer Sachen beschränkt (§ 244 Abs. 3 ZGB).

Die sog. Unentziehbarkeit des Pflichtteils relativieren beide Entwürfe durch die Anordnung der jeweiligen Voraussetzungen für den Verlust des Pflichtteils. Durch § 1963 verweist der *LIANG*-Entwurf für das Erlöschen des Pflichtteils auf die Voraussetzungen für die Verwirkung des Erbrechts (geregelt in § 1940): wenn der pflichtteilsberechtigte Erbe Miterben zur Erlangung des Nachlasses (为争夺遗产) tötet (杀害)[262],[263] den Erblasser vorsätzlich tötet (故意杀害)[264] allerdings mit der Ausnahme von Notwehr,[265] den Erblasser verlässt (遗弃)[266] oder bei schwerwiegenden Umständen misshandelt (虐待被继承人情节严重)[267],[268] das Testament fälscht (伪造), eigenhändig ändert (篡改) oder vernichtet

259 Vgl. NK-BGB/*Bock*, § 2329 Rn 1.
260 Vgl. NK-BGB/*Bock*, § 2329 Rn 21-22.
261 Zivilgesetzbuch der Republik China; s. o. (Fn 13).
262 Ebenso in § 50 Nr. 1 *YANG*-Entwurf durch den Verweis auf § 11 Nr. 2.
263 § 1940 Nr. 1 *LIANG*-Entwurf.
264 Ebenso in § 50 Nr. 1 *YANG*-Entwurf durch den Verweis auf § 11 Nr. 1.
265 § 1940 Nr. 2 *LIANG*-Entwurf.
266 Ebenso in § 50 Nr. 1 *YANG*-Entwurf durch den Verweis auf § 11 Nr. 4.
267 Ebenso in § 50 Nr. 1 *YANG*-Entwurf durch den Verweis auf § 11 Nr. 5.
268 § 1940 Nr. 3 *LIANG*-Entwurf.

(销毁)[269] und zwar bei schwerwiegenden Umständen,[270] oder den Erblasser durch Betrug (欺诈) bzw. Drohung (胁迫) dazu erzwingt (迫使) oder ihn daran hindert (妨碍), das Testament zu errichten (设立), zu ändern (变更) oder aufzuheben (撤销)[271] und zwar bei schwerwiegenden Umständen (Nr. 5).[272] Mit § 50 schreibt *YANG*-Entwurf außerdem noch die alternativen Voraussetzungen für die Nichtgeltung des Pflichtteils vor: wenn der Erblasser mit dem Unterhaltspflichtigen eine Vereinbarung über Vermächtnisse und Unterhalt (遗赠扶养协议) abschließt, die den Pflichtteilserben von seiner Unterhaltspflicht befreit (无需承担扶养义务)[273]; wenn der Pflichtteilserbe trotz seiner Fähigkeit (能力) und Möglichkeiten (条件), den Erblasser zu unterhalten, seine Unterhaltspflichten vernachlässigt (不尽扶养义务)[274], oder gegen den Erblasser bzw. dessen Nahangehörige einen schweren Verstoß gegen Ethik und Moral (严重违背伦理行为) oder eine Straftat (犯罪行为) begeht[275], oder aufgrund der gesetzlichen Erbfolge bereits den dem Pflichtteil entsprechenden Nachlass (相当于特留份的遗产) erworben hat[276]. In Deutschland ist die Pflichtteilsentziehung in Ausnahmefällen möglich. § 2333 BGB zufolge können den Pflichtteilsberechtigten ihre Pflichtteile vom Erblasser nur unter engen Voraussetzungen entzogen werden. Die sog. Pflichtteilsentziehungsgründe[277] bestehen darin, dass die Pflichtteilsberechtigten dem Erblasser, seinem Ehegatten, einem pflichtteilsberechtigten Miterben oder einer dem Erblasser ähnlich nahe stehenden Person nach dem Leben trachten (s. Abs. 1 Nr. 1)[278], oder Verbrechen oder schwere, vorsätzliche Vergehen gegen eine dieser Personen verüben (s. Abs. 1 Nr. 2)[279], oder ihre gesetzliche Unterhaltspflicht gegenüber dem Erblasser böswillig verletzen (s. Abs. 1 Nr. 3)[280], oder

---

269 Gemäß § 50 Nr. 1 *YANG*-Entwurf durch den Verweis auf § 11 Nr. 6 kommt noch Verbergen (隐匿) des Testaments als eine Tatbestandsvariante hinzu.

270 § 1940 Nr. 4 *LIANG*-Entwurf.

271 Ebenso in § 50 Nr. 1 *YANG*-Entwurf durch den Verweis auf § 11 Nr. 7.

272 § 1940 Nr. 5 *LIANG*-Entwurf. Gemäß § 50 Nr. 1 *YANG*-Entwurf durch den Verweis auf § 11 Nr. 3 kommt noch vorsätzliche, gesetzwidrige (故意不法) Verursachung des Verlustes der Testierfähigkeit (丧失遗嘱能力) vom Erblasser (隐匿) des Testaments als eine Tatbestandsvariante hinzu.

273 § 50 Nr. 2 *YANG*-Entwurf.

274 § 50 Nr. 3 *YANG*-Entwurf.

275 § 50 Nr. 4 *YANG*-Entwurf.

276 § 50 Nr. 5 *YANG*-Entwurf.

277 Vgl. NK-BGB/*Herzog*, § 2333 Rn 22.

278 Vergleichbar mit § 11 Nr. 1, 2 *YANG*-Entwurf und § 1940 Nr. 1, 2 *LIANG*-Entwurf.

279 Ähnlich wie § 50 Nr. 4 *YANG*-Entwurf.

280 Ähnlich wie § 50 Nr. 3 *YANG*-Entwurf.

wegen einer vorsätzlichen Straftat rechtskräftig zu einer Freiheitsstrafe von mindestens einem Jahr ohne Bewährung verurteilt werden (s. Abs. 1 Nr. 4 Alt. 1)[281].

4.3. *Gemeinschaftliches Testament*

Anders als das Erbgesetz oder der *LIANG*-Entwurf beinhaltet nur der *YANG*-Entwurf (in § 37) das gemeinschaftliche Testament der Ehegatten (夫妻共同遗嘱) als eine weitere Möglichkeit zur Einschränkung der Testierfreiheit[282]. Als sein Regelungsvorbild bedient der Entwurf sich wieder der einschlägigen Rechtssätze des BGB (§§ 2265 ff.). Mit § 37 Abs. 1 S. 1 erlaubt er zunächst den Ehegatten, ein gemeinschaftliches Testament (共同遗嘱) zu errichten. Im Vergleich dazu erlaubt § 2265 BGB nicht nur die gemeinschaftliche Errichtung eines Testaments, sondern beschränkt diese Befugnis – verfassungsrechtlich unbedenklich[283] – auf Ehegatten. In Anlehnung an § 37 Abs. 1 S. 2 *YANG*-Entwurf setzt das Wirksamwerden (生效) eines jeden gemeinschaftlichen Testaments den Fortbestand der Ehebeziehung (夫妻关系存续) voraus. Der Entwurf geht davon aus, dass Eheleute, wenn sie mit dem Scheitern ihrer Ehe gerechnet hätten, kein gemeinschaftliches Testament abgefasst hätten. Es wird hierbei von einer allgemeinen Lebenserfahrung ausgegangen. Diesbezüglich sind sich der *YANG*-Entwurf und das BGB (§ 2268) einig. § 2268 Abs. 1 hat ebenfalls die Unwirksamkeit des gemeinschaftlichen Testaments für den Fall des Scheiterns der Ehe zur Folge[284]. Jedoch beschränkt § 2268 Abs. 1 durch die Verweisung auf § 2077 BGB die Unwirksamkeit des gemeinschaftlichen Testaments als Folge der Eheauflösung ausdrücklich auf den Fall, dass der Erblasser seinen Ehegatten testamentarisch als Erben, Vermächtnisnehmer oder Auflagenbegünstigten bedacht hat[285].

Beabsichtigen die Eheleute, ihren letzten Willen zu regeln, können sie grundsätzlich die Form des Einzeltestaments wählen. In dem Fall verfügen sie letztwillig und voneinander getrennt über ihre letztwillige Vermögensmasse. Mit §§ 2265 ff. bietet das BGB den Eheleuten die Möglichkeit zur

---

281 In Anlehnung an § 2333 Abs. 1 Nr. 4 Alt. 2 BGB kommt der Freiheitsstrafe die Unterbringung in einem psychiatrischen Krankenhaus oder einer Entziehungsanstalt auf rechtskräftiger Anordnung gleich.

282 Vgl. hierzu *Köbler* (Fn 19), S. 418.

283 Vgl. hierzu BVerfG NJW 1989, 1986. § 2265 BGB dient der gemeinschaftlichen Nachlassplanung der Ehegatten und schafft dafür eine Gültigkeitsvoraussetzung; s. dazu Müko/*Musielak*, § 2265 Rn 1.

284 Vgl. NK-BGB/*Radlmayr*, § 2268 Rn 1.

285 Vgl. NK-BGB/*Beck/Selbherr*, § 2077 Rn 1.

„gemeinsamen" Niederlegung ihres letzten Willens, wobei der Gegenstand der letztwilligen Verfügung eines jeden Ehegatten nur sein eigenes, aber nicht ein gemeinsames Vermögen bleibt[286]. Trotzdem betrachten die Eheleute häufig das beidseitige Vermögen als eine Einheit und möchten eine Verfügung über ihr Vermögen auch nach dem Tod der überlebenden Seite im Voraus treffen. Eine Möglichkeit, diesem gemeinsamen Willen beider Seiten zu entsprechen, stellt gerade § 2269 BGB: Zunächst soll der Ehegatte, der den anderen überlebt, und nach dessen Tod dann ein Dritter, meistens ihr Abkömmling, das Vermögen des Erstversterbenden erben. Die Vorschrift vereinigt insoweit die Regelung zweier Erbgänge[287], die aufeinander folgen, in sich: gegenseitige Einsetzung als Allein- und Vollerbe für die Hinterlassenschaft des testierenden Ehegatten (erster Erbfall); Einsetzung eines Schlusserben (zweiter Erbfall), d. h. mit dem Tod des überlebenden Ehegatten soll gemäß dem gemeinsamen Willen der Eheleute das beidseitige Vermögen als eine Einheit einem Dritten anfallen. Diesen Sachverhalt regelt der *YANG*-Entwurf mit zwei voneinander unabhängigen Alternativen: Die Ehegatten können entweder nach § 37 Abs. 2 S. 1 sich gegenseitig als Erben einsetzen (互相指定对方为继承人)[288] oder gemäß § 37 Abs. 3 S. 1 einen Dritten als testamentarischen Erben (遗嘱继承人) bzw. Vermächtnisnehmer (受遗赠人) gemeinschaftlich einsetzen (共同指定). Für die testamentarischen Erben oder Vermächtnisnehmer kann jedoch das gemeinschaftliche Testament, sofern nichts Gegenteiliges vorliegt, zu Lebzeiten eines Ehegatten noch nicht wirksam werden (s. § 37 Abs. 3 S. 2). Erst durch eine Anwendung des § 37 Abs. 2 S. 1 und des § 37 Abs. 3 nebeneinander ist eine ähnliche, aber noch nicht völlig identische Wirkung wie unter Berufung auf § 2269 BGB zu erzielen.

Des Weiteren können die Ehegatten laut § 37 Abs. 2 S. 2 *YANG*-Entwurf Nachlassverfügungen (遗产处分), deren Wirkungen voneinander abhängen (效力上相关联), treffen. Die wechselbezüglichen Verfügungen[289] regelt § 2270 BGB viel ausführlicher[290]. In Anlehnung an § 37 Abs. 4 S. 2 des Entwurfs ist das gemeinschaftliche Testament nach dem Tod eines Ehegatten nicht mehr

---

286 Vgl. NK-BGB/*Beck*/*Selbherr*, § 2065 Rn 3.

287 Vgl. NK-BGB/*Gierl*, § 2269 Rn 1, 2.

288 In dem Fall hat der zuerst versterbende Ehegatte, anders als via § 2269 BGB, nicht die Möglichkeit, gleichzeitig über das Schicksal seines Nachlassvermögens nach dem Tod des überlebenden Ehegatten weiter zu entscheiden.

289 Auf Chinesisch: 效力相互依存的处分; vgl. hierzu die chinesische Übersetzung des § 2270 BGB (相互依存的处分) v. *CHEN Weizuo* (Fn 79), S. 614.

290 Vgl. NK-BGB/*Müßig*, § 2270 Rn 1 ff.

widerruflich (不得撤回). Durch § 2271 Abs. 2 S. 1 BGB ist ähnlich vorgeschrieben, dass mit dem Tod eines Ehegatten das Recht des überlebenden Ehegatten erlischt, seine wechselbezüglichen Verfügungen zu widerrufen.

5. Vermächtnis und Vereinbarungen über Vermächtnisse und Unterhalt

Wie bereits erwähnt[291], kennen sowohl das chinesische als auch das deutsche Erbrecht den Begriff des Vermächtnisses als eine weitere Art der testamentarischen Verfügung neben der testamentarischen Erbeinsetzung. Allerdings gibt es bezüglich dessen Bedeutung und Inhalt erhebliche Unterschiede zwischen den beiden Rechtskreisen, die einer gründlichen Erläuterung und Klarstellung bedürfen. Das in China mit dem Vermächtnis verknüpfte Institut der Vereinbarung über Vermächtnisse und Unterhalt ähnelt einigermaßen dem im BGB geregelten entgeltlichen Erbvertrag. Ihre Rechtsnatur und Funktionen weichen aber doch stark voneinander ab.

5.1. Vermächtnis

Mit seiner chinesischen Benennung 遗赠[292] bedeutet das Vermächtnis im Rahmen des chinesischen Erbrechts ein einseitiges Rechtsgeschäft (单方法律行为[293]), womit eine natürliche Person das Ganze oder einen Teil von ihrem Nachlass dem Staat, Kollektiven oder anderen natürlichen Personen als den gesetzlichen Erben (法定继承人以外的自然人) zuwendet, und das erst nach dem Tod der vermachenden Person wirksam wird.[294] Der Vermächtnisgeber (in der Tat auch Erblasser) und der Vermächtnisnehmer heißen jeweils 遗赠人[295] bzw. 受遗赠人[296] auf Chinesisch. Der Vermächtnisgegenstand kann im Vermögensvorteil (财产利益), in der Übertragung der Rechte (权利的让与) oder dem Schulderlass (债务的免除), aber nicht in den sog. höchstpersönlichen Rechten (人身权利) bestehen.[297] In Anbetracht der Tatsache, dass das chinesische Erbrecht den

291 S. o. IV. 1.

292 w.: Schenkung oder Zuwendung von Todes wegen.

293 Anders auf Deutsch: einseitig verpflichtendes Rechtsgeschäft.

294 Vgl. *MA Junju/YU Yanman* (Fn 4), S. 950 und insbesondere Law Dictionary (Fn 11), *S. 800-801 für die Begriffsdefinition des Vermächtnisses, die präziser als diejenige aus* § 16 Abs. 3 ErbG ist.

295 w.: derjenige, der einen Gegenstand vermacht.

296 w.: derjenige, dem ein Vermächtnis zugewandt wird.

297 Dazu etwa Law Dictionary (Fn 11), S. 800-801. Für eine viel ausführlichere Erläuterung der Gegenstände des Vermächtnisses im deutschen Recht, denen diejenigen

Vermächtnisnehmerkreis auf die sog. anderen Personen als die gesetzlichen Erben (法定继承人以外的人)[298] beschränkt, sind die gesetzlichen Erben als Vermächtnisnehmer ausgeschlossen. Im Gegensatz dazu sieht das deutsche Recht mit einer klaren Begriffsdefinition (durch § 1939 BGB) für den Erblasser die Möglichkeit vor, jede rechtsfähige Person[299] mit einem Vermächtnis zu bedenken. Das bedeutet, neben den sonstigen Personen ohne Erbenstellung kann auch ein gesetzlicher Erbe als Vermächtnisnehmer bedacht werden.[300] Ein solcher gesetzlicher Erbe kann testamentarisch enterbt, aber pflichtteilsberechtigt (§ 2303 BGB) sein. Ferner kann er auch ein normaler gesetzlicher Erbe (mit ohnehin seinem Anspruch auf den Erbteil) bleiben, aber zusätzlich mit einem Vermächtnis bedacht werden (s. § 2150 BGB)[301].

---

im chinesischen Recht in einem kleineren Umfang ähneln, s. NK-BGB/*Mayer*, § 1939 Rn 6, 7.

298 Anders auf Deutsch: Nichterben. In Anlehnung an ErbG 16 Ab. 3 kommen die anderen Personen als die gesetzlichen Erben (neben dem Staat, den Kollektiven) begrifflich den anderen natürlichen Personen als den gesetzlichen Erben gleich. Im Gegensatz dazu verwendet der *LIANG*-Entwurf (in § 1974 Abs. 1) die anderen Personen als die gesetzlichen Erben oder die Personen ohne die Stellung des gesetzlichen Erben (法定继承人以外的人) eher als Ober- oder Sammelbegriff und erweitert dadurch den Umfang der Vermächtnisnehmer auf den Staat, kollektive Wirtschaftsorganisationen (集体经济组织) bzw. jegliche juristische Person (法人), Körperschaft ohne den Status juristischer Personen (非法人团体) und nicht zuletzt sonstige natürliche Person (自然人); s. hierzu Anm. zu § 1974 bei *LIANG Huixing* (o. Fn 5), S. 101.

299 S. etwa *Olzen* (o. Fn 35), S. 129.

300 Ein gewillkürter Erbe kann im Rahmen des deutschen Erbrechts ohnehin auch als Vermächtnisnehmer bedacht werden. Der Wortlaut von § 1939 BGB, „Der Erblasser kann durch Testament einem anderen, ohne ihn als Erben einzusetzen, einen Vermögensvorteil zuwenden", verneint die Erbenstellung des Vermächtnisnehmers, aber schließt es eben nicht aus, die gesetzlichen Erben als Vermächtnisnehmer zu bedenken; s. dazu *Olzen* (Fn 35), S. 34, 128 ff.

301 In dem Fall handelt es sich um das sog. Vorausvermächtnis. Wird ein Vorausvermächtnis zugunsten eines Miterben zugewandt, so ist der Miterbe bei Fehlen einer abweichenden Erblasseranordnung (§ 2147 S. 2 BGB) auch *mitbeschwert*. Dies hat zur Folge, dass er einerseits den vollen Wert des Vorausvermächtnisses erhält, andererseits mit seiner Erbquote aber nur noch am *restlichen Nachlass* (= Nachlass abzüglich des vollen Wertes des Vorausvermächtnisses) beteiligt ist. Zur Klarstellung des missverständlichen Wortlauts von § 2150 folgendes Beispiel nach Palandt/*Weidlich*, § 2150 Rn 3: Der Nachlass hat einen Wert von 300.000 EUR. Einem Miterben M1 mit einer Erbquote von 1/3 wird zusätzlich ein Vorausvermächtnis in Höhe von 60.000 EUR zugewandt. M1 erhält vorab aufgrund des Vermächtnisses

Erbe und Vermächtnisnehmer haben im Rahmen des deutschen Erbrechts insbesondere eine unterschiedliche Rechtsposition: Der Erbe ist verfügungs- und verwaltungsbefugt und wickelt den Nachlass ab. D. h. er ist vor allem zur Begleichung der Nachlassverbindlichkeiten verpflichtet. Der Vermächtnisnehmer kann vom Erben den Nachlass verlangen, der nach Begleichung der Verbindlichkeiten noch verbleibt. Die Differenzierung zwischen der Stellung des Erben als Gesamtrechtsnachfolger und derjenigen des Vermächtnisnehmers als Erwerber von einzelnen Gegenständen ist das Ergebnis einer langen historischen Entwicklung in Deutschland[302], die der Volksrepublik fremd ist. Im Vergleich zu der systematischen Regelung des Vermächtnisses im BGB (§§ 1939, 2147-2191) widmen sowohl das Erbgesetz als auch die beiden Entwürfe dem Rechtsinstitut nur einzelne, juristisch nicht ganz kohärente Vorschriften[303]. Andererseits ist für die Erbenstellung im deutschen Recht nicht begriffsnotwendig, dass aus ihr ein wirtschaftlicher Vorteil folgt, so dass der Erbe verpflichtet sein kann, den Restnachlass nach Tilgung der Verbindlichkeiten als Vermächtnis weiterzugeben. Es steht dem Erben frei, der laut § 2306 Abs. 1 BGB zum Kreis der Pflichtteilsberechtigten gehört und ferner beschränkt oder beschwert ist, das Erbe auszuschlagen und den Pflichtteil zu verlangen. Durch das Vermächtnis erwirbt der Vermächtnisnehmer anhand § 2174 BGB ausschließlich einen schuldrechtlichen

---

60.000 EUR. Im Rahmen der Erbauseinandersetzung wird aus dem Restnachlass (300.000 - 60.000 =) 240.000 EUR gemäß seiner Quote (1/3) ihm dann aber nur noch 80.000 EUR zufallen. Also erhält er letztendlich insgesamt 140.000 EUR. Eine abweichende Bestimmung hinsichtlich der Beschwerung i. S. d. § 2147 S. 2 liegt vor, wenn der Erblasser deutlich macht, dass dem Bedachten das Vermächtnis in vollem Umfang über seinen Erbteil hinaus zugutekommen sollte, den er als Erbe ohnehin am Nachlass (ohne den Abzug des Vermächtniswertes) bekommen sollte (s. Staudinger/*Otte*, § 2150 Rn 8). Für einen so bedachten, *nicht mitbeschwerten* Miterben, ist erst der Nachlass im Verhältnis der Erbteile aufzuteilen und dann ist das Vermächtnis von den beschwerten Miterben aus dem ihnen Zugedachten zu erfüllen. Im obigen Beispiel ergibt sich demnach: Aus dem Nachlass erhält jeder Miterbe, u. a. auch M1, entsprechend ihren Erbquoten je 100.000 EUR; sodann müssen die beiden anderen Miterben aus dem ihnen zugeteilten Erbteil von je 100.000 EUR das dem M1 zugewandte Vorausvermächtnis von insgesamt 60.000 EUR erfüllen. Im Endergebnis erhält M1 insgesamt (100.000 + 60.000 =) 160.000 EUR, während den anderen beiden Miterben nur je (100.000 - 30.000 =) 70.000 EUR verbleiben; vgl. NK-BGB/*Mayer*, § 2150 Rn 8, 9; Müko/*Rudy*, § 2150 Rn 5.

302 Dazu etwa *Muscheler*, Erbrecht, 2010, II Rn 2582 ff.; *Lange/Kuchinke* (o. Fn 41), § 29 I 1.

303 S. etwa §§ 16 Abs. 3, 21 ErbG; §§ 1974, 1997-2000 *LIANG*-Entwurf; §§ 36, 38, 66-68 *YANG*-Entwurf.

Anspruch gegen den beschwerten Erben oder Vermächtnisnehmer[304]. Anstatt dem Recht zum Empfang von Vermächtnissen (受遗赠权) die schuldrechtliche Natur zuzuschreiben, betrachtet man es in China eher als eine Art von Vermögensrecht, das sich weiterhin vom Schuld- oder Sachenrecht unterscheidet[305]. Wer zu seiner Erfüllung verpflichtet ist, ersieht man weder aus dem geltenden Erbgesetz noch aus den Vorschlagsentwürfen. Laut Literatur[306] sollte der Vermächtnisnehmer den ihm vermachten Gegenstand aus dem Nachlass von dem Testamentsvollstrecker oder von den testamentarischen Erben erlangen.

Als Gegenstand des Vermächtnisses sieht das deutsche Erbrecht in der Regel nur einen einzelnen Vermögensvorteil oder Bruchteil von der Erbschaft vor (§§ 1939, 2087 Abs. 2 BGB). Jedoch ist nach deutschem Recht auch ein Universalvermächtnis[307] möglich. Der ganze Nachlass kann allerdings nicht mit der Konsequenz als Vermächtnis zugewendet werden, dass dadurch auch die gesetzliche Erbfolge entfällt. Das deutsche Gesetzesrecht sorgt dafür, dass normalerweise kein Nachlass erblos bleiben sollte, anders gesagt, dass es bei einem Universalvermächtnis in Regelfällen auch noch mindestens einen Erben geben müsste. Es kann also schon vorkommen, dass der Erbe den Nachlass nach Begleichung der Verbindlichkeiten an den Vermächtnisnehmer herausgeben muss und selbst nichts zurückbehält. In Anbetracht dieser Sachlage bietet das deutsche BGB (§ 2306) dem Erben die Möglichkeit an, durch Erbteilausschlagung nur seinen Pflichtteil zu beanspruchen. Davon abgesehen kann der Erbe gemäß § 2318 BGB die Erfüllung des Vermächtnisses unter Umständen teilweise verweigern. In der VR China ist selbst der Anspruchsgegner des Vermächtnisses unklar bestimmt, ganz zu schweigen von den Mechanismen, um solche Anspruchskonflikte zu regeln. Es ist zwar theoretisch möglich, die ganze Erbschaft oder einen Bruchteil

---

304 Das sog. Damnationslegat im Gegensatz zum älteren, dinglich wirkenden Vindikationslegat. Mehr dazu bei NK-BGB/*Mayer*, § 1939 Rn 1a.

305 S. dazu Law Dictionary (Fn 11), S. 801.

306 S. etwa *MA Junju*/*YU Yanman* (Fn 4), S. 951.

307 D. h. Universalfideikommiss. Im römischen Recht war das Universalfideikommiss ursprünglich eine Verfügung von Todes wegen. Seine Erfüllung hing rein vom Gewissen des Erben (*fidei*) ab und konnte nicht erzwungen werden. Seine Entsprechung im deutschen Erbrecht, das Universalvermächtnis, bedeutet ein Vermächtnis, das eine ganze (*universale*) Erbschaft umfasst, so dass der damit beschwerte Erbe die gesamte Erbschaft an den Bedachten übertragen (*committere*) muss, falls ein bestimmtes Ereignis eintritt. Dies ist der Fall, wenn der Erblasser einem Dritten die gesamte Erbschaft mittels des Vermächtnisses zuwendet und dabei die Anwendung des § 2087 BGB als Auslegungsregel ausschließt; mehr dazu unter http://de.wikipedia.org/wiki/Universalfideikommiss.

davon an einen Bedachten zu vermachen[308], aber in der Praxis kommt vielmehr entweder ein Universalvermächtnis tatsächlich in vollem Umfang des Nachlasses an Nichterben oder allein die testamentarische Erbeinsetzung vor. Es gibt also kaum solche gemischten Verfügungen wie aus dem deutschen Recht, wie z. B. Vermächtnis an gesetzliche Erben (vgl. § 2149 BGB) oder Vermächtnis mit einzelnen Vermögensvorteilen an Erben/Nichterben neben der Erbeinsetzung (vgl. §§ 1939, 2147 BGB).

Bedenkt ein chinesischer Erblasser einen Nichterben mit einem Vermächtnis, dann bezieht es sich in der Regel auf die ganze Erbschaft: Der Testator ist entweder erbenlos, da in der Volksrepublik der Erbenkreis schnell erschöpft ist, oder hat seine gesetzlichen Erben, insbesondere seine Kinder, enterbt, weil sie ihm gegenüber ihrer Unterhaltspflicht nicht nachkommen wollen. In beiden Fällen wird der Erblasser zu seiner Verfügung sozusagen eher gezwungen, obwohl in China die Spielräume für Universal- oder andersartige Vermächtnisse dank weitreichenderer Testierfreiheit viel größer sind. Dies kann man aber sowohl juristisch als auch aus einer traditionellen bzw. gewohnheitsrechtlichen Perspektive ergründen. Die Chinesen legen einen großen Wert darauf, die durch die Blutsverwandtschaft zusammengebundene Familie bzw. Abstammungslinie aufrechtzuerhalten, indem die Weitergabe des Erblasservermögens innerhalb dieser Linie gesichert wird. Solange noch ein naher Verwandter, insbesondere ein Kind oder ein Abkömmling weiterer Gegenrationen vorhanden ist, will der Erblasser lieber ihn als den alleinigen Erben einsetzen. Auch wenn andere Verwandte, darunter gesetzliche Erben (z. B. Geschwister), noch leben, werden sie gegenüber den Abkömmlingen als „außenseitige Personen“[309] betrachtet. Ist aber kein weiterer Abkömmling mehr vorhanden und der gesetzliche Erbenkreis auch bereits erschöpft worden, dann zieht der Erblasser sonstige Angehörige (z. B. Nichten oder Neffen) denjenigen mit ihm überhaupt nicht Verwandten (darunter auch den mit ihm Verschwägerten) vor. Die Letzteren gelten in dem Fall wiederum als „außenseitig“ oder „fremd“. Dass es sich juristisch beim Bedenken weiterer Abkömmlinge oder entfernterer Verwandter bereits um ein Vermächtnis handeln kann, ist dem Erblasser jedoch weder begrifflich bewusst noch wichtig. Eine solche Bevorzugung hat für ihn vielmehr die symbolische Funktion, dass das Familienvermögen von *seinen* Verwandten „geerbt“ wird, indem es innerhalb der Abstammungslinie, wenn auch nicht unter den „nächsten“ Blutsverwandten,

308 Trotzdem ist im Erbgesetz oder in den Entwürfen die Möglichkeit nicht definitorisch festgelegt, bei einem Vermächtnis die Erbschaft sowohl vollständig als auch teilweise vermachen zu können.

309 Auf Chinesisch: 外人.

bewahrt bleibt. Mit seinem ausgeprägten Gewohnheits- und Traditionsbewusstsein geht es dem Erblasser bei der testamentarischen Verfügung in erster Linie darum, seine Abstammungslinie fortzusetzen. Andererseits assoziieren die Chinesen im allgemeinen Sprachgebrauch mit Vermächtnis eher die *Schenkung* (d. h. Zuwendung) an eine *außenseitige* oder *fremde* (d. h. mit dem Erblasser nicht verwandte) Person. Von der Tradition her scheuen sie das Vermächtnis, vor allem ein solches, das durch die Enterbung erfolgt. Harmonie und Friede in der Familie sind fast unentbehrlich, um die familiäre Prosperität zu gewährleisten und nicht zuletzt das familiäre Ansehen in der Gesellschaft zu bewahren. Eine Enterbung löst dagegen häufig Unfriede und Disharmonie innerhalb der Familie aus und symbolisiert eher den Abbruch der Abstammungslinie, weil in dem Fall das Familienvermögen an einen „Fremden" abgegeben wird. Dahinter verbergen sich immer die Angst vor Unruhe und eine gewisse Empfindung des Gesichtsverlustes. Meistens sieht der Erblasser sich eher gezwungen, falls die gesetzlichen Erben, insbesondere seine Kinder, ihn nicht unterhalten wollen, das Nachlassvermögen den *Nicht*erben zu hinterlassen. Diesen ungewollten Schritt will er als Vermächtnisgeber jedoch gründlich durchführen, um schlicht seine Familie vor weiteren zerstörerischen Streitigkeiten zu schonen.

Davon abgesehen fehlen in China jegliche gesetzliche Regelungen bezüglich anderer Möglichkeiten zur Ausgestaltung des Vermächtnisses wie im deutschen Recht, beispielsweise Grundbestimmungen zur Festlegung der Anspruchsgegner[310] für den Vermächtnisnehmer (vgl. §§ 2147, 2148 BGB), Vermächtnis an die gesetzlichen Erben (vgl. § 2149 BGB), Anrechnung des durch Teilanordnung gemachten Vermächtnisses[311] und Vorausvermächtnis (vgl. §§ 2150, 2147 BGB). Der *YANG*-Entwurf, der (in § 38) sich an § 2190 BGB anlehnt, hat noch das Institut des Ersatzvermächtnisnehmers (替补受遗赠人) vorgeschlagen. Der Testator kann testamentarisch für einen Vermächtnisnehmer den Ersatzvermächtnisnehmer einsetzen. Der Ersatzvermächtnisnehmer kann in die Stellung des Vermächtnisnehmers nachrücken und den entsprechenden Nachlass übernehmen, wenn der Vermächtnisnehmer vor dem Testator stirbt, das Recht zum Empfang von Vermächtnissen verliert oder das Vermächtnis ausschlägt.[312] Allerdings fehlt in den beiden Entwürfen, wo der Begriff des Pflichtteils eingeführt

310 D. h. der Beschwerten.

311 D. h. Anrechnung des Vermächtniswertes auf den Erbteil durch die Ausgleichung zwischen den Erben.

312 Der *LIANG*-Entwurf erwähnt nur in § 1973 Abs. 1 Nr. 1 den Ausdruck des Ersatzvermächtnisnehmers (替补受遗赠人) als eine der Personen, die testamentarisch eingesetzt werden können.

und des Vermächtnisses beibehalten wird, im Gegensatz zum deutschen Erbrecht[313], eine Regelung ihres Verhältnisses zueinander. Solche komplizierten aber wichtige Begriffe, wie z. B. pflichtteilsberechtigter Vermächtnisnehmer (§§ 2307, 2318 BGB), Pflichtteilsergänzungsanspruch des erbenden oder enterbten Erben gegen den Vermächtnisnehmer[314] (§§ 2325, 2326 BGB), sind dem chinesischen Recht noch völlig fremd[315]. All dies deutet eher auf eine Unterregelung der gewillkürten Erbfolge anstatt auf die fast uneingeschränkte Testierfreiheit in China hin.

Das chinesische Recht betrachtet das Vermächtnis als ein unentgeltliches Rechtsgeschäft, daher verbietet es dem Erblasser, bei der Gewährung des Vermögensrechts an den Vermächtnisnehmer ihn noch mit einer Nachlassverbindlichkeit zu belasten. Obwohl der Erblasser ein Vermächtnis mit einer Auflage beschweren (附加义务) darf,[316] zählt die Auflage nicht als Gegenleistung für das Vermächtnis (遗赠的对价)[317]. Der Vermächtnisnehmer ist zur Vollziehung der Auflage insoweit verpflichtet, als er bedacht ist (以其所受利益为限). Vollzieht er die Auflage ohne triftige Gründe (无正当理由) nicht, so kann auf Antrag der

---

313 Bezüglich des Verhältnisses zwischen Pflichtteil und Vermächtnis gilt im Rahmen des deutschen Rechts grundsätzlich Folgendes: Wenn der Erbteil aufgrund des Vermächtnisses den Pflichtteil unterschreitet, geht der Pflichtteil dem Vermächtnis vor (s. § 327 Abs. 1, 2 InsO, §§ 1991 Abs. 4, 1992 BGB). Darüber hinaus hat der Erbe einen Pflichtteilsergänzungsanspruch (§ 2325 BGB) gegen den Begünstigten. Liegt der Wert des Erbteils oberhalb des Pflichtteils, ist der testamentarische Erbe verpflichtet, die Rechte von Vermächtnisnehmern (wie Pflichtteilsberechtigten) zu wahren. Ist ein Pflichtteilsberechtigter mit einem Vermächtnis bedacht, so kann er den Pflichtteil verlangen, wenn er das Vermächtnis ausschlägt. Schlägt er nicht aus, so steht ihm ein Recht auf den Pflichtteil nicht zu, soweit der Wert des Vermächtnisses reicht (§ 2307 BGB), m. a. W. muss er sich den Wert des Vermächtnisses auf seinen Pflichtteil anrechnen lassen. Der Erbe kann allerdings dem Vermächtnisnehmer eine angemessene Frist zur Erklärung über die Annahme des Vermächtnisses setzen (§ 2307 Abs. 2 BGB); mehr dazu unter http://www.finanztip.de/vermaechtnis/; http://www.erbrecht-mangold.de/rechtsanwalt-erbrecht-koeln/pflichtteil-erbe/pflichtteilsergaenzungsanspruch/.

314 S. dazu *Olzen* (o. Fn 35), S. 382-389.

315 § 2015 *LIANG*-Entwurf bestimmt z. B. nur für den Fall, dass beim Eintritt des Erbfalls der tatsächliche Wert des Nachlasses den im Testament Angegebenen unterschreitet, dass der Fehlbetrag vom Wert der testamentarischen Erbschaft und Vermächtnisse gemäß dem Verhältnis zwischen den auf die Erben und Vermächtnisnehmer anzufallenden Anteilen abzuziehen ist.

316 S. § 21 S. 1 ErbG; § 36 S. 1 *YANG*-Entwurf; vgl. hierzu §§ BGB 1940, 2187 BGB.

317 Vgl. *MA Junju*/*YU Yanman* (Fn 4), S. 951.

anderen Erben oder des mit der Auflage Bedachten (受益人) das Recht zum Empfang des der Auflage entsprechenden Nachlasses (接受与所附负担相应遗产的权利) aufgehoben werden[318]. Über die Auflage hinaus kann das Vermächtnis gemäß § 1987 *LIANG*-Entwurf noch mit einer aufschiebenden Bedingung (停止条件) verbunden sein und wird mit dem Eintritt der Bedingung (自条件成就时) wirksam. Diese Anordnung erinnert wieder an eine ähnliche Vorschrift des deutschen Erbrechts (§ 2177 BGB), gemäß welcher das Vermächtnis nicht nur mit einer aufschiebenden Bedingung sondern auch mit einem Anfangstermin[319] verbunden werden kann.

In Anlehnung an § 1974 Abs. 2 S. 1 *LIANG*-Entwurf muss der Vermächtnisnehmer beim Wirksamwerden des Testaments lebend sein. Er kann aber auch eine bereits gezeugte und nachher lebend geborene Leibesfrucht[320], eine bereits entstandene juristische Person oder eine Körperschaft bzw. Organisation sein, die sich zu dem Zeitpunkt im Prozess der Entstehung befindet[321] (vgl. § 2178 BGB). Die Stellung des Vermächtnisses im Verhältnis zu anderen Nachlassverbindlichkeiten ist im chinesischen Erbrecht so bestimmt: Als Grundsatz hat die Begleichung der vom Vermächtnisgeber zu Lebzeiten herrührenden Schulden Vorrang vor der Vollziehung des Vermächtnisses (§ 34 ErbG).[322] Bezüglich der Erbenhaftung ist nur vorgeschrieben, dass ab Erbauseinandersetzung bis zur Verbindlichkeitstilgung die gesetzlichen Erben vorrangig mit ihren Erbteilen, an der zweiten Stelle dann die testamentarischen Erben und Vermächtnisnehmer anteilsmäßig mit der von ihnen erlangten Erbschaft für die Nachlassverbindlichkeiten haften (s. Art. 62 ErbG-Ansichten[323]). Es fehlt eine systematische Klarstellung wie diejenige aus § 1967 Abs. 2 BGB, dass Nachlassverbindlichkeiten i. S. d. Oberbegriffs sowohl die vom Erblasser herrührenden Schulden als auch die den Erben obliegenden Verbindlichkeiten, insbesondere Pflichtteilsrechte, Vermächtnisse und Auflagen, umfassen. Demnach hat das Vermächtnis grundsätzlich Vorrang vor der testamentarischen Erbschaft bei der Erfüllung,[324]

318 S. etwa § 21 S. 2 ErbG; Art. 43 ErbG-Ansichten; § 36 S. 1, 2 *YANG*-Entwurf.

319 Auf Chinesisch: 始期; vgl. hierzu die chinesische Übersetzung des § 2177 BGB v. *CHEN Weizuo* (Fn 79), S. 599.

320 S. dazu *MA Junju/YU Yanman* (Fn 4), S. 951, 954.

321 S. dazu *MA Junju/YU Yanman* (Fn 4), S. 951.

322 Vgl. dazu *MA Junju/YU Yanman* (Fn 4), S. 951.

323 Ebenso gemäß § 90 Abs. 2 *YANG*-Entwurf. § 2016 Abs. 1 *LIANG*-Entwurf bestimmt prinzipiell auch nur dasselbe.

324 S. o. die Beschreibung des Verhältnisses zwischen Pflichtteil und Vermächtnis im deutschen Recht.

während in China sie den gleichen Rang haben. Andererseits geht wiederum der zur Sicherung der Versorgung dienende Anspruch auf angemessene Nachlasszuteilung (遗产酌分请求权) vor dem Recht zum Empfang von Vermächtnissen (受遗赠权).[325]

5.2. *Vereinbarung über Vermächtnisse und Unterhalt*

An das Vermächtnis knüpft ferner das chinesische Recht den Begriff der Vereinbarung über Vermächtnisse und Unterhalt (遗赠扶养协议) an. Der Vereinbarung liegt das hauptsächlich auf Chinas ländlichem Gebiet praktizierte Fünf-Garantien-System (五保制度)[326] zugrunde. Auf dem Land ist unter der Vereinbarung nichts anderes als der Fünf-Garantien-Versorgungsvertrag (五保供养合同) zu verstehen. Die Vereinbarung dient als ein elementares Mittel bei der Sozialfürsorge (社会福利) und Sozialsicherung (社会保障) meistens für die unterhaltsbedürftigen und -unfähigen alten Personen. Daher lässt sie sich schwer einem normalen Vertragstyp zuordnen.[327] Ein solcher Vertrag wird, i. V. m. einem vom Vermächtnisgeber errichteten Testament, zwischen dem Vermächtnisgeber und dem Unterhaltsleistenden (扶养人) abgeschlossen, durch welchen der Unterhaltsleistende einerseits verpflichtet ist, ihn zu Lebzeiten zu unterhalten und nach dessen Tod zu beerdigen (生养死葬), und andererseits berechtigt ist, das von ihm – als Gegenleistung – hinterlassene Vermögen zu übernehmen (ErbG § 31 Abs. 1).

Obwohl es sich bei der Vereinbarung über Vermächtnisse und Unterhalt um ein zweiseitiges, entgeltliches Rechtsgeschäft handelt, müssen die von dem unterhaltspflichtigen Bedachten erbrachte Leistung und der von ihm nachher erlangte Nachlass nicht unbedingt den gleichen Wert haben. Das Institut ist in der Tat die Zusammensetzung aus einem Rechtsgeschäft unter Lebenden (生前法律行为), wobei der Vermächtnisgeber und -nehmer vertraglich die Unterhaltspflichten vereinbaren und der Vermächtnisnehmer seine Pflichten während

---

325 S. dazu *MA Junju/YU Yanman* (Fn 4), S. 927.

326 Mit dem 1956 eingeführten Fünf-Garantien-System (五保制度) wird auf dem Land der VR China Alten, Behinderten und Waisen, die weder unterhaltspflichtige und -fähige Angehörige noch eigene Einkünfte haben oder arbeitsunfähig und auf die Sozialsicherung und -hilfe angewiesen sind, eine Wohnung, die Nahrung, Kleidung, medizinische Grundversorgung, finanzielle Unterstützung für die Beerdigung und die Grundbildung für Waisenkinder zugesichert. Es wird zunächst von den dörflichen kollektiven Wohlfahrtsfonds finanziert und erst bei Finanzierungsschwierigkeiten greift der Staat helfend ein.

327 S. Law Dictionary (o. Fn 11), S. 801.

der Lebzeiten des Ersteren erfüllt, und zugleich einem weiteren Rechtsgeschäft von Todes wegen (死后法律行为), anhand dessen die Erbschaft erst nach dem Tod des Vermächtnisgebers auf den Vermächtnisnehmer übergeht.[328] Das erstere Rechtsgeschäft wird unter den Lebenden wirksam, während das Letztere im Endeffekt ein mit dem Ersteren verknüpftes Testament darstellt, das mit dem Tod des Testators in Erfüllung geht.

Was die Anwendbarkeit anbelangt, hat die Vereinbarung über Vermächtnisse und Unterhalt Priorität gegenüber anderen Formen der Nachlassverfügungen: Die Vereinbarung hat Vorrang vor der testamentarischen Erbfolge oder dem Vermächtnis, und die testamentarische Erbfolge oder das Vermächtnis geht wiederum gegenüber der gesetzlichen Erfolge vor.[329] Widersprechen sich die Vereinbarung und das Testament inhaltlich, so wird das Testament vollständig oder teilweise unwirksam (Art. 5 S. 2 ErbG-Ansichten). Die beiden vorgeschlagenen Regelwerke haben die erbrechtlichen Regelungen zur Vereinbarung über Vermächtnisse und Unterhalt nicht nur beibehalten, sondern noch erweitert. Der Unterhaltspflichtige kann sowohl eine natürliche Person, eine Organisation der kollektiven Eigentumsordnung (集体所有制组织)[330] als auch eine juristische Person (法人) oder eine gesellschaftliche Organisation (社会组织) sein, die die Funktion der Altersversorgung (养老职能) übernimmt[331]. Für die Vereinbarung über Vermächtnisse und Unterhalt ist die schriftliche Form (书面形式) erforderlich.[332]An die Vereinbarung sind beide Parteien mit Vertragsschluss sofort gebunden. Erfüllt der Unterhaltspflichtige[333] (扶养人) die Vereinbarung ohne triftige Gründe nicht, so hat der Unterhaltene[334] (被扶养人) das Recht, sie auflösen.[335] Außerdem sind die Erben des Unterhaltenen (被扶养人的继承人) und die sonstigen materiell Interessierten (利害关系人) berechtigt, die Auflösung zu verlangen.[336] Ist die Vereinbarung aufgelöst und steht dem Unterhaltspflichtigen der Anspruch auf Vermächtnis wegen seiner Pflichtverletzung nicht mehr zu, dann werden die bereits von ihm geleisteten Unterhaltskosten

---

328 S. dazu *MA Junju/YU Yanman* (Fn 4), S. 956.

329 S. dazu *MA Junju/YU Yanman* (Fn 4), S. 956.

330 § 31 Abs. 2 ErbG; § 1997 *LIANG*-Entwurf; § 66 Abs. 2 *YANG*-Entwurf.

331 S. § 66 Abs. 2 *YANG*-Entwurf.

332 § 1998 *LIANG*-Entwurf; § 66 Abs. 3 *YANG*-Entwurf.

333 D. h. der Vermächtnisnehmer.

334 D. h. der Vermächtnisgeber.

335 Art. 56 S. 1 ErbG-Ansichten; § 67 Abs. 1 S. 1 *YANG*-Entwurf.

336 § 67 Abs. 1 S. 2 *YANG*-Entwurf.

auch nicht an ihn erstattet.[337] Ferner muss er noch dem Unterhaltenen den aufgrund Nichterfüllung entstandenen Schaden ersetzen.[338] Erfüllt andererseits der Unterhaltene die Vereinbarung ohne triftige Gründe nicht, kann der Unterhaltspflichtige ebenfalls sie auflösen.[339] Nach der Auflösung muss der Unterhaltene noch dem Unterhaltspflichtigen die bereits von ihm geleisteten Unterhaltskosten zurückerstatten[340] und ihm den aufgrund Nichterfüllung entstandenen Schaden ersetzen[341]. Verliert der Unterhaltspflichtige die Unterhaltsfähigkeit, so kann entweder er oder der Unterhaltene die Vereinbarung einseitig auflösen. Als Folge muss der Unterhaltene in dem Fall dem Unterhaltspflichtigen ebenso noch die bereits geleisteten Unterhaltskosten zurückerstatten.[342]

Am stärksten ähnelt die Vereinbarung über Vermächtnisse und Unterhalt dem Erbvertrag, insbesondere dem entgeltlichen Erbvertrag, im deutschen Zivilrecht (§§ 1941, 2274-2302 BGB). Der Erbvertrag unterscheidet sich von der testamentarischen Errichtungsform dadurch, dass der Erblasser in ihm vertragsmäßige Verfügungen treffen kann, an die er sofort mit Vertragsschluss gebunden ist. Diese Bindung tritt aber nur gegenüber dem Vertragspartner ein.[343] Der entgeltliche Erbvertrag ist ein solcher, der mit einem anderen Vertrag ein einheitliches, zusammengesetztes Rechtsgeschäft bildet. In diesem anderen Vertrag verpflichtet sich der Vertragspartner des Erblassers durch Rechtsgeschäft unter Lebenden schuldrechtlich zu einer Leistung, in der Regel an den Erblasser. Praxistypische Fälle dafür in Deutschland sind die wiederkehrenden Versorgungsleistungen, z. B. Leibrenten und Pflege. Aus der wirtschaftlichen Perspektive betrachtet stellt die schuldrechtliche Leistungspflicht ein Entgelt für die vertragsmäßige Verfügung des Erblassers dar und umgekehrt auch, obwohl zwischen ihnen keine synallagmatische Verknüpfung im Sinne der §§ 320 ff. BGB besteht[344].

337 Art. 56 S. 1 ErbG-Ansichten; § 67 Abs. 1 S. 3 *YANG*-Entwurf.

338 § 67 Abs. 1 S. 3 *YANG*-Entwurf.

339 Art. 56 S. 2 ErbG-Ansichten; § 67 Abs. 2 S. 1 *YANG*-Entwurf.

340 Art. 56 S. 2 ErbG-Ansichten; § 67 Abs. 2 S. 2 *YANG*-Entwurf.

341 § 67 Abs. 2 S. 2 *YANG*-Entwurf.

342 § 68 *YANG*-Entwurf.

343 NK-BGB/*Kornexl*, Vorbem. zu §§ 2274 ff. Rn 3.

344 Einem derartigen schuldrechtlichen Synallagma liegt die Einrede des nicht erfüllten Vertrags aus §§ 320 BGB zugrunde, bei welcher die Leistungs- und Gegenleistungspflicht gegenüberstehen. Ein solches Synallagma ist im Fall des Erbvertrags aufgrund dessen Rechtsnatur als abstraktes Rechtsgeschäft nicht möglich. Da § 2302 BGB die Verpflichtung, eine Verfügung von Todes wegen zu errichten, für nichtig erklärt, widerspricht es der bestehenden gesetzlichen Regelung, dem entgeltlichen Erbvertrag die Natur des schuldrechtlichen synallagmatischen Verpflichtungsgeschäfts

Die Vereinbarung über Vermächtnisse und Unterhalt dient überwiegend zur Sicherung der Versorgung für unterhaltsbedürftige Personen und richtet sich meistens an die unterhaltspflichtigen Nichterben als Bedachte. Sie ist im Grund genommen zweiseitig und entgeltlich. Der entgeltliche Erbvertrag wird im Wege normaler gewillkürter Erbfolge abgeschlossen und kommt vornehmlich für Erben oder die als Vermächtnisnehmer bedachten Erben oder eine dritte Person zur Geltung. Sein Kernbestandteil, der Erbvertrag selbst, stellt, ähnlich wie ein Testament, immer noch ein einseitiges Rechtsgeschäft dar. Das Wesen des entgeltlichen Erbvertrags ist eine (vertragsmäßige) Verfügung von Todes wegen über die Erbschaft (§§ 2278 Abs. 1 BGB), wobei die Gegenstände solcher Verfügungen in den Erbeinsetzungen (Anteil am Nachlass), Vermächtnissen (Bruchteil vom Nachlass) oder Auflagen (2278 Abs. 2 BGB) bestehen. Erst durch einen weiteren damit verknüpften Vertrag wird das Verpflichtungsgeschäft geregelt. Im Vergleich dazu beinhaltet die Vereinbarung über Vermächtnisse und Unterhalt zwei wechselbezügliche Rechtsgeschäfte: Eins ist das Verpflichtungsgeschäft zugunsten des Unterhaltenen, das zweite das darauf beruhende testamentarische Verfügungsgeschäft, in den Regelfällen über das ganze Nachlassvermögen. Der Erbvertrag kann ein früher errichtetes Testament außer Kraft setzen, soweit es das Recht des vertragsmäßig Bedachten beeinträchtigen würde (§ 2289 Abs. 1 S. 1). Die Vereinbarung über Vermächtnisse und Unterhalt hat ebenfalls Vorrang vor dem Testament oder Vermächtnis.

V. Schlussbemerkung

Im Zuge Chinas eventueller Erbrechtsreform lehnen sich die chinesischen Juristen u. a. wieder an ausländische Gesetzgebungswerke[345], darunter vorrangig das deutsche BGB, als Vorbild an. Einerseits haben die beiden akademischen Entwürfe grundlegende Vorschriften aus dem geltenden Erbgesetz und seinen oberstgerichtlichen Ansichten beibehalten, systematisiert bzw. präzisiert. Einige Institute, wie z. B. die Rücksichtnahme auf die bedürftigen aber arbeitsunfähigen Erben (§ 13 ErbG) und Nichterben (§ 14 ErbG) im Rahmen der gesetzlichen Erbfolge oder die auf eben solche unterhaltsbedürftigen Erben bei der Testa-

---

zuzuschreiben; vgl. NK-BGB/*Kornexl*, Vorbem. zu den §§ 2274 ff. Rn 11 ff. u. a. auch für die konditionale und kausale Verknüpfung der vertragsmäßigen Zuwendung des Erblassers mit der Leistungspflicht des Vertragsgegners.

345 Das Zivilgesetzbuch der Republik China ist auch als ein Gesetzgebungsvorbild für die Entwürfe herangezogen worden; s. dazu die Gesetzgebungsvorbilder für den *LIANG*-Entwurf bei *LIANG Huixing* (Fn 5).

mentserrichtung (§ 19 ErbG), sind angesichts Chinas aktueller wirtschaftlicher und gesellschaftlicher Lage fast immer noch unentbehrlich. Andererseits haben die Entwürfe die Anordnung mehrerer neuer Rechtsinstitute aus dem BGB, beispielsweise die des Pflichtteilsrechts, des Ersatz- und Nacherben, vorgeschlagen, und außerdem an zahlreichen Stellen die neueste Entwicklung in der chinesischen Gesellschaft berücksichtigt.

Zugegebenermaßen gibt es an der Erneuerungsinitiative immer noch Verbesserungsbedarf. Wenn man z. B. Erbteil, Zuwendung oder Vermächtnis des Erblassers, Pflichtteil und Auflage des Erben oder des bedachten Vermächtnisnehmers in einem Gesetzeswerk regelt, ist es auch noch unentbehrlich, ihre Beziehungen zueinander, vor allem im Fall der Nachlassregelung, klarzustellen[346]. Jedoch sind die Leistungen der Reformatoren durchaus positiv zu würdigen, insbesondere wenn man in Betracht zieht, dass in China die Gründlichkeit der Erbrechtsreform durch das Fehlen eines kodifizieren Zivilgesetzbuchs erheblich eingeschränkt ist.

Schließlich ist noch eine bedeutende Leistung der Reformbemühungen durch die beiden Vorschlagsentwürfe hervorzuheben, i. e. die systematische Einführung der bisher fremden Begriffe bzw. Ausdrücke aus dem deutschen BGB in die chinesische Erbrechtssprache. Dadurch wurden nicht nur die Termini und die deutsche Rechtssprache, die der wesentlich präziseren Begrifflichkeit zugrundeliegt, transferiert. Ferner sind die damit verbundenen Rechtsgedanken für Chinas Erbrecht herangezogen worden. So könnte bereits ein Grundstein für die Weiterentwicklung des chinesischen Erbrechts gelegt worden sein. Ähnlich wie Martin Luther durch die Bibelübersetzung und die damit verbundene Neuformulierung der deutschen Sprache die Reformation entscheidend vorangetrieben hat, sollte diese sprachliche Erneuerung des Erbrechts den ersten Schritt für eine hoffentlich baldige erfolgreiche Erbrechtsreform in der Volksrepublik bedeuten.

---

346 Dies ist davon abzusehen, dass manche erbrechtlichen Institute oder Begriffe aus dem deutschen BGB hoch kompliziert sind und nicht unbedingt direkt zu Chinas Rechtslage passen.

Anhang

Ansichten des Obersten Volksgerichts zu einigen Fragen bei der Durchführung des Erbgesetzes der VR China (Übersetzung: *WANG Qiang*)

(am 11.09.1985 Fa[1] [Min][2] Fa[3] [1985] Nr. 22)

Das auf der 3. Sitzung des 6. Nationalen Volkskongresses verabschiedete „Erbgesetz der VR China" gilt als Maßstab für die chinesischen Bürger beim Umgang mit den erbbezogenen Problemen sowie als Grundlage für die Volksgerichte, um richtige und unverzügliche Verhandlungen über Erbrechtsfälle zu erzielen. Bei der Umsetzung und Vollstreckung des Erbgesetzes müssen sich die Volksgerichte den sozialistischen rechtsstaatlichen Prinzipien zufolge an das gleichberechtigte Erbrecht der Geschlechter halten, die gegenseitige Unterstützung in Einklang mit Rechten und Pflichten bringen und die Erbrechte der Bürger bezogen auf das Privatvermögen kraft Gesetzes schützen.

Um das Erbgesetz richtig umzusetzen und zu vollstrecken, gibt das Oberste Volksgericht gemäß den einschlägigen Vorschriften des Erbgesetzes und praktischen Erfahrungen bei der Rechtsprechung in Anlehnung an das Erbgesetz folgende Ansichten zu einigen Fragen, die im spezifischen Geltungsbereich des Erbgesetzes bei den Verhandlungen über Erbrechtsfälle aufgetreten sind. Diese Ansichten sind für die probeweise Anwendung durch die Volksgerichte verschiedener Instanzen bei den Verhandlungen über Erbrechtsfälle vorgesehen.

Inhaltsübersicht **Art.**

---

1 Recht oder Gesetz.

2 Zivil- oder hinsichtlich des Zivilrechts.

3 Erlass.

1. Ansichten zu den Allgemeinen Regeln

1. Der Erbfall tritt mit dem biologischen oder durch Todeserklärung festgestellten Tod des Erblassers ein.

   Wurde ein Verschollener für tot erklärt, so gilt das im Gerichtsurteil festgestellte Todesdatum als Zeitpunkt des Erbfalleintritts.

2. Sterben die in einem Erbverhältnis stehenden Personen durch denselben Unfall[4], so wird diejenige ohne Erben als zuerst verstorben vermutet, wenn die Todesreihenfolge nicht feststellbar ist. Hatten die Verstorbenen alle ihrerseits Erben und gehörten sie unterschiedlichen Generationen an, so wird derjenige einer älteren Generation als zuerst verstorben vermutet. Gehörten die Verstorbenen derselben Generationen an, so werden sie als gleichzeitig verstorben vermutet, tritt unter ihnen kein Erbfall ein und erben jeweils ihre eigenen Erben.

3. Das legale, sonst an die Bürger vererbbare Vermögen umfasst Wertpapiere und Forderungen, deren Leistungsgegenstand[5] das Eigentum[6] ist.

4. Hat der [vertraglich verpflichtete] Übernehmer [bestimmten] bei der Übernahme erzielten Gewinn zur Zeit seines Todes noch nicht erhalten, so können das Kapital und die Arbeit, die der Verstorbene zu Lebzeiten für die Übernahme investierte bzw. leistete, ihre Wertvermehrung und Früchte, vom Auftraggebenden[7] oder vertraglich verpflichteten Folgeübernehmer angemessen angerechnet oder kompensiert werden. Der dadurch erzielte Erlös gilt als Nachlass.

5. Hat der Erblasser zu Lebzeiten eine Vereinbarung über Vermächtnisse und Unterhalt mit einem anderen abgeschlossen und zugleich ein Testament errichtet, so ist nach dem Erbfalleintritt der Nachlassregelung die Vereinbarung bzw. das Testament zugrundezulegen, solange die Vereinbarung und das Testament sich inhaltlich nicht widersprechen. Widersprechen sie sich inhaltlich, so erfolgt die Nachlassregelung nach der Vereinbarung über Vermächtnisse und Unterhalt, und das der Vereinbarung widersprechende Testament wird vollständig oder teilweise unwirksam.

---

4 W. Üs.: durch dasselbe Ereignis.

5 W. Üs.: (deren) Gegenstand der Erfüllung.

6 W. Üs. von 财物: eine Sache mit Wert oder ein Vermögensgegenstand.

7 Der Auftraggebende, den in der Regel eine staatliche Behörde oder Organisation ausmacht, sollte vergleichbar mit einem „Verpächter“ sein.

6. Hat ein testamentarischer Erbe den Nachlass gemäß dem Testament erlangt, ist er immer noch berechtigt, in Anlehnung an § 13 Erbgesetz den Nachlass, worüber testamentarisch nicht verfügt worden ist, zu erlangen.
7. Kinder, die das sechste Lebensjahr nicht vollendet haben, und Geisteskranke sind als geschäftsunfähig anzusehen.

   Minderjährige, die bereits das sechste, aber noch nicht das 18. Lebensjahr vollendet haben, sind als beschränkt geschäftsfähig anzusehen.
8. Übt der gesetzliche Vertreter für den Vertretenen das Erbrecht und Recht zum Empfang von Vermächtnissen aus, darf er die Interessen des Vertretenen nicht verletzen. Der gesetzliche Vertreter kann in der Regel den Vertretenen bei der Ausschlagung des Erbrechts oder des Rechts zum Empfang von Vermächtnissen nicht vertreten. Handlungen in Vertretung, die zur Verletzung der Interessen des Vertretenen führen, müssen als unwirksam gelten.
9. Wird Klage beim Volksgericht wegen des Streits, der bei der Erbschaft unter den Erben über den Erbrechtsverlust entsteht, erhoben, so entscheidet das Volksgericht gemäß § 7 Erbgesetz über den Verlust.
10. Ob eine grausame Behandlung des Erblassers durch einen Erben schwerwiegend ist, bestimmt sich nach der Zeit, den Methoden, Folgen und gesellschaftlichen Auswirkungen der Behandlung.

    Liegt eine schwerwiegende grausame Behandlung des Erblassers vor, so kann der Verlust des Erbrechts (durch den Erben) festgestellt werden, ungeachtet dessen, ob die Tat strafrechtlich verfolgt wird oder nicht.
11. Begeht der Erbe eine Tötung des Erblassers vorsätzlich, so ist der Verlust seines Erbrechts festzustellen, ungeachtet dessen, ob die Tat vollendet worden oder fehlgeschlagen ist.
12. Begeht der Erbe eine der in Nr. 1 oder Nr. 2 des § 7 Erbgesetz geregelten Handlungen, obwohl der Erblasser den Nachlass durch das Testament an ihn vererbt hat, so kann das Testament als unwirksam gelten, und zudem ist gemäß § 7 Erbgesetz zu verfahren.
13. Hatte der Erbe den Erblasser schwerwiegend grausam behandelt oder verlassen, so muss sein Erbrecht nicht als verloren gelten, wenn er nachweislich[8] Reue gezeigt, eine Berichtigung vorgenommen und der grausam Behandelte oder Verlassene zu Lebzeiten ihm [die Handlung] verziehen hat.

---

8 W. Üs.: tatsächlich.

14. Wenn ein Erbe durch Fälschung, eigenmächtige Änderung und Vernichtung des Testaments die Interessen eines anderen Erben, der bei fehlender Arbeitsfähigkeit keine Lebenshaltungsquelle hat, verletzt, und dessen Leben dadurch beschwert, so ist die Handlung als schwerwiegend anzusehen.
15. Kann ein Erbe sein Erbrecht infolge höherer Gewalt nicht binnen der Klageverjährungsfrist geltend machen, so kann das Volksgericht die Hemmung der Klageverjährung anordnen.
16. Während innerhalb von zwei Jahren seit dem Tag, an dem der Erbe von der Verletzung seines Rechts erfahren hat, der Streit über sein Erbrecht nachweislich[9] bei der Volksschlichtungskommission geschlichtet wird, gilt die Klageverjährung als gehemmt.
17. Erhebt ein Erbe wegen des Erbstreites Klage beim Volksgericht, so wird die Klageverjährung unterbrochen.
18. Erfährt ein Erbe erst innerhalb der Frist vom 18. bis zum 20. Jahr, gerechnet seit dem Tag des Erbfalleintritts, von der Verletzung seines Erbrechts, hat er sein Recht auf Klageerhebung binnen 20 Jahren ab dem Tag des Erbfalleintritts geltend zu machen. Sind [seitdem] über 20 Jahre vergangen, so ist Klageerhebung nicht mehr möglich.

2. Ansichten zur Gesetzlichen Erbfolge

19. Adoptivkinder, die gegenüber den Adoptiveltern Unterhaltspflichten erfüllt und zugleich ihre leiblichen Eltern in größerem Umfang unterhalten haben, sind nicht nur berechtigt, gemäß § 10 Erbgesetz Nachlass der Adoptiveltern zu erben, sondern auch berechtigt, gemäß § 14 Erbgesetz angemessenen [Anteil am] Nachlass ihrer leiblichen Eltern zu erhalten.
20. Stehen die Kinder von einer seit alter Zeit bestehenden polygamen Familie zu anderen Gattinnen ihres Vaters als ihrer leiblichen Mutter im Unterhaltsverhältnis, so sind sie wechselseitig erbberechtigt.
21. Haben die Stiefkinder den Nachlass ihrer Stiefeltern geerbt, werden sie dadurch nicht gehindert, den Nachlass ihrer leiblichen Eltern zu erben.

    Haben die Stiefeltern den Nachlass ihrer Stiefkinder geerbt, werden sie dadurch nicht gehindert, den Nachlass ihrer leiblichen Kinder zu erben.

9 ibd.

22. Wenn andere Personen als Adoptivgroßkinder adoptiert sind und ihr Verhältnis zu ihren Adoptivgroßeltern dem der Adoptiveltern zu den Adoptivkindern entspricht, können sie im Verhältnis zueinander Erben der ersten Ordnung sein.

23. Adoptivkinder und leibliche Kinder, Adoptivkinder und Adoptivkinder sind Adoptivgeschwister und können im Verhältnis zueinander Erben der zweiten Ordnung sein.

    Das Rechts- und Pflichtverhältnis zwischen den adoptierten Personen und deren leiblichen Geschwistern erlischt durch die Begründung des Adoptionsverhältnisses, und sie können zueinander keine Erben der zweiten Ordnung [mehr] sein.

24. Das den Stiefgeschwistern wechselseitig zustehende Erbrecht wird durch das Unterhaltsverhältnis zwischen ihnen begründet. Ohne das Unterhaltsverhältnis können sie zueinander keine Erben der zweiten Ordnung sein.

    Hat ein Stiefgeschwisterteil den Nachlass des anderen Stiefgeschwisterteils geerbt, wird er dadurch nicht gehindert, den Nachlass seines leiblichen Geschwisterteils zu erben.[10]

25. Enkelkinder väter- und mütterlicherseits, Urenkelkinder väter- und mütterlicherseits sind alle zur Erbfolge nach Stämmen[11] berechtigt. Die Erbberechtigung der eintretenden Erben ist nicht auf eine bestimmte Anzahl von Generationen beschränkt.

26. Adoptivkinder des Erblassers, leibliche Kinder von dessen Stiefkindern, zu denen der Erblasser ein Unterhaltsverhältnis hat, können in die Erbfolge eintreten.[12] Adoptivkinder der leiblichen Kinder des Erblassers sind zur Erbfolge nach Stämmen[13] berechtigt. Adoptivkinder der Adoptivkinder des Erblassers können in die Erbfolge eintreten.[14] Adoptivkinder der Stiefkinder,

---

10 W. Üs.: Ist zwischen den Stiefgeschwistern eine Erbschaft erfolgt, wird der erbende Stiefgeschwisterteil dadurch nicht gehindert, den Nachlass seines leiblichen Geschwisterteils zu erben.

11 An wessen Stelle der Eintritt in die Erbfolge erfolgt, wird nicht angegeben.

12 An wessen Stelle sie eintreten, wird nicht angegeben. Im Fall der leiblichen Kinder der Stiefkinder, zu denen der Erblasser ein Unterhaltsverhältnis hat, treten sie vermutlich anstelle der Stiefkinder in die Erbfolge ein.

13 An wessen Stelle sie eintreten, wird nicht angegeben. Vermutlich treten sie anstelle der leiblichen Kinder des Erblassers in die Erbfolge ein.

14 An wessen Stelle sie eintreten, wird nicht angegeben. Vermutlich treten sie anstelle der Adoptivkinder des Erblassers in die Erbfolge ein.

zu denen der Erblasser ein Unterhaltsverhältnis hat, sind auch zur Erbfolge nach Stämmen[15] berechtigt.

27. Eintretenden Erben, die bei fehlender Arbeitsfähigkeit über keine Lebenshaltungsquelle verfügen, oder überwiegende Unterhaltspflichten gegenüber dem Erblasser erfüllt haben, kann bei der Nachlassverteilung ein größerer Anteil zugeteilt werden.

28. Hat ein Erbe sein Erbrecht verloren, können seine Blutsverwandten der nächsten Generationen nicht an seiner Stelle in die Erbfolge eintreten. Wenn die eintretenden Erben[16] bei fehlender Arbeitsfähigkeit über keine Lebenshaltungsquelle verfügen oder in größerem Umfang Unterhaltspflichten gegenüber dem Erblasser erfüllt haben, kann ihnen angemessener Nachlass zugeteilt werden.

29. Sind die Schwiegertöchter oder -söhne, deren Ehegatten verstorben sind, in Anlehnung an § 12 Erbgesetz gegenüber ihren Schwiegereltern die Erben der ersten Ordnung geworden, werden ihre Kinder nicht gehindert, an ihrer Stelle in die Erbfolge einzutreten, ungeachtet dessen, ob sie wieder heiraten oder nicht.

30. Die Zurverfügungstellung der hauptsächlichen Unterhaltsquelle oder das Angebot der hauptsächlichen Unterstützung mit Arbeitsleistung an den Erblasser ist als Erfüllung der hauptsächlichen Unterhaltspflichten[17] [gegenüber ihm] anzuerkennen.

31. Denjenigen, die in Anlehnung an § 14 Erbgesetz zum angemessenen Nachlass berechtigt sind, kann bei der Nachlassverteilung den Umständen entsprechend ein Anteil zugeteilt werden, der über oder unter dem eines Erben liegt.

---

15 An wessen Stelle sie eintreten, wird nicht angegeben. Vermutlich treten sie anstelle der Stiefkinder, zu denen der Erblasser ein Unterhaltsverhältnis hat, in die Erbfolge ein.

16 Vermutlich beziehen sich die eintretenden Erben auf die Blutsverwandten der nächsten Generationen, die eigentlich anstelle des Erben in die Erbfolge eintreten könnten, wenn der Erbe sein Erbrecht nicht verloren hätte.

17 Die im Ausgangstext als Alternativen verwendeten Ausdrücke 赡养义务 und 扶养义务 lassen sich in dem Zusammenhang kaum voneinander unterscheiden. Beide werden mit „Unterhaltspflichten“ wiedergegeben.

32. Denjenigen, die in Anlehnung an § 14 Erbgesetz zum angemessenen Nachlass berechtigt sind, steht das Recht persönlich zu, als selbständige Partei[18] Klage beim Volksgericht zu erheben, wenn ihre Rechte, Nachlass des Erblassers rechtmäßig zu erlangen, verletzt werden. Wurde jedoch die Klage zur Zeit der Nachlassverteilung trotz ihrer Kenntnis [von der Verletzung] nicht erhoben, so wird sie [nachher] in der Regel [vom Volksgericht] nicht [mehr] angenommen. Wurde die Klage ohne ihre Kenntnis [von der Verletzung zur Zeit der Nachlassverteilung] nicht erhoben, so muss sie [nachher] angenommen werden, solange die Klageerhebung binnen zwei Jahren[19] erfolgt.

33. Wenn ein Erbe mit der Fähigkeit und den Voraussetzungen, [den Erblasser] zu unterhalten, zur Erfüllung seiner Unterhaltspflichten bereit ist, jedoch der Erblasser angesichts seiner [eigenen] festen Einkünfte und Arbeitsfähigkeit ausdrücklich auf seinen Unterhaltsanspruch gegen ihn verzichtet hat, soll bei der Nachlassverteilung sein Erbanteil in der Regel nicht dadurch berührt werden.

34. Einem Erben, der die Fähigkeit und Voraussetzungen gehabt hätte, [den Erblasser] zu unterhalten, jedoch seine Unterhaltspflicht gegenüber dem unterhaltsbedürftigen Erblasser trotz des Zusammenlebens mit ihm nicht erfüllt, ist bei der Nachlassverteilung weniger oder nichts zuzuteilen.

3. Ansichten zur Testamentarischen Erbfolge

35. Ein vor dem Inkrafttreten des Erbgesetzes errichtetes Testament mit leichten formalen Mängeln kann als wirksam gelten, wenn es inhaltlich rechtmäßig und nachweislich eindeutig die wahre Willenserklärung des Testators ist.

36. Die Gläubiger, Schuldner der Erben, der Vermächtnisnehmer oder die Partner eines gemeinsamen Betriebs sollen auch denen angehören, die zu den Erben oder Vermächtnisnehmern in einem ihnen nützlichen oder schädlichen Verhältnis stehen und [deswegen] keine Testamentszeugen sein können.

37. Hat der Testator den Erben, die bei fehlender Arbeitsfähigkeit keine Lebenshaltungsquelle haben, keinen Anteil am Nachlass vorbehalten, so ist bei der Nachlassregelung diesen Erben [vorher ein] notwendiger Nachlass[-Anteil] vorzubehalten. Erst mit dem Rest kann nach den testamentarisch angeordneten Verteilungsprinzipien verfahren werden.

---

18 W. Üs.: als selbständige Partei im Prozess.

19 Vermutlich seit der Kenntnisnahme von der Verletzung.

Bei der Feststellung, ob die Erben bei fehlender Arbeitsfähigkeit keine Lebenshaltungsquelle haben, richtet man sich nach ihren konkreten Verhältnissen im Zeitpunkt des Wirksamwerdens des Testaments.

38. Wenn ein Testator eine testamentarische Verfügung über das Vermögen im Eigentum des Staats, eines Kollektivs oder anderer Personen getroffen hat, dann muss dieser Teil des Testamtens [mit einer solchen Verfügung] als unwirksam gelten.

39. Wenn die lebzeitigen Handlungen des Testators in Widerspruch zur testamentarischen Willenserklärung stehen, und dies zur Folge hat, dass das Vermögen, über das testamentarisch verfügt wurde, vor dem Erbfalleintritt untergeht oder teilweise untergeht, das Eigentum daran [an die anderen] übertragen oder teilweise übertragen wird, gilt das Testament als widerrufen oder teilweise widerrufen.

40. Wenn es sich bei der Verfügung von Todes wegen, die ein Bürger in der vor seinem Tod hinterlassenen Schrift über sein Privatvermögen traf, um die authentische Willenserklärung des Verstorbenen handelt, die Verfügung mit seiner eigenen Unterschrift und dem Datum versehen ist, und kein Gegenbeweis vorliegt, gilt diese Verfügung[20] als ein eigenhändiges Testament.

41. Der Testator muss beim Testieren die Geschäftsfähigkeit besitzen. Das von einem Geschäftsunfähigen errichtete Testament bleibt unwirksam, obwohl der Testator nachher seine eigene Geschäftsfähigkeit wieder erlangt. Besaß der Testator beim Testieren die Geschäftsfähigkeit, so bleibt die Wirksamkeit des [von ihm errichteten] Testaments unberührt, obwohl er nachher geschäftsunfähig wird.

42. Hat der Testator mehrere Testamente in verschiedenen Formen errichtet, die sich inhaltlich widersprechen, und sind darunter beglaubigte Testamente vorhanden, so gilt das am spätesten errichtete, beglaubigte Testament. Ist darunter kein beglaubigtes Testament vorhanden, so gilt das am spätesten errichtete Testament.

43. Soweit eine testamentarische Erbfolge oder ein Vermächtnis mit Auflagen verbunden ist und die Auflagen erfüllbar sind, kann das Volksgericht, wenn ein [zu den Auflagen verpflichteter] Erbe oder Vermächtnisnehmer ohne triftige Gründe den Auflagen nicht nachkommt, auf Antrag des Begünstigten oder anderer Erben sein Recht zum Empfang des mit den Auflagen

20 D. h. das Testament.

verbundenen Nachlassteils aufheben. Der antragstellende Erbe oder Begünstigte kann durch Erfüllung der Auflagen gemäß dem Willen des Testators den [betroffenen] Nachlass[teil] erhalten.

4. Ansichten zur Nachlassregelung

44. Wenn das Volksgericht bei den Verhandlungen über Erbrechtsfälle von der Anwesenheit der Erben erfährt, ohne jedoch ihnen ihre Erbrechte[21] mitteilen zu können, hat das Volksgericht den Erben den bei der Erbschaft ihnen zustehenden Nachlass vorzubehalten, und zugleich einen Verwahrer des Nachlasses oder eine den Nachlass verwahrende Organisation[22] bestimmen.

45. Ist der einer Leibesfrucht vorzubehaltende Nachlassanteil ihr nicht vorbehalten worden, so ist der Anteil vom Nachlass, den die [anderen] Erben geerbt haben, abzuziehen.

    Der der Leibesfrucht vorbehaltene Nachlassanteil wird von ihren Erben geerbt, wenn die Leibesfrucht nach der Geburt stirbt. Wird die Leibesfrucht tot geboren, wird der ihr vorbehaltene Anteil von den Erben des Erblassers geerbt.

46. Hat die Erbrechtsausschlagung durch einen Erben zur Folge, dass er seine gesetzliche Auflage nicht erfüllen kann, so ist die Ausschlagung unwirksam.

47. Die Erbschaftsausschlagung ist in Schriftform gegenüber den anderen Erben zu erklären.[23] Eine mündlich erklärte Ausschlagung soll auch als wirksam gelten, wenn der Erklärende die [Wirksamkeit der] Ausschlagung bestätigt[24] oder andere eindeutige Nachweise [für die Ausschlagung] vorliegen.

48. Erklärt der Erbe im Prozess dem Volksgericht gegenüber die Erbschaftsausschlagung in mündlicher Form, so ist die Ausschlagung schriftlich aufzuzeichnen und von demjenigen [Erben], der die Erbschaft ausschlägt, zu unterzeichnen.

49. Die Willenserklärung des Erben zur Erbschaftsausschlagung ist nach dem Erbfalleintritt und vor der Erbauseinandersetzung abzugeben. Die nach der Erbauseinandersetzung erklärte Ausschlagung bezieht sich nicht mehr auf das Erbrecht sondern auf das Eigentumsrecht.

---

21 „ihre Erbrechte“ wird beim Übersetzen eingefügt.

22 W. Üs.: eine den Nachlass verwahrende Einheit.

23 W. Üs.: Die Willenserklärung zur Erbschaftsausschlagung ist in Schriftform gegenüber den anderen Erben abzugeben.

24 W. Üs.: anerkennt.

50. Ficht der Erbe die [bereits von ihm erklärte] Erbschaftsausschlagung vor der Erbauseinandersetzung oder im Gerichtsprozess an, so entscheidet das Volksgericht anhand der von ihm angegebenen Gründe darüber, ob der Anfechtung stattzugeben ist. Ficht der Erbe erst nach der Erbauseinandersetzung die Erbschaftsausschlagung an, so wird der Anfechtung nicht stattgegeben.

51. Die Erbschaftsausschlagung wird rückwirkend mit dem Erbfalleintritt wirksam.

52. Wenn der Erbe nach dem Erbfalleintritt die Erbschaftsausschlagung noch nicht erklärt hat, aber vor der Erbauseinandersetzung stirbt, geht sein Erbrecht auf seine gesetzlichen Erben über.

53. Wenn der Vermächtnisnehmer nach dem Erbfalleintritt den Empfang von Vermächtnissen erklärt hat, aber vor der Erbauseinandersetzung stirbt, geht sein Recht zum Empfang von Vermächtnissen auf seine Erben über.

54. Der Nachlass der Hinterbliebenen eines Märtyrers[25], deren Lebenshaltungskosten vom Staat oder einer kollektiven Organisation übernommen werden, und der Stadtbewohner, die die Sozialhilfe beziehen, soll an ihre gesetzlichen Erben vererbt werden können.

55. Wenn die kollektive Organisation einem „Fünf-Garantien-Haushalt“ die „fünf Garantien“[26] gewährt, und zwischen beiden Seiten eine Vereinbarung über Unterhalt[27] vorhanden ist, richtet man sich [bei der Nachlassregelung] nach der Vereinbarung. Wenn [zwischen beiden Seiten] keine Vereinbarung [über Unterhalt] vorhanden ist, und die testamentarischen oder gesetzlichen Erben des Verstorbenen die Erbschaft verlangen, dann richtet man sich [bei der Nachlassregelung] nach der testamentarischen oder gesetzlichen

25 Märtyrer nicht im religiösen Sinne sondern im Sinne der Person, die entweder als ein Kriegsheld oder im Einsatz gegen Verbrecher, in der Katastrophen- oder Unfallbekämpfung ums Leben gekommen ist.

26 Mit dem 1956 eingeführten Fünf-Garantien-System (五保制度) wird auf dem Land der VR China Alten, Behinderten und Waisen, die weder unterhaltspflichtige und -fähige Angehörige noch eigene Einkünfte haben oder arbeitsunfähig sind, eine Wohnung, Nahrung, Kleidung, medizinische Grundversorgung, finanzielle Unterstützung für die Beerdigung und die Grundbildung für Waisenkinder zugesichert. Es wird zunächst von den dörflichen kollektiven Wohlfahrtsfonds finanziert, erst bei Finanzierungsschwierigkeiten greift der Staat helfend ein.

27 Gemeint sollte eigentlich **Vereinbarung über Vermächtnisse und Unterhalt sein**.

Erbfolge. Die kollektive Organisation ist jedoch [in dem Fall] berechtigt,[28] den Abzug ihrer Ausgaben für die „Fünf-Garantien“ [vom Nachlass] zu verlangen.

56. Wenn der Unterhaltspflichtige[29] oder die kollektive Organisation die mit einem Bürger abgeschossene Vereinbarung über Vermächtnisse und Unterhalt ohne triftige Gründe nicht erfüllt, und dies zur Folge hat, dass die Vereinbarung aufgelöst wird, und dem Unterhaltspflichtigen oder der kollektiven Organisation das Recht zum Empfang von Vermächtnissen nicht mehr zusteht, dann werden die [bereits von ihnen] geleisteten Unterhaltskosten nicht an sie erstattet. Wenn der Vermächtnisgeber[30] die Vereinbarung über Vermächtnisse und Unterhalt ohne triftige Gründe nicht erfüllt, und dies die Auflösung der Vereinbarung zur Folge hat, dann muss er dem Unterhaltspflichtigen oder der kollektiven Organisation die bereits [von ihnen] geleisteten Unterhaltskosten zurückerstatten.

57. Fällt der Nachlass ins Eigentum des Staates oder der gemeinschaftlichen Organisation, weil er von niemandem geerbt wird, so hat das Volksgericht auf Verlangen der Personen nach Nachlasserwerb, denen gemäß § 14 Erbgesetz Nachlass zugeteilt werden kann, ihnen den Umständen entsprechend einen angemessenen Anteil am Nachlass zuzuteilen.

58. Verteilt das Volksgericht die Wohnungen und Häuser, das Produktionsmittel und das zur Ausübung spezieller Berufe notwendige Vermögen, die dem Nachlass angehören, muss es ihren Nutzen[31] maximieren, dem tatsächlichen Bedürfnis der Erben entsprechen, und die Interessen jedes Erben berücksichtigen.

59. Das Volksgericht kann den Erben, die Nachlass[-gegenstände] absichtlich verstecken, unterschlagen oder mit Gewalt an sich nehmen, den ihnen gebührenden Nachlass den Umständen entsprechend verringern.

60. Gibt es Personen unter den Erben oder Vermächtnisnehmern, die nach dem Beginn des Erbrechtsprozesses weder bereit sind, an dem Prozess beteiligt zu sein, noch den Verzicht auf ihr materielles Recht erklärt haben, so sind sie den Sammelklägern hinzu zu zählen. Diejenigen, die die

28 Vermutlich von den Erben, die ihre Erbrechte geltend machen.

29 Oder die Unterhaltsleistenden.

30 D. h. der Unterhaltene, d. h. der Bezieher/Empfänger von Unterhalt oder der Unterhaltsberechtigte.

31 W. Üs. von 使用效益: Nutzungsgewinn.

Erbschaftsausschlagung ausdrücklich erklärt haben, zählen nicht mehr zu den Prozessbeteiligten.

61. Erben, die bei fehlender Arbeitsfähigkeit keine Lebenshaltungsquelle haben, sind vor der Begleichung notwendige Nachlassanteile vorzubehalten, auch wenn der Nachlass zur Begleichung der Verbindlichkeiten nicht ausreicht. Erst danach werden die Verbindlichkeiten gemäß § 33 Erbgesetz und § 180 des Zivilprozessgesetzes beglichen.

62. Bestehen nach der Erbauseinandersetzung, aber vor der Begleichung der Verbindlichkeiten aus dem Nachlass sowohl gesetzliche Erbfolge, testamentarische Erbfolge als auch Vermächtnis, so müssen zuerst die gesetzlichen Erben mit der von ihnen erlangten Erbschaft die Verbindlichkeiten begleichen. Reicht diese Erbschaft zur Begleichung nicht aus, müssen die testamentarischen Erben und Vermächtnisnehmer anteilsmäßig die von ihnen erlangte Erbschaft zurückerstatten, um die [noch] verbleibenden Verbindlichkeiten zu begleichen. Bestehen nur testamentarische Erbfolge und Vermächtnis, so müssen die testamentarischen Erben und Vermächtnisnehmer anteilsmäßig die von ihnen erlangte Erbschaft zurückerstatten, um die Verbindlichkeiten zu begleichen.

5. Ansichten zu Ergänzenden Regeln

63. Besteht der Nachlass der Erbfolge mit Auslandsberührung aus beweglichen Sachen, so sind die am Ort des Wohnsitzes des Erblassers geltenden Gesetze, d. h. die Gesetze des Landes, in dem sich der letzte lebzeitige Wohnsitz des Erblassers befindet, anzuwenden.

64. Wird nach dem Inkrafttreten des Erbgesetzes die Wiederaufnahme der Erbrechtsfälle, die vor dem Inkrafttreten des Erbgesetzes bereits vom Volksgericht abgeschlossen wurden, gemäß dem Verhandlungskontrollprozess beantragt, so sind die einschlägige Politik und einschlägigen Gesetze, die beim Abschluss [der Erbrechtsfälle] maßgebend waren, [nach wie vor] anzuwenden.

Auf die Erbrechtsfälle, die vor dem Inkrafttreten des Erbgesetzes vom Volksgericht angenommen worden waren, aber bei dessen Inkrafttreten noch nicht abgeschlossen wurden, ist das Erbgesetz anzuwenden. Jedoch darf die Klageerhebung nicht mehr aufgrund der Überschreitung der Klageverjährungsfrist abgewiesen werden.

Vorschlagsentwurf zur Revision des Erbgesetzes der Volksrepublik China (2011)

von Prof. LIANG, Huixing et al. (Übersetzung: *WANG Qiang*)

Inhaltsübersicht §§

Vorschlagsentwurf zur Revision des Erbgesetzes der Volksrepublik China[1]

Kapitel 1. Allgemeine Regeln

§ 1 Gesetzgebungsgrundlage

Gemäß der Verfassung der VR China wird dieses Gesetz zum Schutz des Erbrechts der Bürger am Privatvermögen ausgearbeitet.

vgl. ErbG § 1.

§ 2 Begriff[2] der Erbfolge

(1) Erbfolge im Sinne dieses Gesetzes ist der Erwerb des von einer natürlichen Person hinterlassenen Privatvermögens durch ihre gesetzlichen Verwandten[3] in

1 Die chinesische Version des vorliegenden Vorschlagsentwurfs, angefertigt im Jahr 2011, ist abrufbar unter: http://www.iolaw.org.cn/showNews.asp?id=26159. Im Folgenden werden chinesische Autoren mit Nach- und Vornamen, andere Autoren nur mit Nachnamen zitiert.

2 W. Üs.: Definition. Dies gilt auch für weitere definitorische Vorschriften dieses Vorschlagsentwurfs.

3 W. Üs.: ihre gesetzlich bestimmten Verwandten. Solche Vereinfachung gilt auch für weitere ähnliche Formulierungen dieses Vorschlagsentwurfs.

ihrem Todesfall kraft des von dem Verstorbenen zu Lebzeiten errichteten, rechtmäßigen und wirksamen Testaments oder kraft Gesetzes.

(2) Bei der Erbfolge ist die verstorbene Person, deren Vermögen, welches ihr zu Lebzeiten gehörte, und von Todes wegen auf andere Personen übergeht, der Erblasser, und die Person, die das Vermögen des Erblassers kraft Gesetzes übernimmt, der Erbe.

§ 3 Zeit des Erbfalleintritts

(1) Der Erbfall tritt mit dem Tod des Erblassers ein.

(2) Tod im Sinne des Abs. 1 umfasst sowohl den biologischen als auch den durch Todeserklärung festgestellten Tod.

vgl. ErbG § 2; ZGB § 1147; BGB § 1922.

§ 4 Vermutung der Todesreihenfolge mehrerer durch denselben Unfall verstorbener Personen

Sterben die in einem Erbverhältnis stehenden Personen durch denselben Unfall, so wird diejenige, die ihrerseits keine Erben hatte, als zuerst verstorben vermutet, wenn die Todesreihenfolge nicht feststellbar ist. Hatten die Verstorbenen alle ihrerseits Erben, so werden sie als gleichzeitig verstorben vermutet, und [in diesem Fall] tritt unter ihnen kein Erbfall ein, soweit sie einer Generation angehörten. Gehörten die Verstorbenen unterschiedlichen Generationen an, so werden diejenigen der jüngeren Generation(en) als zuerst verstorben vermutet, wenn diese noch nicht volljährig waren. Waren die Verstorbenen der jüngeren Generation(en) volljährig, so werden diejenigen der älteren Generation(en) als zuerst verstorben vermutet.

vgl. ErbG-Ansichten Art. 2.

§ 5 Ort des Erbfalleintritts

Der Erbfall tritt am Ort des letzten lebzeitigen Wohnsitzes des Erblassers oder an dem Ort des Hauptnachlasses ein.

§ 6 Rang der gesetzlichen Erbfolge, testamentarischen Erbfolge, Vermächtnisse und der Vereinbarungen über Vermächtnisse und Unterhalt[4]

Nach dem Erbfalleintritt wird gemäß der gesetzlichen Erbfolge verfahren. Liegt [dagegen] ein Testament vor, so wird nach der testamentarischen Erbfolge bzw.

4 W. Üs. der Überschrift: Wechselseitige Wirkung unter der gesetzlichen Erbfolge, der testamentarischen Erbfolge, dem Vermächtnis und der Vereinbarung über Vermächtnisse und Unterhalt.

den Vermächtnissen verfahren. Liegt eine Vereinbarung über Vermächtnisse und Unterhalt vor, so wird [zuerst] nach der Vereinbarung verfahren.

vgl. ErbG § 5.

§ 7 Erbfähigkeit

(1) Erbfähig ist eine natürliche Person, die im Zeitpunkt des Erbfalleintritts lebt.

(2) Eine bereits vor dem Tod des Erblassers gezeugte Leibesfrucht ist erbfähig, es sei denn, dass die Leibesfrucht [nachher] tot geboren wird.

vgl. ErbG § 28; ErbG-Ansichten Art. 45; BGB § 1923.

§ 8 Verwirkung des Erbrechts

(1) Begeht ein Erbe eine der folgenden Taten, verwirkt er sein Erbrecht:

1. Tötung anderer Erben, um den Nachlass zu erlangen;

2. Vorsätzliche Tötung des Erblassers, außer zwecks Notwehr;

3. Verlassen oder Misshandlung des Erblassers bei schwerwiegenden Umständen;

4. Fälschung, eigenmächtige Änderung oder Vernichtung des Testaments bei schwerwiegenden Umständen;

5. Erzwingung oder Verhinderung des Erblassers durch Betrug oder Drohung zur bzw. an der Errichtung, Änderung oder Aufhebung des Testaments bei schwerwiegenden Umständen.

(2) Hat ein Erbe gemäß Ziffern 2 bis 5 Abs. 1 sein Erbrecht verwirkt, so besteht die Verwirkung nicht fort,[5] wenn der Erblasser ihm verziehen hat.

(3) Die Gründe für die Erbrechtsverwirkung finden auf die Verwirkung des Rechts zum Empfang von Vermächtnissen Anwendung.

vgl. ErbG § 7; ErbG-Ansichten Art. 9-14; ZGB § 1145; BGB § 2343.

§ 9 Umfang des Nachlasses

(1) Der Nachlass ist das rechtmäßige Privatvermögen, das eine natürliche Person bei ihrem Tod hinterlässt.

(2) Zum Nachlass im Sinne des Abs. 1 gehören die durch die natürliche Person[6] von Todes wegen erlangte Versicherungs-, Kompensations- und Entschädigungssumme, deren Begünstigter nicht persönlich bestimmt war, sowie sonstige

---

5 W. Üs.: … so steht die Verwirkung nicht fest.

6 D. h. den Erblasser.

Vermögensvorteile, die aufgrund der lebzeitigen Handlungen der natürlichen Person[7] zu erhalten sind.

(3) Folgende Rechte und Pflichten sind als Nachlassgegenstände ausgeschlossen[8]:

1. an den Erblasser gebundene Personenrechte;

2. auf den Erblasser bezogene, persönliche Forderungen und Verbindlichkeiten;

3. die wegen des Todes des Erblassers ausgezahlte Hinterbliebenenrente;

4. sonstiges, kraft Gesetzes nicht vererbbares Vermögen.

vgl. ErbG §§ 3-4; ErbG-Ansichten Art. 3-4.

§ 10 Anrechnung der Zuwendung[9]

(1) Das vom Erblasser den Erben vor dem Erbfalleintritt wegen deren Eheschließung, Getrenntlebens, Geschäftsbetriebs oder aus sonstigen Gründen zugewandte Vermögen ist auf den Nachlass anzurechnen[10], es sei denn, dass der Erblasser zu Lebzeiten seinen Willen dagegen erklärt hat.

(2) Der Wert[11] des gemäß Abs. 1 zugewandten Vermögens ist bei der Erbauseinandersetzung vom Erbteil des betroffenen Erben abzuziehen.

(3) Für die Berechnung des konkreten Wertes des zugewandten Vermögens ist der Wert, den das Vermögen zurzeit der Zuwendung hatte, maßgeblich.

vgl. ZGB § 1173; BGB §§ 2050-2053.

§ 11 Anspruch auf Wiederherstellung des Erbrechts

(1) Im Fall der Verletzung seines Erbrechts kann der Erbe dessen Wiederherstellung verlangen.

(2) Der Wiederherstellungsanspruch gemäß Abs. 1 erlischt[12], wenn er nicht binnen zwei Jahren seit dem Tag, an dem der Erbe die Verletzung kennt oder kennen muss, geltend gemacht wird. Das Gleiche gilt, wenn seit dem Erbfalleintritt 20 Jahre verstrichen sind.

vgl. ErbG § 8; ErbG-Ansichten Art. 18; ZGB § 1146; BGB § 2018.

---

7 D. h. des Erblassers.

8 W. Üs.: Folgende Rechte und Pflichten dürfen keine vererbbaren Gegenstände bilden.

9 W. Üs.: Schenkung.

10 W. Üs. (ist auf den Nachlass anzurechnen): ist in den Nachlass einzubeziehen.

11 W. Üs.: Betrag.

12 Der originale Wortlaut hier (消灭) bedeutet "erlöschen" aber nicht "verjähren" (完成消灭时效).

Kapitel 2. Gesetzliche Erbfolge

§ 12 Begriff der gesetzlichen Erbfolge

Die gesetzliche Erbfolge bezieht sich auf die Erbfolge, bei der die Erben[13], die Erbrangfolge[14], -bedingungen, -anteile, das Prinzip der Nachlassverteilung und das Erbverfahren unmittelbar kraft Gesetzes geregelt sind.

§ 13 Geltungsbereich der gesetzlichen Erbfolge

Unter einem der folgenden Umstände[15] gilt für den entsprechenden Teil des Nachlasses die gesetzliche Erbfolge:

1. Ein testamentarischer Erbe oder ein Vermächtnisnehmer schlägt die Erbschaft bzw. das Vermächtnis[16] aus;
2. Ein testamentarischer Erbe oder ein Vermächtnisnehmer verwirkt das Erbrecht bzw. das Recht zum Empfang von Vermächtnissen[17];
3. Ein testamentarischer Erbe oder Vermächtnisnehmer stirbt vor dem Erblasser;
4. Es handelt sich um den von einem unwirksamen Teil des Testaments betroffenen Nachlass;
5. Es handelt sich um den Nachlass, über den keine testamentarische Verfügung getroffen wurde.

vgl. ErbG § 27.

§ 14 Gesetzliche Erben und ihre Rangfolge

Der Nachlass wird in der folgenden Rangfolge vererbt:

erste Ordnung: Ehegatte, Kinder, Eltern.
zweite Ordnung: Geschwister, Großeltern väter- und mütterlicherseits.
dritte Ordnung: Verwandte bis zum vierten Grad.
vgl. ErbG § 10; ZGB § 1138; BGB §§ 1924 ff.

---

13 W. Üs.: der Umfang der Erben.

14 W. Üs.: Erbreihenfolge.

15 W. Üs.: Bei Vorliegen eines der folgenden Umstände.

16 W. Üs.: den Empfang von Vermächtnissen.

17 Für die inhaltliche Begründung der Übersetzung von 丧失 als “verwirken” anstatt als “verlieren”, siehe *LIANG Huixing*, Vorschlagsentwurf eines Zivilgesetzbuchs der VR China – Buch 7. Erbrecht, 2013, S. 35 ff.

§ 15 Begriff des Ehegatten

Ein Ehegatte im Sinne dieses Gesetzes ist die Person, die mit dem Erblasser bei dessen Tod in einer legalen Ehebeziehung steht.

vgl. BGB §§ 1933.

§ 16 Begriff der Kinder und ihre Erbfolge

(1) Kinder im Sinne dieses Gesetzes sind eheliche und uneheliche Kinder, Adoptivkinder und die Stiefkinder, zu denen ein Unterhaltsverhältnis[18] besteht.

(2) Kinder, die nach Vereinbarungen der Ehegatten[19] durch künstliche Befruchtung geboren sind, stehen im gleichen Verhältnis zu ihren Eltern wie die leiblich Geborenen[20].

(3) Haben die Stiefkinder, zu denen ein Unterhaltsverhältnis besteht, den Nachlass ihrer Stiefeltern geerbt, werden sie dadurch nicht gehindert, den Nachlass ihrer leiblichen Eltern zu erben.

(4) Adoptivgroßeltern und -enkelkinder, deren Verhältnis dem zwischen den Adoptiveltern und -kindern entspricht,[21] können zueinander Erben der ersten Ordnung sein.

vgl. ErbG § 10; ErbG-Ansichten Art. 21-22.

§ 17 Begriff der Eltern und ihre Erbfolge

(1) Eltern im Sinne dieses Gesetzes sind leibliche Eltern, Adoptiveltern und die Stiefeltern, zu denen ein Unterhaltsverhältnis besteht.

(2) Haben die Stiefeltern, zu denen ein Unterhaltsverhältnis besteht, den Nachlass ihrer Stiefkinder geerbt, werden sie dadurch nicht gehindert, den Nachlass ihrer leiblichen Kinder zu erben.

vgl. ErbG § 10; ErbG-Ansichten Art. 20-21.

---

18 Unterhaltsverhältnis: Verhältnis, in dem die Stiefeltern oder ein Stiefelternteil das Stiefkind unterhält; vgl. *Münzel*, Anmerkung (10) zur deutschen Übersetzung des Erbgesetzes der VR China abrufbar unter http://lehrstuhl.jura.uni-goettingen.de/chinarecht/inhalt.htm.

19 D. h. Eltern dieser Kinder.

20 W. Üs.: die ehelich Geborenen. Die Schwangerschaft für derartige Geburt erfolgt ohne medizinischen Eingriff.

21 W. Üs.: deren Verhältnis als das zwischen den Adoptiveltern und -kindern betrachtet wird.

§ 18 Begriff der Geschwister und ihre Erbfolge

(1) Geschwister im Sinne dieses Gesetzes sind Geschwister mit gemeinsamen Eltern oder nur mit einem gemeinsamen Elternteil, Adoptivgeschwister und die Stiefgeschwister, zu denen ein Unterhaltsverhältnis[22] besteht.

(2) Hat ein Stiefgeschwisterteil, zu dem ein Unterhaltsverhältnis besteht, den Nachlass des anderen Stiefgeschwisterteils geerbt,[23] wird er dadurch nicht gehindert, den Nachlass seines leiblichen Geschwisterteils zu erben.

vgl. ErbG § 10; ErbG-Ansichten Art. 23-24.

§ 19 Erbfolge nach Stämmen[24]

(1) Wenn ein Kind des Erblassers vor dem Erbfalleintritt gestorben ist oder das Erbrecht verloren hat, so treten seine Blutsverwandten der geraden, absteigenden Linie[25] (Abkömmlinge) an seiner Stelle in die Erbfolge ein.[26]

(2) Ein eintretender Erbe ist nur berechtigt, den Erbteil desjenigen, an dessen Stelle er tritt, zu erben.

---

22 Das Unterhaltsverhältnis hier bezieht sich auf den von einem [Adoptiv-/Stief-]Geschwisterteil an einen anderen geleisteten Unterhalt; s. dazu *MA Junju/YU Yanman*, Grundtheorie des Zivilrechts, 2010, S. 920 u. a. auch für die Begründung der Erbbeziehung unter Geschwistern in Chinas Erbrecht. Die Deutung von *Münzel* in Anmerkung (11) zur deutschen Übersetzung des Erbgesetzes (Fn. 18), dass es sich dabei um ein Verhältnis handelt, bei dem Stiefschwester oder -bruder von einem Stiefelternteil, der gleichzeitig der [leibliche] Elternteil des anderen [Stief-]Geschwisterteils ist, unterhalten wird, ist nicht zutreffend.

23 W. Üs.: Ist zwischen den Stiefgeschwistern/Stiefgeschwisterteilen, zu denen ein Unterhaltsverhältnis besteht, eine Beerbung bzw. Vererbung erfolgt …

24 W. Üs.: „Erfolge durch Eintritt"; vgl. § 1924 Abs. 3 BGB für die Definition der Erbfolge nach Stämmen.

25 Für die entsprechende Bezeichnung und deren inhaltliche Erläuterung siehe *LIANG Huixing* (Fn. 17), S. 46.

26 Der vorliegender Entwurf hat in § 19 Abs. 1 mehrere Formulierungen unmittelbar von § 1140 ZGB übernommen: „vor dem Erbfalleintritt gestorben (在继承开始前死亡)" anstatt der Formulierung aus § 11 ErbG, „vor dem Erblasser gestorben (先于被继承人死亡)"; Hinzufügung einer der in § 1140 ZGB bestimmten Voraussetzungen für die Erbfolge nach Stämmen „Wenn ein Kind des Erblassers vor dem Erbfalleintritt das Erbrecht verloren hat (在继承开始前丧失继承权)" zu der einzigen Voraussetzung von § 11 ErbG, „Ist ein Kind des Erblassers vor dem Erblasser gestorben"; „Blutsverwandte der geraden, absteigenden Linie (直系血亲卑亲属)" anstelle des Ausdrucks aus § 11 ErbG, „Blutsverwandte der nächsten Generation in gerader Linie (晚辈直系血亲)".

(3) Die durch Eintritt begründete Erbfolge ist nicht auf [eine oder mehrere] Generation(en) beschränkt. Für die Rangfolge [beim Eintreten] ist jedoch der Verwandtschaftsgrad maßgebend.[27]

vgl. ErbG § 11; ErbG-Ansichten Art. 25-29; ZGB § 1140; BGB §§ 1924 ff.

§ 20 Erbteilsübergang[28]

Stirbt ein Erbe nach dem Erbfalleintritt aber vor der Erbauseinandersetzung, ohne die Erbschaft ausgeschlagen zu haben, so geht der ihm gebührende Erbanteil auf seine Erben über.[29]

vgl. ErbG-Ansichten Art. 52.

§ 21 Vorrang bei der Erbrangfolge

Bezüglich der Erbfolge gehen die Erben der näheren Ordnung vor denen der entfernteren Ordnung.

vgl. ErbG § 10 Abs. 2; BGB § 1930.

§ 22 Erbengemeinschaft[30]

(1) Sind nach dem Erbfalleintritt mehrere Erben vorhanden, so erben sie gemeinschaftlich[31].

(2) Bei der Erbengemeinschaft ist der Nachlass Gesamthandeigentum mehrerer [Mit-]Erben. Jeder Miterbe erbt gemäß seinem Erbteil die Rechte und Pflichten des Erblassers.

vgl. ZGB § 1151; BGB §§ 2032 ff.

§ 23 Erbteil

Sind mehrere Erben der gleichen Ordnung vorhanden, so erben sie gleichmäßig nach Kopfzahl, es sei denn, dass gesetzlich etwas anderes vorgeschrieben ist.

vgl. ErbG § 13 Abs. 1; ZGB § 1141; BGB § 1924.

---

27 Hilfreiche Hinweise zum Verständnis der entsprechenden chinesischen Formulierungen in dem Zusammenhang finden sich auf der Webseite: http://www.baike.com/wiki/%E4%BB%A3%E4%BD%8D%E7%BB%A7%E6%89%BF.

28 W. Üs.: Weitererbfolge.

29 W. Üs.: … wird sein Erbteil von seinen Erben übernommen; wörtlich lautet 所应继承的遗产份额 (sein Erbteil) auf Deutsch: der ihm gebührende Anteil am Nachlass.

30 W. Üs.: gemeinschaftliche Erbfolge.

31 W. Üs.: …, so handelt es sich um eine Erbengemeinschaft.

§ 24 Ungleichmäßigkeit der Erbanteile

(1) Unter besonderen Schwierigkeiten lebende, nicht arbeitsfähige Erben sind bei der Nachlassverteilung besonders zu berücksichtigen. Ihnen kann ein größerer Anteil[32] zugeteilt werden.

(2) Den Erben, die den Erblasser überwiegend unterhalten haben,[33] kann bei der Nachlassverteilung ein größerer Anteil zugeteilt werden.

(3) Den Erben, die die Fähigkeit und Voraussetzungen gehabt hätten, [den Erblasser] zu unterhalten, ihren Unterhaltspflichten aber nicht nachgekommen sind, sind bei der Nachlassverteilung keine oder kleinere Anteile zuzuteilen.[34] Ihre Erbanteile bleiben jedoch unberührt, wenn der Erblasser aufgrund seiner eigenen festen Einkünfte und Arbeitsfähigkeit ausdrücklich auf seinen Unterhaltsanspruch gegen sie verzichtet hat.[35]

(4) Einigen sich die Erben [darüber], können die Erbanteile ungleichmäßig sein.

vgl. ErbG § 13; ErbG-Ansichten Art. 34; BGB §§ 1969, 2057a.

§ 25 Nichterben mit Ansprüchen auf angemessene Zuteilung des Nachlasses

Folgenden Nichterben kann [ein] angemessener [Anteil am] Nachlass zugeteilt werden:

1. Nichterben, die bei fehlender Arbeitsfähigkeit keine Lebenshaltungsquelle haben und [nach dem Tod des Erblassers] weiter auf den vom Erblasser zu Lebzeiten geleisteten Unterhalt angewiesen sind;
2. Nichterben, die dem Erblasser in größerem Umfang Unterhalt leisteten;
3. Nichterben, die in einem besonderen Verhältnis zum Erblasser standen.

vgl. ErbG § 14; ErbG-Ansichten Art. 32; ZGB § 1149.

Kapitel 3. Testamentarische Verfügung

Titel 1. Allgemeine Bestimmungen

§ 26 Begriff des Testaments

Ein Testament ist die von einer natürlichen Person kraft Gesetzes vorgenommene einseitige Zivilhandlung[36], um über ihr Vermögen zu verfügen und die

---

32 W. Üs.: (Ihnen kann) mehr (zugeteilt werden).

33 W. Üs.: Erben, die die überwiegenden Unterhaltspflichten gegenüber dem Erblasser erfüllt haben …

34 W. Üs.: … ist bei der Nachlassverteilung *nichts* oder *weniger* zuzuteilen …

35 W. Üs.: … ausdrücklich erklärt hat, dass er keinen Unterhalt von ihnen fordert.

36 Für die inhaltliche und sprachliche Erläuterung von „Zivilhandlung“ als der deutschen Entsprechung von 民事行为 siehe *WANG Qiang*, Beiträge der späten Qing-Zeit zu

diesbezüglichen Angelegenheiten zu regeln, welche mit ihrem Tod wirksam wird.

§ 27 Verbot der Vertretung

Ein Testament muss von dem Testator persönlich errichtet werden. Ein von einer dritten Person in Vertretung errichtetes Testament ist unwirksam.

vgl. BGB §§ 2064-2065.

§ 28 Testierfreiheit[37]

Eine natürliche Person kann nach den Vorschriften dieses Gesetzes Testamente errichten, einen oder mehrere der gesetzlichen Erben als Erben ihres Nachlasses bestimmen, oder ihr Privatvermögen dem Staat, Kollektiven oder anderen [natürlichen] Personen als den gesetzlichen Erben vermachen.

vgl. ErbG § 16; ZGB § 1187.

§ 29 Pflichtteil

(1) Bei der Testamentserrichtung muss der Testator den Pflichtteilserben die gesetzlich vorgeschriebenen Anteile vorbehalten und er darf die Pflichtteile nicht beschweren. Eine vom Testator wider gesetzliche Bestimmungen getroffene testamentarische Verfügung über den Pflichtteil ist unwirksam.

(2) Der von einem Pflichtteilserben vor dem Tod des Erblassers erklärte Verzicht auf seinen Pflichtteil ist unwirksam.

(3) Die gesetzlichen Erben der ersten und zweiten Ordnung im Sinne dieses Gesetzes sind die Pflichtteilserben.

vgl. BGB § 2303.

§ 30 Feststellung der Höhe des Pflichtteils

(1) Der Pflichtteil der gesetzlichen Erben der ersten Ordnung beträgt die Hälfte ihres Erbteils.

(2) Der Pflichtteil der gesetzlichen Erben der zweiten Ordnung beträgt ein Drittel ihres Erbteils.

(3) Auf die Pflichtteilserbfolge findet die [Regelung der] Erbfolge der gesetzlichen Erben entsprechende Anwendung.

vgl. ZGB § 1223.

Chinas moderner vermögensrechtlicher Terminologie – Eine rechts-, translations- und sprachwissenschaftliche Studie über den auf dem deutschen BGB basierenden Zivilgesetzbuch-Entwurf, Frankfurt a. M. 2012, S. 193 ff.

37 W. Üs.: Grundsatz/Prinzip der Testierfreiheit.

§ 31 Verlust des Pflichtteils
Verliert ein Erbe gemäß den Bestimmungen dieses Gesetzes sein Erbrecht, erlischt gleichzeitig der ihm zustehende Pflichtteilsanspruch[38].

vgl. BGB §§ 2333, 2337.

§ 32 Rechtmäßigkeit des Testaments[39]
Bei der Testamentserrichtung darf der Beteiligte nicht gegen gesetzliche Vorschriften oder die allgemeine gesellschaftliche Moral verstoßen.

§ 33 Testierfähigkeit

(1) Bei der Testamentserrichtung muss der Testator voll zivilgeschäftsfähig sein. Ein von einem beschränkt Zivilgeschäftsfähigen oder Zivilgeschäftsunfähigen errichtetes Testament ist unwirksam.

(2) Die Testierfähigkeit des Testators hängt von dessen [Geschäfts-]Fähigkeit zur Zeit der Testamentserrichtung ab.

(3) Hat ein Zivilgeschäftsunfähiger ein Testament errichtet, so bleibt das Testament unwirksam, auch wenn dieser nachher die [volle] Zivilgeschäftsfähigkeit wieder erlangt. Hat ein Testator mit [voller] Zivilgeschäftsfähigkeit ein Testament errichtet, und wird dieser nachher zivilgeschäftsunfähig, so bleibt die Wirksamkeit des Testaments unberührt.

vgl. ErbG § 22; ErbG-Ansichten Art. 41; BGB § 2229.

Titel 2. Testamentsformen

§ 34 Testamentsformen
Ein Testament kann in den gesetzlich vorgeschriebenen Formen, wie z. B. durch öffentliche Beurkundung, eigenhändige Handschrift, Diktat, Tonträgeraufnahme oder mündlich errichtet werden.

vgl. ErbG § 17; ZGB § 1189; BGB § 2232.

§ 35 Öffentlich beurkundetes Testament

(1) Die öffentliche Beurkundung eines Testaments wird vom Testator bei den Beurkundungsbehörden durchgeführt. Die Beurkundung muss der Testator persönlich beantragen und durchführen, ohne sich dabei vertreten lassen zu dürfen.

38 W. Üs.: … erlischt gleichzeitig das ihm zustehende Pflichtteilsrecht.

39 W. Üs.: … Grundsatz/Prinzip der Rechtmäßigkeit des Testaments.

(2) Die öffentliche Beurkundung des Testaments erfolgt unter Beteiligung von mehr als zwei Notaren. Bei der Beurkundung müssen die Notare den Ausschließungsprozess[40] einhalten.

(3) Der Testator muss vor den Notaren den Inhalt des Testaments schriftlich oder mündlich erklären. Schreibt der Testator das Testament eigenhändig, muss er es unter Angabe des Datums unterzeichnen. Diktiert er das Testament, wird es vom Notar aufgeschrieben und ihm dann vorgelesen. Nach Überprüfung und Bestätigung [des Testaments durch den Testator] unterschreiben die anwesenden Notare und der Testator das Testament unter Angabe des Errichtungsdatums.

(4) Bei der Beurkundung [des Testaments] müssen die Notare die einschlägigen [testamentarischen] Gegenstände, die Testierfähigkeit des Testators, Authentizität der testamentarischen Willenserklärung(en), Rechtmäßigkeit der Testamentsformen und sonstige laut der Beurkundungsordnung zu prüfende Gegenstände überprüfen.

vgl. ZGB § 1191.

§ 36 Eigenhändiges Testament

(1) Beim eigenhändigen Testament schreibt der Testator eigenhändig das ganze Testament[41] und unterzeichnet es unter Angabe des Datums.

(2) Wenn es sich bei der Verfügung von Todes wegen, die eine natürliche Person in der vor ihrem Tod hinterlassenen Schrift über ihr Privatvermögen traf, inhaltlich um ihre authentische Willenserklärung handelt, die Verfügung mit

40 In § 9 der 2000 verabschiedeten „Testamentsbeglaubigungs-/Testamentsbeurkundungsverordnung“ (http://baike.baidu.com/view/437918.htm) wird auf die in § 10 der „Ordnung des Beglaubigungsprozesses (Probeentwurf)“ ausgeführten Anlässe zur Ausschließung der Notare im Beglaubigungsprozess verwiesen: wenn der Notar eine der von den Beglaubigungsgegenständen betroffenen Parteien oder deren Nahverwandter ist oder auf andere Art und Weise mit ihnen verbunden ist, was die richtige Durchführung der Beglaubigung verhindern kann, oder wenn er unmittelbare Interessen an den Beglaubigungsgegenständen hat. Der 2002 verabschiedete Probeentwurf (http://116.228.10.136/docsqlwc/detail.asp?UnitDm=156000&backtype=CloseYes&docid=19612) wurde durch die 2006 erlassene „Ordnung des Beglaubigungsprozesses“ (http://baike.baidu.com/view/255920.htm) ersetzt, während dieselben Anlässe zur Ausschließung im Wesentlichen in § 23 Beglaubigungsgesetz (verabschiedet 2005; abrufbar unter http://news.xinhuanet.com/video/2005-08/28/content_3414086.htm) zusammengefasst werden.

41 W. Üs.: … den vollständigen Inhalt des Testaments.

ihrer eigenen Unterschrift und dem Datum versehen ist und kein Gegenbeweis vorliegt, gilt diese Verfügung[42] als ein eigenhändiges Testament.

vgl. ErbG § 17; ErbG-Ansichten Art. 40; ZGB § 1190; BGB § 2247.

§ 37 Testament durch Diktat[43]

(1) Der Testator kann den Inhalt des Testaments diktieren und es vom anderen in Vertretung schreiben lassen.

(2) Der [das Testament] in Vertretung Schreibende muss die Willenserklärung des Testators wahrheitsgemäß[44] niederschreiben, ohne sie eigenmächtig ändern oder revidieren zu dürfen.

(3) Ein durch Diktat errichtetes Testament muss von mehr als zwei Zeugen an Ort und Stelle bezeugt, von einem der Zeugen in Vertretung und unter Angabe des Datums geschrieben und von ihm, den anderen Zeugen und dem Testator unterzeichnet werden.

vgl. ErbG § 17; ZGB § 1194.

§ 38 Testament durch Tonaufnahme

(1) Der Testator kann sein Testament durch Tonaufnahme, u. a. in Form von Video-Aufnahme, CD und sonstigen durch elektronische Medien dargestellten Texten[45], errichten. Ein durch Tonaufnahme errichtetes Testament muss von mehr als zwei Zeugen an Ort und Stelle bezeugt werden.

(2) Ein durch Tonaufnahme errichtetes Testament muss vom Testator persönlich angefertigt werden. Nach der Aufnahme des Testaments muss der Testator das Tonband mit dem Testament darauf versiegeln. Der Testator und die Zeugen müssen an der Verschlussstelle des versiegelten, durch Tonaufnahme errichteten Testaments unter Angabe des Datums unterschreiben.

(3) Ein [versiegeltes] durch Tonaufnahme errichtetes Testament kann nur bei gleichzeitiger Anwesenheit[46] der Zeugen, Erben, Vermächtnisnehmer und anderer materiell Interessierter entsiegelt werden.

vgl. ErbG § 17.

§ 39 Mündliches Testament

(1) In einer Notlage[47] kann der Testator ein mündliches Testament errichten.

---

42 D. h. dieses Testament.

43 W. Üs.: in Vertretung geschriebenes Testament.

44 W. Üs.: loyal [dem Testator gegenüber].

45 W. Üs.: sonstige elektronische Lesematerialien (E-Books).

46 W. Üs.: bei vollständiger Anwesenheit.

47 W. Üs.: in akuter Gefahr.

(2) Errichtet ein Testator ein mündliches Testament gemäß Abs. 1, muss es von mehr als zwei Zeugen an Ort und Stelle bezeugt werden. Die Zeugen dürfen abwesend sein, solange der Testator auf andere Art und Weise ihnen seinen wahren Testierwillen mitteilen kann. Die Zeugen müssen unverzüglich[48] den von ihnen bezeugten testamentarischen Inhalt schriftlich festhalten, unter Angabe der Testierzeit unterzeichnen und [das Testament] nach der Aufhebung der Notlage den Erben, Vermächtnisnehmern oder anderen materiell Interessierten unverzüglich aushändigen.

(3) Kann der Testator nach der Aufhebung der Notlage ein Testament in anderen Formen errichten, wird das mündlich errichtete Testament mit dem Ablauf von zwei Wochen seit der Aufhebung unwirksam.

vgl. ErbG § 17; ZGB §§ 1195-1197; BGB §§ 2249-2252.

§ 40 Testamentszeugen

(1) Ein Testamentszeuge ist ein Dritter, der die Authentizität des Testaments bezeugt. Der Testator muss die Testamentszeugen bei der Testamentserrichtung persönlich bestellen. In einer Notlage kann auch ein voll Zivilgeschäftsfähiger, der nicht bestellt war, aber die Authentizität des mündlichen Testaments wirklich bezeugen kann, Testamentszeuge sein.

(2) Folgende Personen können nicht Testamentszeugen sein:

1. Zivilgeschäftsunfähige und beschränkt Zivilgeschäftsfähige;

2. Erben und Vermächtnisnehmer, deren Ehegatten oder andere geradlinige Blutsverwandte;

3. andere Personen, die zu den Erben oder Vermächtnisnehmern in einem ihnen nützlichen oder schädlichen Verhältnis stehen.

vgl. ErbG § 18; ErbG-Ansichten Art. 36; ZGB § 1198.

Titel 3. Testamentsinhalt

§ 41 Testamentsinhalt

(1) Der Testator kann im Testament folgende Gegenstände regeln:

1. Einsetzung von Erben und Vermächtnisnehmern, Ersatzerben, Ersatz- und Nachvermächtnisnehmern;

2. Bestimmung der Reihenfolge, Methode oder Anteile bei der Nachlassverteilung;

---

48 W. Üs.: rechtzeitig. Dies gilt auch für weitere Stellen in diesem Vorschlagsentwurf mit demselben Ausdruck.

3. Anordnung der den testamentarischen Erben und Vermächtnisnehmern gemachten Auflage;

4. Bestellung der Testamentsvollstrecker;

5. Bestellung und Bestimmung der Treunehmer bzw. Begünstigten einer testamentarischen Treuhand;

6. sonstige Angaben.

(2) Die Wirksamkeit eines Testaments bleibt unberührt, wenn es nicht alle obigen Angaben enthält.

vgl. BGB §§ 2096, 2190.

§ 42 Vermächtnis

(1) Ein im Testament bestimmter Vermächtnisnehmer kann nur der Staat, ein Kollektiv, eine juristische Person oder eine andere Organisation und eine andere [natürliche] Person[49] als der gesetzliche Erbe sein.

(2) Ein Vermächtnisnehmer muss eine beim Wirksamwerden des Testaments lebende Person sein. Jedoch kann eine zurzeit des Todes des Vermächtnisgebers bereits gezeugte oder [erst] während der Wirksamkeit des Testaments gezeugte Leibesfrucht Vermächtnisnehmer sein.

(3) Vermachtes Vermögen muss [Teil der] Erbschaft sein. Außerdem muss es möglich und legal sein, die Vermächtnisanordnung[50] zur Zeit des Todes des Vermächtnisgebers durchzuführen.

(4) Die Wirksamkeit des Vermächtnisses erstreckt sich [auch] auf das Zubehör der Hauptsache und die seit dem Wirksamwerden des Testaments aus der vermachten Sache entstandenen Früchte unbeschadet der beim Wirksamwerden des Testaments bereits am Vermächtnisgegenstand vorhandenen Rechte.

(5) Das Recht des Vermächtnisnehmers zum Empfang von Vermächtnissen erlischt, wenn infolge dessen Vorsatzes oder grober Fahrlässigkeit der Testator[51] oder seine geradlinigen Blutsverwandten sterben oder schwer verletzt werden, es sei denn, dass der Vermächtnisgeber [dies] ihm ausdrücklich verziehen hat.

vgl. ErbG § 16; ZGB §§ 1201-1203; BGB §§ 2160, 2164-2166, 2169, 2171.

---

49 Für den Umfang der „Person" in dem Zusammenhang siehe *LIANG Huixing* (Fn. 17), S. 101.

50 W. Üs.: das Vermächtnis.

51 D. h. der Vermächtnisgeber.

§ 43 Testamentarische Treuhand
Bei der Anordnung einer testamentarischen Treuhand muss der Testator die einschlägigen Bestimmungen des Treuhandgesetzes einhalten.
vgl. TreuhandG § 13.

§ 44 Beschränkung des Testaments mit Bedingungen
(1) Ein Testator kann im Testament die testamentarische Erbfolge und das Vermächtnis mit bestimmten Bedingungen verbinden.
(2) Bedingungen, mit denen der Testator die testamentarische Erbfolge und das Vermächtnis verbindet, dürfen nicht zur Verletzung der Interessen des Staates, der Gesellschaft, des Kollektivs oder anderer Personen führen. Der Testator darf die testamentarische Erbfolge oder das Vermächtnis nicht mit beschränkenden Bedingungen verbinden, die sich nicht auf das Vermögen beziehen[52].
(3) Bedingungen, die der Testator wider die obigen Bestimmungen anordnet, sind unwirksam.
vgl. ZGB § 1143; BGB §§ 2171, 2192 ff.

§ 45 Vermutung des Testamentsinhalts
Hat der Testator im Testament nur die testamentarischen Erben, die Bezeichnung, den Umfang oder Wert des Nachlasses bestimmt, jedoch ohne die konkreten Nachlassgegenstände und -anteile, die jedem Erben zustehen, festgelegt zu haben, so ist der Nachlass unter den von ihm eingesetzten Erben gleichmäßig zu verteilen.

§ 46 Auslegung des Testaments
Der Inhalt eines Testaments ist so auszulegen, dass gemäß dessen Wortlaut dem Willen des Testators am meisten entsprochen wird.
vgl. BGB § 2073.

Titel 4. Änderung und Widerruf des Testaments

§ 47 Änderung und Widerruf des Testaments
Der Testator kann gemäß den gesetzlich vorgeschriebenen Testierbedingungen und -formen das von ihm errichtete Testament widerrufen und ändern.
vgl. ErbG § 20; ZGB § 1219; BGB §§ 2253-2254.

---

52 Alt. Üs.: … nicht mit beschränkenden Bedingungen verbinden, die nicht vermögensrechtlicher Natur sind.

§ 48. Erste Art des Widerrufs des Testaments: ausdrücklicher Widerruf

Der Testator kann in jeder gesetzlichen Testamentsform ein vorher [von ihm] in einer anderen gesetzlichen Form errichtetes Testament widerrufen.

vgl. ErbG § 20; ZGB §§ 1219, 1220; BGB §§ 2253-2254, 2258.

§ 49 Zweite Art des Widerrufs des Testaments: konkludenter Widerruf

Nimmt der Testator eine der folgenden Handlungen vor, so gilt sein Testament als widerrufen:

1. Hat der Testator mehrere Testamente errichtet, die sich inhaltlich widersprechen, so gilt [nur] das zuletzt Errichtete;

2. Stehen die vom Testator zu Lebzeiten vorgenommenen Handlungen in Widerspruch zum Inhalt des Testaments, so gilt der in Widerspruch stehende Teil des Testaments als widerrufen;

3. Hat der Testator das Testament absichtlich vernichtet, so gilt es als widerrufen.

vgl. ErbG § 20; ErbG-Ansichten Art. 39; ZGB §§ 1219-1222; BGB §§ 2253-2255, 2258.

Titel 5. Wirkungen des Testaments

§ 50 Zeit des Wirksamwerdens des Testaments

(1) Das Testament wird mit dem Tod des Testators wirksam. Ist ein Vermächtnis mit einer aufschiebenden Bedingung[53] verbunden, so wird es mit deren Eintritt wirksam.

(2) Ist im Testament die Erbfolge mit einer aufschiebenden Bedingung verbunden, so ist die Bedingung unwirksam.

vgl. ErbG § 21; ZGB §§ 1199, 1200; BGB § 2177.

§ 51 Unwirksamkeit des Testaments

(1) Unter einem der folgenden Umstände wird das Testament unwirksam:

1. bei einem vom Zivilgeschäftsunfähigen oder beschränkt Zivilgeschäftsfähigen errichteten Testament;

2. bei einem in Vertretung errichteten Testament;

3. bei einem gefälschten Testament;

4. bei einem durch Drohung oder Betrug errichteten Testament;

---

53 Alt. Üs.: … mit einer Bedingung für sein Wirksamwerden verbunden. Für die Interpretation der Bedingung hier, mit der das Vermächtnis verbunden ist, als „aufschiebende Bedingung" siehe *LIANG Huixing* (Fn. 17), S. 123-124.

5. bei dem eigenmächtig geänderten Teil des Testaments [ist dieser Teil unwirksam];

6. wenn in einem Teil [des Testaments] eine testamentarische Verfügung über Vermögen im Eigentum des Staats, eines Kollektivs oder anderer [natürlichen] Personen[54] getroffen wird[,] [dann ist dieser Teil unwirksam];

7. wenn gesetzeswidrig in einem Teil [des Testaments] eine Verfügung über Pflichtteile getroffen wird[,] [dann ist dieser Teil unwirksam].

(2) Unwirksame Testamente sind nicht vollstreckbar.[55] Die Teilunwirksamkeit des Testaments hat keine Wirkung auf die Wirksamkeit dessen restlicher Teile.

vgl. ErbG § 22; ErbG-Ansichten Art. 38; BGB § 2085.

§ 52 Anfechtung eines mangelhaften Testaments

(1) Entspricht das Testament nicht den gesetzlich vorgeschriebenen Formen, so können die Erben, Vermächtnisnehmer oder andere materiell Interessierten seine Anfechtung beantragen.

(2) Wurde das Testament [wirksam] angefochten, so wird es rückwirkend seit dem Zeitpunkt des Todes des Testators unwirksam. Wurde die Testamentsvollstreckung noch nicht durchgeführt, so ist sie einzustellen. Wurde sie durchgeführt, so ist der betroffene Nachlass[teil] zurückzuerstatten. Ist die Rückerstattung nicht mehr möglich, so muss der Begünstigte einen Ausgleich gemäß dem angerechneten Wert leisten.

(3) Das Anfechtungsrecht gemäß Abs. 1 erlischt mit dem Ablauf von fünf Jahren, seitdem der Anfechtungsberechtigte den Anfechtungsgrund kennt oder kennen muss.

vgl. BGB §§ 2079-2082.

Titel 6. Testamentsvollstreckung

§ 53 Befugnis des Testamentsvollstreckers

Der Testamentsvollstrecker muss voll zivilgeschäftsfähig sein.

§ 54 Ernennung des Testamentsvollstreckers

(1) Der Erblasser kann im Testament den Testamentsvollstrecker ernennen und auch einen Dritten beauftragen, den Testamentsvollstrecker zu ernennen.

---

54 Für den Umfang der „Person“ in dem Zusammenhang siehe *LIANG Huixing* (Fn. 17), S. 118-119.

55 W. Üs.: Unwirksame Testamente haben keine Wirkung bei der Vollstreckung.

(2) Hat der Erblasser keinen Testamentsvollstrecker ernannt oder kann der ernannte Testamentsvollstrecker die Vollstreckung nicht durchführen, so wird der gesetzliche Erbe des Erblassers der Testamentsvollstrecker.

(3) Ist weder ein testamentarisch ernannter Testamentsvollstrecker noch ein gesetzlicher Erbe vorhanden, um die Testamentsvollstreckung durchzuführen, so wird die Einheit, welcher der Erblasser zu Lebzeiten angehörte,[56] oder der [städtische] Wohnbevölkerungsausschuss bzw. der Dorfbevölkerungsausschuss am Ort des Erbfalleintritts der Testamentsvollstrecker.

vgl. ZGB § 1209; BGB § 2197-2200.

§ 55 Annahme oder Ausschlagung [der Ernennung] durch den Testamentsvollstrecker

Ist ein anderer als der Erbe zum Testamentsvollstrecker ernannt worden, kann er entscheiden, ob er das Amt annimmt; will er das Amt des Testamentsvollstreckers nicht annehmen, so muss er dies den Erben, Vermächtnisnehmern oder anderen materiell Interessierten unverzüglich mitteilen.

vgl. BGB § 2202.

§ 56 Mehrere Testamentsvollstrecker

(1) Wurden mehr als zwei Testamentsvollstrecker ernannt, so haben sie das Testament gemeinsam zu vollstrecken, solange der Testator im Testament keine abweichende Willenserklärung abgegeben hat.

(2) Wenn kein Testamentsvollstrecker ernannt wurde und mehrere gesetzliche Erben vorhanden sind, werden alle Erben Mitvollstrecker. Die Erben können gemeinsam einen oder mehrere [aus ihrer Mitte] zu ihren Vertretern bei der Testamentsvollstreckung ernennen.

(3) Einigen sich die Testamentsvollstrecker über die Vollstreckung nicht, können sie [diesbezüglich] das Volksgericht um ein Urteil anrufen.

vgl. ZGB § 1211; BGB § 2224.

§ 57 Rechte und Pflichten des Testamentsvollstreckers

Soweit im Testament nichts anderes bestimmt ist, hat der Testamentsvollstrecker folgende Rechte und Pflichten:

1. Überprüfung der Rechtmäßigkeit und Authentizität des Testaments;
2. Ordnen und Inventarisieren des Nachlasses;

56 D. h. ..., so wird der Arbeitgeber, bei welchem der Erblasser zu Lebzeiten beschäftigt war, ...

3. Verwaltung des Nachlasses;

4. prozessuale Vertretung;

5. Versammlung sämtlicher testamentarischer Erben und Vermächtnisnehmer, Bekanntgabe des Testamentsinhalts;

6. endgültige Übertragung des Nachlasses an die testamentarischen Erben und Vermächtnisnehmer gemäß den testamentarischen Anordnungen;

7. Beseitigung aller gegen die Testamentsvollstreckung bestehenden Hemmnisse;

8. Geltendmachung der Ansprüche gegen die Erben[57] auf Ersatz des [dem Testamentsvollstrecker] durch die Testamentsvollstreckung unerwartet entstanden Schadens.

vgl. ZGB § 1214-1217; BGB §§ 2203, 2205-2206; 2212, 2215-2218.

§ 58 Haftung des Testamentsvollstreckers

Der Testamentsvollstrecker hat bei der Vollstreckung seine Pflichten gemäß den gesetzlichen Vorschriften und dem Willen des Testators treu und gewissenhaft zu erfüllen. Verursacht er den Erben, Vermächtnisnehmern und anderen materiell Interessierten vorsätzlich oder grobfahrlässig einen Schaden, so ist er diesen zum Ersatz verpflichtet. Vollstreckt er das Testament entgeltlich, so ist er verpflichtet, den infolge seines jeglichen Verschuldens[58] entstandenen Schaden zu ersetzen.

vgl. BGB §§ 2219, 2221.

§ 59 Entziehung der Befugnis des Testamentsvollstreckers

Ist der Testamentsvollstrecker nicht imstande, seine Pflichten ordnungsgemäß zu erfüllen, können die Erben, Vermächtnisnehmer und andere materiell Interessierten beim Volksgericht die Entziehung seiner Befugnis als Testamentsvollstrecker beantragen.

vgl. ZGB § 1218; BGB § 2227.

§ 60 Vergütung des Testamentsvollstreckers

Der Testator kann im Testament eine Vergütung für den Testamentsvollstrecker bestimmen. Hat der Testator keine vorher erwähnte Vergütung bestimmt, kann

57 Vermutlich gegen die Vermächtnisnehmer auch.

58 Für den Umfang des Begriffs „Verschulden" mit derselben irrführenden Bezeichnung auf Chinesisch 过失 aber auch für „Fahrlässigkeit" siehe u. a. *LIANG Huixing* (Fn. 17), S. 136-137.

der Testamentsvollstrecker diese nicht verlangen, es sei denn, dass die Erben oder Vermächtnisnehmer freiwillig eine Vergütung [an ihn] leisten.

vgl. BGB § 2221.

Kapitel 4. Vereinbarungen über Vermächtnisse und Unterhalt

§ 61 Begriff der Vereinbarung über Vermächtnisse und Unterhalt

(1) Die Vereinbarung über Vermächtnisse und Unterhalt ist eine zwischen der natürlichen Person (dem Vermächtnisgeber oder dem Unterhaltenen) und dem Unterhaltspflichtigen[59] oder dem Kollektiv abgeschlossene Vereinbarung, die die Unterhaltung des Unterhaltenen[60] zu dessen Lebzeiten und dessen Beerdigung im Todesfall sowie das Vermächtnis von dessen Vermögen regelt.[61]

(2) Fehlt in diesem Gesetz eine gesetzliche Regelung bezüglich der Vereinbarung über Vermächtnisse und Unterhalt, so finden die einschlägigen Bestimmungen des Vertragsgesetzes entsprechende Anwendung.

vgl. ErbG §§ 31, 32; ErbG-Ansichten Art. 55.

§ 62 Form der Vereinbarung über Vermächtnisse und Unterhalt

Die Vereinbarung über Vermächtnisse und Unterhalt ist in schriftlicher Form abzuschließen.

§ 63 Wirkung der Vereinbarung über Vermächtnisse und Unterhalt

(1) Die Vereinbarung über Vermächtnisse und Unterhalt wird mit deren Abschluss sofort wirksam und ist gesetzlich geschützt.

(2) Mit dem Wirksamwerden der Vereinbarung über Vermächtnisse und Unterhalt obliegen dem Unterhaltspflichtigen die Pflichten zur Leistung des Unterhalts an den Unterhaltenen zu dessen Lebzeiten und zur Übernahme seiner Beerdigungskosten im Todesfall. Nach dem Tod des Unterhaltenen ist der Unterhaltspflichtige berechtigt, dessen Nachlass gemäß der Vereinbarung über Vermächtnisse und Unterhalt zu erwerben.

vgl. ErbG-Ansichten Art. 56.

---

59 D. h. der unterhaltsleistenden/unterhaltspflichtigen Person.

60 D. h. Bezieher/Empfänger von Unterhalt oder Unterhaltsberechtigten.

61 W. Üs.: … Vereinbarung, deren Gegenstand in der Unterhaltung des Unterhaltenen zu dessen Lebzeiten und dessen Beerdigung im Todesfall sowie dem Vermächtnis von dessen Vermögen besteht.

Kapitel 5. Nachlassregelung[62]

§ 64 Mitteilung nach dem Erbfalleintritt

(1) Der Erbe, der vom Tode des Erblassers erfährt, ist der zur Mitteilung des Erbfalleintritts Verpflichtete. Erfährt keiner der Erben vom Tod des Erblassers, oder erfährt ein Erbe vom Tod des Erblassers, ohne dies mitteilen zu können, so wird die Einheit, welcher der Erblasser zu Lebzeiten angehörte, oder der Wohnbevölkerungs- bzw. Dorfbevölkerungsausschuss seines lebzeitigen Wohnsitzes der zur Mitteilung des Erbfalleintritts Verpflichtete.

(2) Erfahren andere materiell Interessierten von der Tatsache des Erbfalleintritts, können sie dies auch den Erben oder dem Testamentsvollstrecker mitteilen.

vgl. ErbG § 23; ZGB § 1212.

§ 65 Auswahl des Nachlassverwalters

(1) Binnen zwei Monaten nach dem Erbfalleintritt haben die Erben durch Einberufung einer Versammlung einen Nachlassverwalter auszuwählen. Haben die Miterben keinen Nachlassverwalter ausgewählt, so üben alle Miterben gemeinsam das Amt des Nachlassverwalters aus.

(2) Wurde im Testament ein Testamentsvollstrecker bestellt, so übt dieser das Amt des Nachlassverwalters aus.

(3) In folgenden Fällen kann das Volksgericht auf Antrag der materiell Interessierten einen Nachlassverwalter bestellen:

1. wenn im Testament kein Testamentsvollstrecker bestellt wurde und die Erben sich über die Auswahl des Nachlassverwalters nicht einigen können;

2. wenn kein Erbe vorhanden oder der Verbleib der Erben unbekannt ist und außerdem im Testament kein Testamentsvollstrecker bestellt wurde;

3. wenn der Nachlassgläubiger tatsächlich beweisen kann, dass die Erben mit ihren Handlungen seine Interessen gefährdet haben oder eventuell gefährden werden.

(4) Vor der Bestellung des Nachlassverwalters kann das Gericht auf Antrag der materiell Interessierten notwendige Verfügungen über den Nachlass treffen.

vgl. ErbG-Ansichten Art. 44; ZGB §§ 1152, 1177-1178; BGB § 1981.

§ 66 Vergütung des Nachlassverwalters

Üben andere Personen als die Erben oder der Testamentsvollstrecker das Amt des Nachlassverwalters aus, können sie eine Vergütung verlangen, die dem von ihnen ausgeübten Amt entspricht. Die Vergütung des Nachlassverwalters ist als Teil der Erbkosten vorrangig zu begleichen.

vgl. BGB § 1987.

---

62 W. Üs.: Verfahren mit dem Nachlass.

§ 67 Aufbewahrung des Nachlasses

Nach dem Erbfalleintritt müssen die Personen, die im Besitz eines Nachlassgegenstandes[63] sind, den Nachlassgegenstand ordnungsgemäß aufbewahren und dem Nachlassverwalter dessen Art, Menge und Zustand unverzüglich mitteilen. Der Nachlassverwalter und die Erben beschließen in Verhandlungen die Methode zur weiteren Aufbewahrung[64] des Nachlassgegenstandes.

vgl. ErbG § 24.

§ 68 Errichtung des Nachlassinventars

(1) Der Nachlassverwalter hat das Vermögen des Erblassers rechtzeitig zu ordnen und ein Nachlassinventar zu errichten.

(2) Bei der Errichtung des Nachlassinventars hat der Nachlassverwalter das Vermögen des Erblassers vom gemeinschaftlichen Vermögen der Ehegatten, vom gemeinschaftlichen Familienvermögen und Vermögen der Anderen zu trennen.

vgl. ErbG § 26; EheG § 17-18; ZGB § 1179; BGB § 1993.

§ 69 Verwendung des Nachlasses, Ziehung der Nutzungen aus dem Nachlass und Verfügung über den Nachlass

(1) Sind mehrere Erben vorhanden, ist der Nachlass Gesamthandeigentum aller Erben. Ohne Zustimmung aller Erben ist jedem einzelnen Erben verboten, den Nachlass wertmindernd zu verwenden, daraus Nutzungen zu ziehen oder darüber zu verfügen.

(2) Hat der Nachlassbesitzer im Notfall zur Wertsicherung über den Nachlass verfügt, muss er nachher die Erben und den Nachlassverwalter unverzüglich davon unterrichten und das [durch die Verfügung] erlangte Entgelt an den Nachlassverwalter übergeben.

vgl. ErbG-Ansichten Art. 177; ZGB § 1151; BGB §§ 2032, 2040.

§ 70 Beschränkung der Erbanteilsübertragung

(1) Vor der Erbauseinandersetzung kann kein Miterbe den von ihm geerbten Erbschaftsanteil an andere Personen als Miterben übertragen.

(2) Wird ein Erbschaftsanteil wider die Vorschrift des Abs. 1 übertragen, so ist die Übertragung unwirksam.

vgl. BGB § 2033.

---

63 W. Üs.: der Nachlass.

64 W. Üs.: … zur nachherigen Aufbewahrung …

§ 71 Annahme und Ausschlagung der Erbschaft

(1) Schlägt ein Erbe die Erbschaft aus, so muss er binnen zwei Monaten nach Kenntniserlangung vom Erbfalleintritt seine Willenserklärung zur Erbschaftsausschlagung schriftlich abgeben[65]. Wird die Erklärung nach dem Ablauf der Frist nicht abgegeben, so gilt die Erbschaft als angenommen.

(2) Nimmt ein Vermächtnisnehmer das Vermächtnis an, so muss er binnen zwei Monaten nach Kenntniserlangung von der Zuwendung des Vermächtnisses seine Willenserklärung zur Vermächtnisannahme abgeben. Wird die Erklärung nach dem Ablauf der Frist nicht abgegeben, so gilt das Vermächtnis als ausgeschlagen.

(3) Die Willenserklärung des Erben und Vermächtnisnehmers zur Annahme oder Ausschlagung der Erbschaft bzw. des Vermächtnisses ist unwiderruflich, es sei denn, dass die Erklärung infolge von Betrug oder Drohung abgegeben wurde.

vgl. ErbG § 25; ErbG-Ansichten Art. 47-50; ZGB § 1174; BGB §§ 1943-1946, 1954-1957.

§ 72 Annahme und Ausschlagung unter einer Bedingung oder Befristung, Teilannahme und Teilausschlagung

(1) Die Annahme oder Ausschlagung der Erbschaft kann nicht unter einer Bedingung oder einer Befristung erfolgen.

(2) Eine Willenserklärung, die zur Teilannahme oder Teilausschlagung der Erbschaft abgegeben wird, ist unwirksam.

vgl. BGB §§ 1947, 1950.

§ 73 Rückwirkung der Erbschaftsausschlagung

Die Erbschaftsausschlagung wird rückwirkend mit dem Erbfalleintritt wirksam.

vgl. ErbG6-Ansichten Art. 51; ZGB § 1175; BGB § 1953.

§ 74 Unwirksamkeit der Erbschaftsausschlagung

Verletzt der Erbe durch die Erbschaftsausschlagung die Interessen eines seiner Gläubiger, so kann dieser binnen sechs Monaten seit dem Tag, an dem er die Ausschlagung durch den Erben kennt oder kennen muss, beim Volksgericht ein Urteil beantragen, das die Ausschlagung für unwirksam erklärt, es sei denn, dass der Erbe [ihm] eine ausreichende Sicherheit geleistet hat.

vgl. ErbG-Ansichten Art. 46; CH-ZGB § 578.

---

65 Alt. Üs.: seinen Willen zur Erbschaftsausschlagung schriftlich erklären.

§ 75 Umfang der Nachlassverbindlichkeiten und gesamtschuldnerische Haftung der Miterben

(1) Nachlassverbindlichkeiten sind die vom Erblasser zu Lebzeiten kraft Gesetzes zu zahlenden Steuern und die ausschließlich zur Bestreitung der eigenen Lebenshaltungskosten und der Produktionskosten[66] herrührenden Schulden. Zu Nachlassverbindlichkeiten gehört auch der dem Erblasser obliegende Anteil an den Familienschulden.

(2) Die Miterben haften für die Begleichung der Nachlassverbindlichkeiten gesamtschuldnerisch, es sei denn, dass der Nachlassgläubiger dem Erlass [der Verbindlichkeiten][67] zugestimmt hat.

vgl. ErbG § 33; ZGB §§ 1153, 1171; BGB §§ 1967, 2058.

§ 76 Beschränkte Haftung[68] der Erben bei der Begleichung

(1) Ein Erbe haftet nur bis zur Höhe des tatsächlichen Wertes des von ihm angenommenen Nachlasses für die Nachlassverbindlichkeiten, es sei denn, dass er den über den tatsächlichen Wert des Nachlasses hinausgehenden Teil freiwillig begleichen will.

(2) Schlägt der Erbe die Erbschaft aus, so haftet er nicht für die Steuern und Schulden, die der Erblasser kraft Gesetzes zahlen muss.[69]

vgl. ErbG § 33; ZGB §§ 1148.

§ 77 Abzug der testamentarischen Erbschaft und der Vermächtnisse

Unterschreitet im Zeitpunkt des Erbfalleintritts der tatsächliche Wert des Nachlasses den im Testament angegebenen, so ist [der fehlende Betrag] vom Wert der testamentarischen Erbschaft und der Vermächtnisse gemäß dem Verhältnis der [auf die Erben und die Vermächtnisnehmer] anzufallenden Anteile abzuziehen.

vgl. BGB § 2090; CH-ZGB § 486.

§ 78 Reihenfolge bei der Nachlassregelung

(1) Aus dem Nachlass werden zuerst die Nachlassverbindlichkeiten beglichen.[70] Bleibt nach der Begleichung der Nachlassverbindlichkeiten ein Rest

---

66 W. Üs.: … zur Deckung des Bedarfs bei der eigenen Lebenshaltung und der Produktion …

67 Vermutlich für einen oder mehrere Miterben.

68 W. Üs.: Beschränkung der Haftung …

69 W. Üs.: … so ist er nicht verpflichtet, die vom Erblasser kraft Gesetzes zu zahlenden Steuern und Schulden zu begleichen.

70 W. Üs.: Der Nachlass ist zuerst für die Begleichung der Nachlassverbindlichkeiten vorgesehen.

[vom Nachlass], so wird [damit] nach der testamentarischen Erbfolge verfahren. Bleibt danach ein weiterer Rest übrig, so wird der Nachlass von den gesetzlichen Erben nach den gesetzlichen Quoten geteilt.

(2) Sind innerhalb einer Ordnung mehrere Erben vorhanden, so wird [der Nachlass] nach den ihnen zustehenden Anteilen an sie verteilt, es sei denn, dass gesetzlich etwas anderes vorgeschrieben ist.

(3) Wird durch die Vollziehung des Nachlassregelungsverfahrens gemäß Abs. 1 und 2 den Erben, die bei fehlender Arbeitsfähigkeit keine Lebenshaltungsquelle haben, die Lebenshaltung womöglich erschwert, sind ihnen vor der Nachlassregelung Lebenshaltungskosten für die Dauer von sechs Monaten vorzubehalten.

vgl. ErbG § 14; ErbG-Ansichten Art. 37, 62; BGB §§ 1967, 1969, 2046-2047.

§ 79 Aufgebot der Forderungen gegen den Nachlass

(1) Die Erben und der Nachlassverwalter haben binnen drei Monaten nach Kenntniserlangung vom Erbfalleintritt beim Volksgericht das Nachlassinventar einzureichen. Das Volksgericht fordert sodann durch das Aufgebotsverfahren die [Nachlass-]Gläubiger auf, ihre Forderungen anzumelden.

(2) Die im Aufgebotsverfahren [für die Anmeldung von Forderungen] gesetzte Frist gemäß Abs. 1 darf nicht kürzer als drei Monate sein.

(3) Die Erben und der Nachlassverwalter können innerhalb der in diesem Paragrafen vorgeschriebenen Frist des Aufgebotsverfahrens die von jedem Gläubiger und Vermächtnisnehmer geltend gemachte Leistungsforderung ablehnen.

vgl. ZGB §§ 1156-1158; BGB §§ 1970, 2061.

§ 80 Begleichung der Nachlassverbindlichkeiten

(1) Nach Ablauf der in § 79 dieses Gesetzes bestimmten Frist des Aufgebotsverfahrens haben die Erben und der Nachlassverwalter gemäß der Summe oder Quote der [vom Nachlassgläubiger] angemeldeten Forderungen und sonstiger [ihnen] bekannter Forderungen die Nachlassgläubiger aus dem Nachlass zu befriedigen[71]. Ein [Nachlass-]Gläubiger mit Sicherungssachrechten am Nachlass kann seine vorrangige Befriedigung aus den Sicherheiten beantragen.

(2) Für noch nicht fällige oder strittige Nachlassverbindlichkeiten haben die Erben und der Nachlassverwalter vor der Erbauseinandersetzung das zu deren Begleichung notwendige Vermögen beiseitezulegen.

vgl. ZGB 1159; BGB § 2046.

---

71 W. Üs.: (den Nachlassgläubiger aus dem Nachlass zu befriedigen): ... Zahlungen [an den Nachlassgläubiger] mit dem Nachlass zu leisten.

§ 81 Schadensersatzpflicht

(1) Die Erben und der Nachlassverwalter sind verpflichtet, den Schaden, den sie unter Zuwiderhandlung gegen die Vorschriften der §§ 78 bis 80 den Nachlassgläubigern und Vermächtnisnehmern zugefügt haben, zu ersetzen.

(2) Nachlassgläubiger und Vermächtnisnehmer, die gemäß Abs. 1 Schaden erlitten haben, können von den [ungerechtfertigt befriedigten] Nachlassgläubigern und Vermächtnisnehmern, denen die ungerechtfertigte Befriedigung bekannt war, die Rückerstattung des ungerechtfertigt empfangenen Betrags verlangen.

vgl. ZGB § 1161.

§ 82 Folge der Nichtanmeldung der Forderungen

Wenn der Nachlassgläubiger nicht binnen der in diesem Gesetz bestimmten Frist seine Forderungen angemeldet hat und diese Forderungen den Erben und dem Nachlassverwalter unbekannt sind, kann er sein Recht nur am restlichen Nachlass geltend machen, es sei denn, dass ihm eine sachenrechtliche Sicherheit an dem Nachlass zusteht.

vgl. ZGB § 1162; BGB §§ 1971, 1973-1974, 2061.

§ 83 Freiheit bei der Erbauseinandersetzung und die Beschränkung

(1) Nach dem Eintritt des Erbfalls können die Erben jederzeit die Erbauseinandersetzung verlangen, es sei denn:

1. dass die Nachlassverbindlichkeiten noch nicht vollständig beglichen worden sind;

2. dass im Testament die Erbauseinandersetzung für eine bestimmte Frist ausgeschlossen ist. Die Frist darf fünf Jahre nicht überschreiten. Überschreitet sie fünf Jahre, wird sie wieder auf fünf Jahre gekürzt;

3. dass die Erben nach Verhandlungen sich auf den Ausschluss der Erbauseinandersetzung für eine bestimmte Frist geeinigt haben.

(2) Wird vor der Geburt einer Leibesfrucht die Erbauseinandersetzung verlangt, ist ihr der Erbteil vorzubehalten. Stirbt die Leibesfrucht nach der Geburt, so wird mit dem vorbehaltenen Erbteil nach der gesetzlichen Erbfolge verfahren.

(3) Wird der Wert des Nachlasses durch die sofortige Teilung beträchtlich beeinträchtigt, kann das Volksgericht auf Antrag [eines] der Erben den Aufschub der Teilung anordnen.

vgl. ErbG §§ 28, 30; ErbG-Ansichten Art. 45; ZGB § 1164; BGB §§ 2042, 2045; CH-BGB § 604.

§ 84 Prinzip und Methode der Erbauseinandersetzung

(1) Die Erbauseinandersetzung muss nach der im Testament bestimmten Methode erfolgen. Ist keine solche Methode im Testament bestimmt, so muss die Erbauseinandersetzung für die Bedürfnisse der Produktion und des Lebens von Nutzen sein und darf die bestmögliche Nutzung[72] des Nachlasses nicht beeinträchtigen.

(2) Mit dem zur Teilung ungeeigneten Nachlass kann durch die Methoden wie Anrechnung[73], angemessene Abgeltung oder Miteigentum verfahren werden.

vgl. ErbG § 29; ErbG-Ansichten Art. 58; ZGB § 1165.

§ 85 Rückwirkung der Erbauseinandersetzung

Die Erbauseinandersetzung wird rückwirkend mit dem Erbfalleintritt wirksam, solange die Interessen Dritter nicht [dadurch] verletzt werden.

vgl. ZGB §§ 1148, 1167.

§ 86 Erbkosten

(1) Die Erbkosten für die Verwaltung, Erbauseinandersetzung und Testamentsvollstreckung[74] sind vor den Nachlassverbindlichkeiten zu begleichen.

(2) Die Kosten infolge des Verschuldens der Erben und Nachlassverwalter gehören nicht zu den Erbkosten und fallen den schuldhaft handelnden Erben und Nachlassverwaltern zur Last.

vgl. ZGB § 1150; BGB § 1967.

§ 87 Gewährleistung für Mängel[75]

(1) Nach der Erbauseinandersetzung haftet jeder Erbe bis zur Höhe des von ihm erlangten Erbanteils für die Mängel an den Nachlassgegenständen, die den anderen Erben zugeteilt wurden, wie ein Verkäufer.

(2) Sind die von den Vermächtnisnehmern empfangenen Nachlassgegenstände vertretbare Sachen, können sie von den Erben verlangen, die Haftung gemäß Abs. 1 zu übernehmen.

---

72 W. Üs.: den Nutzen oder die Nutzfunktion.

73 W. Üs.: Umrechnung des Nachlasswertes in Geld.

74 W. Üs.: Die Erbkosten zur Vollziehung der Verwaltung, Erbauseinandersetzung und Testamentsvollstreckung.

75 W. Üs.: Gewährleistungshaftung für die Mangelfreiheit.

(3) Jeder Erbe haftet den anderen Erben gegenüber dafür, dass die Schuldner der ihnen zugeteilten Forderungen bei der Erbauseinandersetzung zahlungsfähig sind.[76]

(4) Sind die Forderungen gemäß Abs. 3 mit einer aufschiebenden Bedingung verbunden oder [bei der Erbauseinandersetzung noch] nicht fällig, so muss jeder Erbe dafür haften, dass die Schuldner dieser Forderungen bei deren Begleichung[77] zahlungsfähig sind.

vgl. ZGB §§ 1168-1169; BGB §§ 757, 2182-2183.

§ 88 Mithaftung[78]

Wenn einer der Miterben, der gemäß § 87 haftet,[79] zahlungsunfähig wird und den auf ihn entfallenden Haftungsanteil nicht leisten kann, so haften für den Teil[80], den dieser Erbe nicht leisten kann, der anspruchsberechtige Erbe und die anderen Erben im Verhältnis ihrer Erbanteile anteilsmäßig. Wurde es jedoch von dem anspruchsberechtigen Erben selbst [schuldhaft] verursacht, dass der entsprechende Teil nicht geleistet werden kann[81], so haften die anderen Miterben nicht mit.

vgl. ZGB § 1170; BGB § 426.

§ 89. Durchführung der testamentarischen Auflage

Soweit eine testamentarische Erbfolge oder ein Vermächtnis mit Auflagen verbunden ist und die Auflagen erfüllbar sind, kann das Volksgericht, wenn einer [zu den Auflagen verpflichteter] Erbe oder Vermächtnisnehmer ohne triftige Gründe den Auflagen nicht nachkommt, auf Antrag des Bedachten[82] oder anderer Erben sein Recht zum Empfang des den Auflagen entsprechenden Nachlassteils aufheben. Der antragstellende Erbe oder der Bedachte kann durch

76 W. Üs.: Bezüglich der den anderen Erben zugeteilten Forderungen haftet jeder Erbe dafür, dass die Schuldner dieser Forderungen bei der Erbauseinandersetzung zahlungsfähig sind.

77 Impliziert wird gleichzeitig: beim Eintritt der aufschiebenden Bedingung oder bei der Fälligkeit dieser Forderungen.

78 W. Üs.: Mittragung der Gewährleistungshaftung.

79 W. Üs. … der gemäß § 87 die Gewährleistungshaftung übernimmt, ….

80 D. h. Haftungsanteil.

81 Die wörtliche Übersetzung der Voraussetzung als „Wurde jedoch der Teil, der nicht geleistet werden kann, von dem anspruchsberechtigen Erben selbst [schuldhaft] verursacht …“ entspricht nicht vollständig ihrem tatsächlichen Sinn in dem Zusammenhang.

82 D. h. des Begünstigten.

Vollziehung der Auflagen gemäß dem Willen des Testators den [betroffenen] Nachlass[teil] erhalten.

vgl. ErbG § 21; ErbG-Ansichten Art. 43.

§ 90 Verfügung über herrenlose Erbschaft[83]

Bleibt von dem herrenlosen Nachlass ein Rest, nachdem der vom Volksgericht ernannte Nachlassverwalter gemäß diesem Gesetz die Nachlassverbindlichkeiten und Erbkosten beglichen hat, so fällt er ins Eigentum des Fiskus, indem der Nachlassverwalter ihn an die zuständigen Behörden übergibt. War der Verstorbene zu Lebzeiten Mitglied einer Organisation kollektiver Eigentumsordnung, so fällt der Restnachlass ins Eigentum der Organisation kollektiver Eigentumsordnung, bei der der Verstorbene sich [zu Lebzeiten] befand.

vgl. ErbG § 32; ErbG-Ansichten Art. 57; ZGB § 1185; BGB § 1936.

83 W. Üs.: von niemandem übernommene Erbschaft, d. h. nicht geerbte oder nicht als Vermächtnis empfangene Erbschaft.

Vorschlagsentwurf zur Revision des Erbgesetzes der Volksrepublik China (2013)

von Prof. LIANG, Huixing et al. (Übersetzung: *WANG Qiang*)

Inhaltsübersicht §§

Vorschlagsentwurf eines Zivilgesetzbuchs der VR China[1]
Buch 7. Erbrecht

Kapitel 77. Allgemeine Regeln

§ 1933 Begriff[2] der Erbfolge

(1) Erbfolge im Sinne dieses Gesetzes ist der Erwerb des von einer natürlichen Person hinterlassenen Privatvermögens durch ihre gesetzlichen Verwandten[3] in ihrem Todesfall kraft des von dem Verstorbenen zu Lebzeiten errichteten, rechtmäßigen und wirksamen Testaments oder kraft Gesetzes.

---

1 Die chinesische Version des vorliegenden Vorschlagsentwurfs, angefertigt im Jahr 2013, nach *LIANG Huixing*, Vorschlagsentwurf eines Zivilgesetzbuchs der VR China – Buch 7: Erbrecht, 2013. Im Folgenden werden chinesische Autoren mit Nach- und Vornamen, andere Autoren nur mit Nachnamen zitiert.

2 W. Üs.: Definition. Dies gilt auch für weitere definitorische Vorschriften dieses Vorschlagsentwurfs.

3 W. Üs.: ihre gesetzlich bestimmten Verwandten. Solche Vereinfachung gilt auch für weitere ähnliche Formulierungen dieses Vorschlagsentwurfs.

(2) Bei der Erbfolge ist die verstorbene Person, deren Vermögen, welches ihr zu Lebzeiten gehörte, und von Todes wegen auf andere Personen übergeht, der Erblasser, und die Person, die das Vermögen des Erblassers kraft Gesetzes übernimmt, der Erbe.

vgl. BGB § 1922.

§ 1934 Zeit des Erbfalleintritts

Der Erbfall tritt mit dem Tod des Erblassers ein.

vgl. ErbG § 2; ZGB § 1147; BGB § 1922.

§ 1935 Vermutung der Todesreihenfolge mehrerer durch denselben Unfall verstorbener Personen

Sterben die in einem Erbverhältnis stehenden Personen durch denselben Unfall, so wird diejenige, die ihrerseits keine Erben hatte, als zuerst verstorben vermutet, wenn die Todesreihenfolge nicht feststellbar ist. Hatten die Verstorbenen alle ihrerseits Erben, so werden sie als gleichzeitig verstorben vermutet, und [in diesem Fall] tritt unter ihnen kein Erbfall ein, soweit sie einer Generation angehörten. Gehörten die Verstorbenen unterschiedlichen Generationen an, so werden diejenigen der jüngeren Generation(en) als zuerst verstorben vermutet, wenn diese noch nicht volljährig waren. Waren die Verstorbenen der jüngeren Generation(en) volljährig, so werden diejenigen der älteren Generation(en) als zuerst verstorben vermutet.

vgl. ErbG-Ansichten Art. 2.

§ 1936 Ort des Erbfalleintritts

Der Erbfall tritt am Ort des letzten lebzeitigen Wohnsitzes des Erblassers oder an dem Ort des Hauptnachlasses ein.

§ 1937 Rang der gesetzlichen Erbfolge, testamentarischen Erbfolge, Vermächtnisse und der Vereinbarungen über Vermächtnisse und Unterhalt[4]

Nach dem Eintritt des Erbfalls wird gemäß der gesetzlichen Erbfolge verfahren. Liegt [dagegen] ein Testament vor, so wird nach der testamentarischen Erbfolge bzw. den Vermächtnissen verfahren. Liegt eine Vereinbarung über Vermächtnisse und Unterhalt vor, so wird [zuerst] nach der Vereinbarung verfahren.

vgl. ErbG § 5.

---

4 W. Üs. der Überschrift: Wechselseitige Wirkung unter der gesetzlichen Erbfolge, der testamentarischen Erbfolge, dem Vermächtnis und der Vereinbarung über Vermächtnisse und Unterhalt.

§ 1938 Erbfähigkeit

Erbfähig ist eine natürliche Person, die im Zeitpunkt des Erbfalleintritts lebt.

vgl. BGB § 1923.

§ 1939 Erbfähigkeit der Leibesfrucht

Eine vor dem Tod des Erblassers gezeugte Leibesfrucht gilt hinsichtlich der Erbfolge als bereits geboren, es sei denn, dass die Leibesfrucht [nachher] tot geboren wird.

vgl. ErbG § 28; ErbG-Ansichten Art. 45; BGB § 1923.

§ 1940 Verwirkung des Erbrechts

(1) Begeht ein Erbe eine der folgenden Taten, verwirkt er sein Erbrecht:

1. Tötung anderer Erben, um den Nachlass zu erlangen;
2. Vorsätzliche Tötung des Erblassers, außer zwecks Notwehr;
3. Verlassen oder Misshandlung des Erblassers bei schwerwiegenden Umständen
4. Fälschung, eigenmächtige Änderung oder Vernichtung des Testaments bei schwerwiegenden Umständen;
5. Erzwingung oder Verhinderung des Erblassers durch Betrug oder Drohung zur bzw. an der Errichtung, Änderung oder Aufhebung des Testaments bei schwerwiegenden Umständen.

(2) Begeht ein Erbe eine der in Ziffern 2 bis 5 Abs. 1 bestimmten Taten, so verwirkt er sein Erbrecht nicht, wenn der Erblasser ihm verziehen hat.

(3) Die Gründe für die Erbrechtsverwirkung finden auf die Verwirkung des Rechts zum Empfang von Vermächtnissen Anwendung.

vgl. ErbG § 7; ErbG-Ansichten Art. 9-14; ZGB § 1145; BGB § 2343.

§ 1941 Umfang des Nachlasses

(1) Der Nachlass ist das rechtmäßige Privatvermögen, das eine natürliche Person bei ihrem Tod hinterlässt.

(2) Zum Nachlass im Sinne des Abs. 1 gehören die durch die natürliche Person[5] von Todes wegen erlangte Versicherungs-, Kompensations- und Entschädigungssumme, deren Begünstigter nicht persönlich bestimmt war, sowie sonstige Vermögensvorteile, die aufgrund der lebzeitigen Handlungen der natürlichen Person[6] zu erhalten sind.

5 D. h. den Erblasser.

6 D. h. des Erblassers.

(3) Folgende Rechte und Pflichten sind als Nachlassgegenstände ausgeschlossen[7]:

1. an die Person des Erblassers gebundene Personenrechte;

2. auf den Erblasser bezogene, persönliche Forderungen und Verbindlichkeiten;

3. sonstiges, kraft Gesetzes nicht vererbbares Vermögen.

vgl. ErbG §§ 3-4; ErbG-Ansichten Art. 3-4.

§ 1942 Anrechnung der Zuwendung[8]

(1) Das Vermögen, das die Erben vor dem Erbfalleintritt vom Erblasser wegen deren Eheschließung, Getrenntlebens, Geschäftsbetriebs oder aus sonstigen Gründen zugewandt erhalten haben, ist auf den Nachlass anzurechnen[9], es sei denn, dass der Erblasser zu Lebzeiten seinen Willen dagegen erklärt hat.

(2) Der Wert[10] der in Abs. 1 bestimmten Zuwendung ist bei der Erbauseinandersetzung vom Erbteil des betroffenen Erben abzuziehen.

(3) Für die Berechnung des konkreten Wertes der Zuwendung ist der Wert, den der zugewandte Gegenstand zurzeit der Zuwendung hatte, maßgeblich.

vgl. ZGB § 1173; BGB §§ 2050-2053.

§ 1943 Anspruch auf Wiederherstellung des Erbrechts

Der Erbe ist berechtigt, im Fall der Verletzung seines Erbrechts dessen Wiederherstellung zu verlangen.

vgl. ErbG § 8; ErbG-Ansichten Art. 18; ZGB § 1146; BGB § 2018.

Kapitel 78. Gesetzliche Erbfolge

§ 1944 Begriff der gesetzlichen Erbfolge

Die gesetzliche Erbfolge bezieht sich auf die Erbfolge, bei der die Erben[11], die Erbrangfolge[12], -bedingungen, -anteile, das Prinzip der Nachlassverteilung und das Erbverfahren unmittelbar kraft Gesetzes geregelt sind.

---

7 W. Üs.: Folgende Rechte und Pflichten dürfen keine vererbbaren Gegenstände bilden.

8 W. Üs.: Schenkung.

9 W. Üs. (ist auf den Nachlass anzurechnen): ist in den Nachlass einzubeziehen.

10 W. Üs.: Betrag.

11 W. Üs.: der Umfang der Erben.

12 W. Üs.: Erbreihenfolge.

§ 1945 Geltungsbereich der gesetzlichen Erbfolge

Unter einem der folgenden Umstände[13] gilt für den entsprechenden Teil des Nachlasses die gesetzliche Erbfolge:

1. Ein testamentarischer Erbe oder ein Vermächtnisnehmer schlägt die Erbschaft bzw. das Vermächtnis[14] aus;

2. Ein testamentarischer Erbe oder ein Vermächtnisnehmer verwirkt das Erbrecht bzw. das Recht zum Empfang von Vermächtnissen[15];

3. Ein testamentarischer Erbe oder Vermächtnisnehmer stirbt vor dem Erblasser;

4. Es handelt sich um den von einem unwirksamen Teil des Testaments betroffenen Nachlass;

5. Es handelt sich um den Nachlass, über den keine testamentarische Verfügung getroffen wurde.

vgl. ErbG § 27.

§ 1946 Gesetzliche Erben und ihre Rangfolge

Der Nachlass wird in der folgenden Rangfolge vererbt:

erste Ordnung: Ehegatte, Kinder, Eltern.

zweite Ordnung: Geschwister, Großeltern väter- und mütterlicherseits.

dritte Ordnung: Verwandte bis zum vierten Grad.

vgl. ErbG § 10; ZGB § 1138; BGB §§ 1924 ff.

§ 1947 Begriff des Ehegatten

Ein Ehegatte im Sinne dieses Buchs ist die Person, die mit dem Erblasser bei dessen Tod in einer legalen Ehebeziehung steht und lebt.

vgl. BGB §§ 1933.

§ 1948 Begriff der Kinder und ihre Erbfolge

(1) Kinder im Sinne dieses Gesetzes sind leibliche Kinder, Adoptivkinder und die Stiefkinder, zu denen ein Unterhaltsverhältnis[16] besteht.

---

13 W. Üs.: Bei Vorliegen eines der folgenden Umstände.

14 W. Üs.: den Empfang von Vermächtnissen.

15 Für die inhaltliche Begründung der Übersetzung von 丧失 als "verwirken" anstatt als "verlieren", siehe *LIANG Huixing* (Fn. 1), S. 35 ff.

16 Unterhaltsverhältnis: Verhältnis, in dem die Stiefeltern oder ein Stiefelternteil das Stiefkind unterhält; vgl. *Münzel*, Anmerkung (10) zur deutschen Übersetzung des Erbgesetzes der VR China abrufbar unter http://lehrstuhl.jura.uni-goettingen.de/chinarecht/inhalt.htm.

(2) Haben die Stiefkinder, zu denen ein Unterhaltsverhältnis besteht, den Nachlass ihrer Stiefeltern geerbt, werden sie dadurch nicht gehindert, den Nachlass ihrer leiblichen Eltern zu erben.

(3) Adoptivgroßeltern und -enkelkinder, deren Verhältnis dem zwischen den Adoptiveltern und -kindern entspricht,[17] können zueinander Erben der ersten Ordnung sein.

vgl. ErbG § 10; ErbG-Ansichten Art. 21-22.

§ 1949 Begriff der Eltern und ihre Erbfolge

(1) Eltern im Sinne dieses Gesetzes sind leibliche Eltern, Adoptiveltern und die Stiefeltern, zu denen ein Unterhaltsverhältnis besteht.

(2) Haben die Stiefeltern, zu denen ein Unterhaltsverhältnis besteht, den Nachlass ihrer Stiefkinder geerbt, werden sie dadurch nicht gehindert, den Nachlass ihrer leiblichen Kinder zu erben.

vgl. ErbG § 10; ErbG-Ansichten Art. 20-21.

§ 1950 Begriff der Geschwister und ihre Erbfolge

(1) Geschwister im Sinne dieses Gesetzes sind Geschwister mit gemeinsamen Eltern oder nur mit einem gemeinsamen Elternteil, Adoptivgeschwister und die Stiefgeschwister im Unterhaltsverhältnis[18].

(2) Hat ein Stiefgeschwisterteil, zu dem ein Unterhaltsverhältnis besteht, den Nachlass des anderen Stiefgeschwisterteils geerbt,[19] wird er dadurch nicht gehindert, den Nachlass seines leiblichen Geschwisterteils zu erben.

vgl. ErbG § 10; ErbG-Ansichten Art. 23-24.

---

17 W. Üs.: deren Verhältnis als das zwischen den Adoptiveltern und -kindern betrachtet wird.

18 Das Unterhaltsverhältnis hier bezieht sich auf dasjenige, das auf dem von einem [Stief-]Geschwisterteil an einen anderen geleisteten Unterhalt beruht; s. dazu *MA Junju/YU Yanman*, Grundtheorie des Zivilrechts, 2010, S. 920 u. a. auch für die Begründung der Erbbeziehung unter Geschwistern in Chinas Erbrecht. Die Deutung von *Münzel* in Anmerkung (11) zur deutschen Übersetzung des Erbgesetzes (Fn. 16), dass es sich dabei um ein Verhältnis handelt, bei dem Stiefschwester oder -bruder von einem Stiefelternteil, der gleichzeitig der [leibliche] Elternteil des anderen [Stief-] Geschwisterteils ist, unterhalten wird, ist nicht zutreffend.

19 W. Üs.: Ist zwischen den Stiefgeschwistern/Stiefgeschwisterteilen, zu denen ein Unterhaltsverhältnis besteht, eine Beerbung bzw. Vererbung erfolgt …

§ 1951 Erbfolge nach Stämmen[20]

(1) Wenn ein Kind des Erblassers vor dem Erbfalleintritt gestorben ist oder das Erbrecht verloren hat, so treten seine Blutsverwandten der geraden, absteigenden Linie[21] (Abkömmlinge) an seiner Stelle in die Erbfolge ein.[22]

(2) Ein eintretender Erbe ist nur berechtigt, den Erbteil desjenigen, an dessen Stelle er tritt, zu erben.

(3) Die durch Eintritt begründete Erbfolge ist nicht auf [eine oder mehrere] Generation(en) beschränkt. Für die Rangfolge [beim Eintreten] ist jedoch der Verwandtschaftsgrad maßgebend.[23]

§ 1952 Erbteilsübergang[24]

Stirbt ein Erbe nach dem Erbfalleintritt, aber vor der Erbauseinandersetzung, ohne die Erbschaft ausgeschlagen zu haben, so geht der ihm gebührende Erbanteil auf seine Erben über.[25]

vgl. ErbG-Ansichten Art. 52.

§ 1953 Vorrang bei der Erbrangfolge

Bezüglich der Erbfolge gehen die Erben der näheren Ordnung vor denen der entfernteren Ordnung.

vgl. ErbG § 10 Abs. 2; BGB § 1930.

---

20 W. Üs.: „Erfolge durch Eintritt“; vgl. § 1924 Abs. 3 BGB für die Definition der Erbfolge nach Stämmen.

21 Für die entsprechende Bezeichnung und deren inhaltliche Erläuterung siehe *LIANG Huixing* (Fn. 1), S. 46.

22 Der vorliegender Entwurf hat in § 1951 Abs. 1 mehrere Formulierungen unmittelbar von § 1140 ZGB übernommen: „vor dem Erbfalleintritt gestorben (在继承开始前死亡)“ anstatt der Formulierung aus § 11 ErbG, „vor dem Erblasser gestorben (先于被继承人死亡)“; Hinzufügung einer der in § 1140 ZGB bestimmten Voraussetzungen für die Erbfolge nach Stämmen „Wenn ein Kind des Erblassers vor dem Erbfalleintritt das Erbrecht verloren hat (在继承开始前丧失继承权)“ zu der einzigen Voraussetzung von § 11 ErbG, „Ist ein Kind des Erblassers vor dem Erblasser gestorben“; „Blutsverwandte der geraden, absteigenden Linie (直系血亲卑亲属)“ anstelle des Ausdrucks aus § 11 ErbG, „Blutsverwandte der nächsten Generation in gerader Linie (晚辈直系血亲)“.

23 Hilfreiche Hinweise zum Verständnis der entsprechenden chinesischen Formulierungen in dem Zusammenhang finden sich auf der Webseite: http://www.baike.com/wiki/%E4%BB%A3%E4%BD%8D%E7%BB%A7%E6%89%BF.

24 W. Üs.: Weitererbfolge.

25 W. Üs.: … wird sein Erbteil von seinen Erben übernommen; wörtlich lautet 所应继承的遗产份额 (sein Erbteil) auf Deutsch: der ihm gebührende Anteil am Nachlass.

§ 1954 Erbengemeinschaft[26]

(1) Sind nach dem Erbfalleintritt mehrere Erben vorhanden, so erben sie gemeinschaftlich[27].

(2) Bei der Erbengemeinschaft ist der Nachlass Gesamthandeigentum mehrerer [Mit-]Erben. Jeder Miterbe erbt gemäß seinem Erbteil die Rechte und Pflichten des Erblassers.

vgl. ZGB § 1151; BGB §§ 2032 ff.

§ 1955 Erbteil

(1) Sind mehrere Erben der gleichen Ordnung vorhanden, so erben sie gleichmäßig nach Kopfzahl, es sei denn, dass gesetzlich etwas anderes vorgeschrieben ist.

(2) Gibt der Erblasser eine von Abs. 1 abweichende Willenserklärung ab, so ist die Willenserklärung insoweit wirksam, als sie den auf den Erbteil bezogenen Vorschriften nicht widerspricht.

vgl. ErbG § 13 Abs. 1; ZGB § 1141; BGB § 1924.

§ 1956 Ungleichmäßigkeit der Erbanteile

(1) Unter besonderen Schwierigkeiten lebende, nicht arbeitsfähige Erben sind bei der Nachlassverteilung besonders zu berücksichtigen. Ihnen kann ein größerer Anteil[28] zugeteilt werden.

(2) Den Erben, die den Erblasser überwiegend unterhalten haben,[29] kann bei der Nachlassverteilung ein größerer Anteil zugeteilt werden.

(3) Den Erben, die die Fähigkeit und Voraussetzungen gehabt hätten, [den Erblasser] zu unterhalten, ihren Unterhaltspflichten aber nicht nachgekommen sind, sind bei der Nachlassverteilung keine oder kleinere Anteile zuzuteilen[30]. Die Erbanteile der Erben bleiben jedoch unberührt, wenn der Erblasser aufgrund seiner eigenen festen Einkünfte und Arbeitsfähigkeit ausdrücklich auf seinen Unterhaltsanspruch gegen sie verzichtet hat.[31]

(4) Einigen sich die Erben [darüber], können die Erbanteile ungleichmäßig sein.

vgl. ErbG § 13; ErbG-Ansichten Art. 34.

---

26 W. Üs.: gemeinschaftliche Erbfolge.

27 W. Üs.: … so handelt es sich um eine Erbengemeinschaft.

28 W. Üs.: (Ihnen kann) mehr (zugeteilt werden).

29 W. Üs.: Erben, die die überwiegenden Unterhaltspflichten gegenüber dem Erblasser erfüllt haben …

30 W. Üs.: … ist bei der Nachlassverteilung *nichts* oder *weniger* zuzuteilen …

31 W. Üs.: … ausdrücklich erklärt hat, dass er keinen Unterhalt von ihnen fordert.

§ 1957 Nichterben mit Ansprüchen auf angemessene Zuteilung des Nachlasses
Folgenden Nichterben kann [ein] angemessener [Anteil am] Nachlass zugeteilt werden:

1. Nichterben, die bei fehlender Arbeitsfähigkeit keine Lebenshaltungsquelle haben und [nach dem Tod des Erblassers] weiter auf den vom Erblasser zu Lebzeiten geleisteten Unterhalt angewiesen sind;
2. Nichterben, die dem Erblasser in größerem Umfang Unterhalt leisteten;
3. Nichterben, die in einem besonderen Verhältnis zum Erblasser standen.

vgl. ErbG § 14; ErbG-Ansichten Art. 32; ZGB § 1149.

Kapitel 79. Testamentarische Verfügung

Titel 1. Allgemeine Bestimmungen

§ 1958 Begriff des Testaments
Ein Testament ist das von einer natürlichen Person vorgenommene einseitige Rechtsgeschäft, um über ihr Vermögen zu verfügen und die diesbezüglichen Angelegenheiten zu regeln, welches mit ihrem Tod wirksam wird.

§ 1959 Testierfreiheit[32]
(1) Der Erblasser kann insoweit über die Erbschaft frei verfügen, als die Verfügung den auf den Erbteil bezogenen Vorschriften nicht widerspricht.
(2) Eine natürliche Person kann durch Testament einen oder mehrere der gesetzlichen Erben als Erben ihrer Erbschaft bestimmen oder ihr Vermögen anderen [natürlichen] Personen als den gesetzlichen Erben vermachen.
vgl. ErbG § 16; ZGB § 1187.

§ 1960 Verbot der Vertretung
Ein Testament ist von dem Testator persönlich zu errichten.
vgl. BGB §§ 2064-2065.

§ 1961 Pflichtteil
(1) Bei der Testamentserrichtung hat der Testator den Pflichtteilserben die gesetzlich vorgeschriebenen Anteile vorzubehalten und er darf die Pflichtteile nicht beschweren.
(2) Die in § 1946 dieses Gesetzes vorgeschriebenen gesetzlichen Erben der ersten und zweiten Ordnung sind die Pflichtteilserben.
vgl. BGB §§ 2303, 2306.

---

32 W. Üs.: Grundsatz/Prinzip der Testierfreiheit.

§ 1962 Feststellung der Höhe des Pflichtteils

(1) Der Pflichtteil der gesetzlichen Erben der ersten Ordnung beträgt die Hälfte ihres Erbteils.

(2) Der Pflichtteil der gesetzlichen Erben der zweiten Ordnung beträgt ein Drittel ihres Erbteils.

(3) Auf die Pflichtteilserbfolge findet die [Regelung der] Erbfolge der gesetzlichen Erben entsprechende Anwendung.

vgl. ZGB § 1223.

§ 1963 Verlust des Pflichtteils

Verliert ein Erbe gemäß den Bestimmungen dieses Gesetzes sein Erbrecht, erlischt gleichzeitig sein Pflichtteilsanspruch[33].

vgl. BGB §§ 2333, 2337.

§ 1964 Unabdingbarkeit des Pflichtteils

(1) Die von dem Testator (Erblasser) wider die Vorschriften dieses Titels getroffene testamentarische Verfügung über den Pflichtteil ist unwirksam.

(2) Der von einem Pflichtteilserben vor dem Tod des Erblassers vorgenommene Verzicht auf seinen Pflichtteil ist unwirksam.

§ 1965 Testierfähigkeit

(1) Bei der Testamentserrichtung muss der Testator voll zivilgeschäftsfähig sein.

(2) Hat ein Zivilgeschäftsunfähiger ein Testament errichtet, so bleibt das Testament unwirksam, auch wenn dieser nachher volljährig wird oder die volle Zivilgeschäftsfähigkeit wieder erlangt. Hat ein Testator mit [voller] Zivilgeschäftsfähigkeit ein Testament errichtet, und wird dieser nachher zivilgeschäftsunfähig, so bleibt die Wirksamkeit des Testaments unberührt.

vgl. ErbG § 22; ErbG-Ansichten Art. 41; BGB § 2229.

Titel 2. Testamentsformen

§ 1966 Testamentsformen

Ein Testament kann in den gesetzlich vorgeschriebenen Formen, wie z. B. durch öffentliche Beurkundung, eigenhändige Handschrift, Diktat, Tonträgeraufnahme oder mündlich errichtet werden.

vgl. ErbG § 17; ZGB § 1189; BGB § 2232.

---

33 W. Üs.: … Pflichtteilsrecht.

§ 1967 Öffentlich beurkundetes Testament

(1) Die öffentliche Beurkundung eines Testaments wird vom Testator bei den Beurkundungsbehörden durchgeführt. Die Beurkundung muss der Testator persönlich beantragen und durchführen, ohne sich dabei vertreten lassen zu dürfen.

(2) Die öffentliche Beurkundung des Testaments erfolgt unter Beteiligung von mehr als zwei Notaren. Bei der Beurkundung müssen die Notare den Ausschließungsprozess[34] einhalten.

(3) Der Testator muss vor den Notaren den Inhalt des Testaments schriftlich oder mündlich erklären. Schreibt der Testator das Testament eigenhändig, muss er es unter Angabe des Datums unterzeichnen. Diktiert er das Testament, wird es vom Notar aufgeschrieben und ihm dann vorgelesen. Nach Überprüfung und Bestätigung [des Testaments durch den Testator] unterschreiben die anwesenden Notare und der Testator das Testament unter Angabe des Errichtungsdatums.

(4) Bei der Beurkundung [des Testaments] müssen die Notare die einschlägigen [testamentarischen] Gegenstände, die Testierfähigkeit des Testators, Authentizität der testamentarischen Willenserklärung(en), Rechtmäßigkeit der Testamentsformen und sonstige laut der Beurkundungsordnung zu prüfende Gegenstände, überprüfen.

vgl. ZGB § 1191.

§ 1968 Eigenhändiges Testament

(1) Beim eigenhändigen Testament schreibt der Testator eigenhändig das ganze Testament[35] und unterzeichnet es unter Angabe des Datums.

---

34 In § 9 der 2000 verabschiedeten „Testamentsbeglaubigungs-/Testamentsbeurkundungsverordnung“ (http://baike.baidu.com/view/437918.htm) wird auf die in § 10 der „Ordnung des Beglaubigungsprozesses (Probeentwurf)“ ausgeführten Anlässe zur Ausschließung der Notare im Beglaubigungsprozess verwiesen: wenn der Notar eine der von den Beglaubigungsgegenständen betroffenen Parteien oder deren Nahverwandter ist oder auf andere Art und Weise mit ihnen verbunden ist, was die richtige Durchführung der Beglaubigung verhindern kann, oder wenn er unmittelbare Interessen an den Beglaubigungsgegenständen hat. Der 2002 verabschiedete Probeentwurf (http://116.228.10.136/docsqlwc/detail.asp?UnitDm=156000&backtype=CloseYes&docid=19612) wurde durch die 2006 erlassene „Ordnung des Beglaubigungsprozesses“ (http://baike.baidu.com/view/255920.htm) ersetzt, während dieselben Anlässe zur Ausschließung im Wesentlichen in § 23 Beglaubigungsgesetz (verabschiedet 2005; abrufbar unter: http://news.xinhuanet.com/video/2005-08/28/content_3414086.htm) zusammengefasst werden.

35 W. Üs.: ... den vollständigen Inhalt des Testaments.

(2) Wenn es sich bei der Verfügung von Todes wegen, die eine natürliche Person in der vor ihrem Tod hinterlassenen Schrift über ihr Privatvermögen traf, inhaltlich um ihre authentische Willenserklärung handelt, die Verfügung mit ihrer eigenen Unterschrift und dem Datum versehen ist und kein Gegenbeweis vorliegt, gilt diese Verfügung[36] als ein eigenhändiges Testament.

vgl. ErbG § 17; ErbG-Ansichten Art. 40; ZGB § 1190; BGB § 2247.

§ 1969 Testament durch Diktat[37]

(1) Der Testator kann den Inhalt des Testaments diktieren und es von einem anderen in Vertretung schreiben lassen.

(2) Der [das Testament] in Vertretung Schreibende muss die Willenserklärung des Testators wahrheitsgemäß[38] niederschreiben, ohne sie eigenmächtig ändern oder revidieren zu dürfen.

(3) Ein durch Diktat errichtetes Testament muss von mehr als zwei Zeugen an Ort und Stelle bezeugt, von einem der Zeugen in Vertretung und unter Angabe des Datums geschrieben und von ihm, den anderen Zeugen und dem Testator unterzeichnet werden.

vgl. ErbG § 17; ZGB § 1194.

§ 1970 Testament durch Ton- und Videoaufnahme

(1) Der Testator kann sein Testament durch Tonaufnahme, Videoaufnahme, CD oder in Form von sonstigen durch elektronische Medien dargestellten Texten[39] errichten. Ein durch Tonaufnahme, Videoaufnahme, CD oder in Form von sonstigen durch elektronische Medien dargestellten Texten errichtetes Testament muss von mehr als zwei Zeugen an Ort und Stelle bezeugt werden.

(2) Ein durch Ton- und Videoaufnahme errichtetes Testament muss vom Testator persönlich angefertigt werden. Nach der Aufnahme des Testaments muss der Testator das Tonband, Videoband, die CD und sonstige Träger mit dem Testament darauf versiegeln. Der Testator und die Zeugen müssen an der Verschlussstelle des versiegelten Ton- und Bildträgers unter Angabe des Datums unterschreiben.

---

36 D. h. dieses Testament.

37 W. Üs.: in Vertretung geschriebenes Testament.

38 W. Üs.: loyal [dem Testator gegenüber].

39 W. Üs.: sonstigen elektronischen Lesematerialien (E-Books).

(3) Ein [versiegeltes] durch Ton- und Videoaufnahme errichtetes Testament kann nur bei gleichzeitiger Anwesenheit[40] der Zeugen, Erben, Vermächtnisnehmer und anderer materiell Interessierter entsiegelt werden.

vgl. ErbG § 17.

§ 1971 Mündliches Testament

(1) In einer Notlage[41] kann der Testator ein mündliches Testament errichten.

(2) Errichtet ein Testator ein mündliches Testament gemäß Abs. 1, muss es von mehr als zwei Zeugen an Ort und Stelle bezeugt werden. Die Zeugen dürfen abwesend sein, solange der Testator auf andere Art und Weise ihnen seinen wahren Testierwillen mitteilen kann. Die Zeugen müssen unverzüglich[42] den von ihnen bezeugten testamentarischen Inhalt schriftlich festhalten, unter Angabe der Testierzeit unterzeichnen und [das Testament] nach der Aufhebung der Notlage den Erben, Vermächtnisnehmern oder anderen materiell Interessierten unverzüglich aushändigen.

(3) Kann der Testator nach der Aufhebung der Notlage ein Testament in anderen Formen errichten, wird das mündlich errichtete Testament mit dem Ablauf von zwei Wochen seit der Aufhebung unwirksam.

vgl. ErbG § 17; ZGB §§ 1195-1197; BGB §§ 2249-2252.

§ 1972 Testamentszeugen

(1) Ein Testamentszeuge ist ein Dritter, der die Authentizität des Testaments bezeugt. Der Testator muss die Testamentszeugen bei der Testamentserrichtung persönlich bestellen. In einer Notlage kann auch ein voll Zivilgeschäftsfähiger, der nicht bestellt war, aber die Authentizität des mündlichen Testaments wirklich bezeugen kann, Testamentszeuge sein.

(2) Folgende Personen können nicht Testamentszeugen sein:

1. Minderjährige oder Erwachsene mit geistiger Behinderung[43];

2. Erben und Vermächtnisnehmer, deren Ehegatten oder andere geradlinige Blutsverwandte;

3. andere Personen, die zu den Erben oder Vermächtnisnehmern in einem ihnen nützlichen oder schädlichen Verhältnis stehen.

vgl. ErbG § 18; ErbG-Ansichten Art. 36; ZGB § 1198.

---

40 W. Üs.: bei vollständiger Anwesenheit.

41 W. Üs.: in akuter Gefahr.

42 W. Üs.: rechtzeitig. Dies gilt auch für weitere Stellen in diesem Vorschlagsentwurf mit demselben Ausdruck.

43 W. Üs.: Erwachsene mit Behinderung.

Titel 3. Testamentsinhalt

§ 1973 Testamentsinhalt

(1) Der Testator kann im Testament folgende Gegenstände regeln:

1. Einsetzung von Erben, Vermächtnisnehmern, Ersatzerben und Ersatzvermächtnisnehmern;

2. Bestimmung der Reihenfolge, Methode oder Anteile bei der Nachlassverteilung;

3. Anordnung der den testamentarischen Erben und Vermächtnisnehmern gemachten Auflage;

4. Bestellung der Testamentsvollstrecker;

5. Bestellung und Bestimmung der Treunehmer bzw. Begünstigten einer testamentarischen Treuhand;

6. sonstige Angaben.

(2) Die Wirksamkeit eines Testaments bleibt unberührt, wenn es nicht alle obigen Angaben enthält.

vgl. BGB §§ 2096, 2190.

§ 1974 Vermächtnis

(1) Ein im Testament bestimmter Vermächtnisnehmer kann nur eine andere Person[44] als der gesetzliche Erbe sein.

(2) Ein Vermächtnisnehmer muss eine beim Wirksamwerden des Testaments lebende Person sein. Jedoch kann eine zur Zeit des Todes des Vermächtnisgebers bereits gezeugte Leibesfrucht Vermächtnisnehmer sein. Der Testamentsnotar, die Testamentszeugen und deren Ehegatten oder andere geradlinige Blutsverwandte dürfen nicht Vermächtnisnehmer sein.

(3) Die Wirksamkeit des Vermächtnisses erstreckt sich [auch] auf das Zubehör der Hauptsache und die seit dem Wirksamwerden des Testaments aus der vermachten Sache entstandenen Früchte und deren Surrogate unbeschadet der beim Wirksamwerden des Testaments bereits am Vermächtnisgegenstand vorhandenen Rechte.

(4) Der Vermächtnisnehmer verwirkt sein Recht zum Empfang von Vermächtnissen, wenn infolge dessen Vorsatzes oder grober Fahrlässigkeit der Testator[45] oder seine geradlinigen Blutsverwandten sterben oder schwer verletzt

---

44 Für den Umfang der „Person" in dem Zusammenhang siehe *LIANG Huixing* (Fn. 1), S. 101.

45 D. h. der Vermächtnisgeber.

werden, es sei denn, dass der Vermächtnisgeber [dies] ihm ausdrücklich verziehen hat.

vgl. ErbG § 16; ZGB §§ 1201-1203; BGB §§ 2160, 2164-2166, 2169, 2171, 2178.

§ 1975 Testamentarische Treuhand

Bei der Anordnung einer testamentarischen Treuhand muss der Testator die einschlägigen Bestimmungen des Treuhandgesetzes einhalten.

vgl. TreuhandG § 13.

§ 1976 Bedingte Testamente[46]

(1) Ein Testator kann im Testament die testamentarische Erbfolge und das Vermächtnis mit Bedingungen verbinden.

(2) Verstoßen die Bedingungen, mit denen der Testator die testamentarische Erbfolge und das Vermächtnis verbindet, gegen ein gesetzliches Verbot[47] oder gegen die öffentliche Ordnung und guten Sitten, so sind sie unwirksam.

vgl. ZGB § 1143; BGB §§ 2171, 2192 ff.

§ 1977 Vermutung des Testamentsinhalts

Hat der Testator im Testament nur die testamentarischen Erben, die Bezeichnung, den Umfang oder Wert des Nachlasses bestimmt, jedoch ohne die konkreten Nachlassgegenstände und -anteile, die jedem Erben zustehen, festgelegt zu haben, so ist der Nachlass unter den von ihm eingesetzten Erben gleichmäßig zu verteilen.

§ 1978 Auslegung des Testaments

Ein Testament ist so auszulegen, dass gemäß dessen Wortlaut dem Willen des Testators am meisten entsprochen wird.

vgl. BGB § 2073.

Titel 4. Änderung und Widerruf des Testaments

§ 1979 Änderung und Widerruf des Testaments

Der Testator kann gemäß den gesetzlich vorgeschriebenen Testierbedingungen und -formen das von ihm errichtete Testament widerrufen und ändern.

vgl. ErbG § 20; ZGB § 1219; BGB §§ 2253-2254, 2258.

---

46 W. Üs.: Verbindung des Testaments mit Bedingungen.

47 W. Üs.: gesetzliche Verbotsbestimmungen.

§ 1980 Erste Art des Widerrufs des Testaments: ausdrücklicher Widerruf
Der Testator kann in jeder gesetzlichen Testamentsform ein vorher [von ihm] in einer anderen gesetzlichen Form errichtetes Testament widerrufen.
vgl. ErbG § 20; ZGB §§ 1219, 1220; BGB §§ 2253-2254.

§ 1981 Zweite Art des Widerrufs des Testaments: konkludenter Widerruf[48]
1. Hat der Testator mehrere Testamente errichtet, die sich inhaltlich widersprechen, so gilt das zuletzt Errichtete;
2. Stehen die vom Testator zu Lebzeiten vorgenommenen Handlungen in Widerspruch zum Inhalt des Testaments, so gilt der in Widerspruch stehende Teil des Testaments als widerrufen;
3. Hat der Testator das Testament absichtlich vernichtet, so gilt es als widerrufen.
vgl. ErbG § 20; ErbG-Ansichten Art. 39; ZGB §§ 1219-1222; BGB §§ 2253-2255, 2258.

Titel 5. Wirkungen des Testaments

§ 1982 Zeit des Wirksamwerdens des Testaments
Das Testament wird mit dem Tod des Testators wirksam.
vgl. ErbG § 21; ZGB §§ 1199, 1200.

§ 1983 Unwirksamkeit des Testaments
(1) Unter einem der folgenden Umstände wird das Testament unwirksam:
1. bei dem von einem Minderjährigen oder einem geistig behinderten Erwachsenen[49] errichteten Testament;
2. bei einem in Vertretung errichteten Testament;
3. bei einem gefälschten Testament;
4. bei dem eigenmächtig geänderten Teil des Testaments [ist dieser Teil unwirksam];
5. wenn in einem Teil [des Testaments] eine testamentarische Verfügung über Vermögen anderer Personen[50] getroffen wird[,] [dann ist dieser Teil unwirksam];

48 W. Üs.: als Widerruf des Testaments angesehener Widerruf.
49 W. Üs.: einem Erwachsenen mit Behinderung.
50 Für den Umfang der „Person" in dem Zusammenhang siehe *LIANG Huixing* (Fn. 1), S. 118-119.

6. wenn gesetzeswidrig in einem Teil [des Testaments] eine Verfügung über Pflichtteile getroffen wird[,] [dann ist dieser Teil unwirksam].

(2) Unwirksame Testamente sind nicht vollstreckbar.[51] Die Teilunwirksamkeit des Testaments hat keine Wirkung auf die Wirksamkeit dessen restlicher Teile.

vgl. ErbG § 22; ErbG-Ansichten Art. 38; BGB § 2085.

§ 1984 Anfechtung eines mangelhaften Testaments

Liegt ein folgendes Testament vor, können die Erben, Vermächtnisnehmer oder andere materiell Interessierten seine Anfechtung beim Volksgericht beantragen.

1. bei einem durch Betrug oder Drohung errichteten Testament;
2. bei einem Testament, das den gesetzlich vorgeschriebenen Formen nicht entspricht.

vgl. BGB §§ 2078-2081.

§ 1985 Ausschlussfrist des Anfechtungsrechts

Das Anfechtungsrecht gemäß § 1984 erlischt mit dem Ablauf von einem Jahr seit dem Tag, an dem der Anfechtungsberechtigte den Anfechtungsgrund kennt oder kennen muss; es erlischt [auch] mit dem Ablauf von 10 Jahren seit dem Tag des Erbfalls.

vgl. BGB § 2082.

§ 1986 Folgen der Testamentsanfechtung

Wurde das Testament [wirksam] angefochten, so wird es rückwirkend seit dem Zeitpunkt des Todes des Testators unwirksam. Wurde die Testamentsvollstreckung noch nicht durchgeführt, so ist sie einzustellen; wurde sie durchgeführt, so ist der betroffene Nachlass[teil] zurückzuerstatten. Ist die Rückerstattung nicht mehr möglich, so muss der Begünstigte einen Ausgleich gemäß dem angerechneten Wert leisten.

§ 1987 Vermächtnis mit einer aufschiebenden Bedingung

Ist ein Vermächtnis mit einer aufschiebenden Bedingung verbunden, so wird es mit deren Eintritt wirksam.

vgl. BGB § 2177.

---

51 W. Üs.: Unwirksame Testamente haben keine Wirkung bei der Vollstreckung.

Titel 6. Testamentsvollstreckung

§ 1988 Befugnis des Testamentsvollstreckers
Der Testamentsvollstrecker muss voll zivilgeschäftsfähig sein.
vgl. BGB § 2201.

§ 1989 Ernennung des Testamentsvollstreckers
(1) Der Erblasser kann durch Testament den Testamentsvollstrecker ernennen und auch einen Dritten beauftragen, den Testamentsvollstrecker zu ernennen.
(2) Hat der Erblasser keinen Testamentsvollstrecker ernannt oder kann der ernannte Testamentsvollstrecker die Testamentsvollstreckung nicht durchführen, so wird der gesetzliche Erbe des Erblassers der Testamentsvollstrecker.
(3) Ist weder ein testamentarisch ernannter Testamentsvollstrecker noch ein gesetzlicher Erbe vorhanden, um die Testamentsvollstreckung durchzuführen, so wird der [städtische] Wohnbevölkerungsausschuss bzw. der Dorfbevölkerungsausschuss am Ort des Erbfalleintritts der Testamentsvollstrecker.
vgl. ZGB § 1209; BGB §§ 2197-2200.

§ 1990 Annahme oder Ablehnung [der Ernennung] durch den Testamentsvollstrecker
Ist ein anderer als der Erbe zum Testamentsvollstrecker ernannt worden, kann er entscheiden, ob er das Amt annimmt; will er das Amt des Testamentsvollstreckers nicht annehmen, so muss er dies den Erben, Vermächtnisnehmern oder anderen materiell Interessierten unverzüglich mitteilen.
vgl. BGB § 2202.

§ 1991 Mehrere Testamentsvollstrecker
(1) Wurden mehr als zwei Testamentsvollstrecker ernannt, so haben sie das Testament gemeinsam zu vollstrecken, es sei denn, dass der Testator im Testament abweichende Willenserklärungen abgegeben hat.
(2) Wenn kein Testamentsvollstrecker ernannt wurde und mehrere gesetzliche Erben vorhanden sind, werden alle Erben Mitvollstrecker. Die Erben können gemeinsam einen oder mehrere [aus ihrer Mitte] zu ihren Vertretern bei der Testamentsvollstreckung ernennen.
(3) Einigen sich die Testamentsvollstrecker über die Vollstreckung nicht, können sie [diesbezüglich] das Volksgericht um ein Urteil anrufen.
vgl. ZGB § 1211; BGB § 2224.

§ 1992 Rechte und Pflichten des Testamentsvollstreckers

Soweit das Testament keine abweichende Willenserklärung enthält, hat der Testamentsvollstrecker folgende Rechte und Pflichten:

1. Überprüfung der Rechtmäßigkeit und Authentizität des Testaments;
2. Ordnen und Inventarisieren des Nachlasses;
3. Verwaltung des Nachlasses;
4. prozessuale Vertretung;
5. Versammlung sämtlicher testamentarischer Erben und Vermächtnisnehmer, Bekanntgabe des Testamentsinhalts;
6. endgültige Übertragung des Nachlasses an die testamentarischen Erben und Vermächtnisnehmer gemäß den testamentarischen Anordnungen;
7. Beseitigung aller gegen die Testamentsvollstreckung bestehenden Hemmnisse.

vgl. ZGB § 1214-1217; BGB §§ 2203, 2205-2206; 2212, 2215-2218.

§ 1993 Haftung des Testamentsvollstreckers

(1) Der Testamentsvollstrecker hat bei der Vollstreckung seine Pflichten gemäß den gesetzlichen Vorschriften und dem Willen des Testators treu und gewissenhaft zu erfüllen.

(2) Verursacht der Testamentsvollstrecker vorsätzlich oder grobfahrlässig den Erben und Vermächtnisnehmern einen Schaden, so ist er diesen zum Ersatz verpflichtet. Erhält der Testamentsvollstrecker ein Entgelt für die Vollstreckung, so ist er [auch] verpflichtet, den infolge seiner Fahrlässigkeit[52] entstandenen Schaden zu ersetzen.

vgl. BGB §§ 2219, 2221.

§ 1994 Entlassung des Testamentsvollstreckers

Ist der Testamentsvollstrecker nicht imstande, seine Pflichten ordnungsgemäß zu erfüllen, können die Erben, Vermächtnisnehmer und andere materiell Interessierten beim Volksgericht seine Entlassung als Testamentsvollstrecker beantragen.

vgl. ZGB § 1218; BGB § 2227.

---

52 Für den Bezug des Begriffs 过失 in dem Zusammenhang auf „Fahrlässigkeit" und den Umfang des Begriffs „Verschulden" mit derselben irrführenden Bezeichnung auf Chinesisch als 过失 aber auch für „Fahrlässigkeit" siehe u. a. *LIANG Huixing* (Fn. 1), S. 136-137.

§ 1995 Vergütung des Testamentsvollstreckers

(1) Der Testator kann im Testament eine Vergütung für den Testamentsvollstrecker bestimmen.

(2) Hat der Testator keine Vergütung für den Testamentsvolltrecker bestimmt, kann der Testamentsvollstrecker keine Vergütung verlangen, es sei denn, dass die Erben oder Vermächtnisnehmer freiwillig eine Vergütung [an ihn] leisten.

vgl. BGB § 2221.

§ 1996 Schadenersatzanspruch des Testamentsvollstreckers

Erleidet der Testamentsvollstrecker bei der Vollstreckung aus nicht von ihm zu vertretenden Gründen einen Schaden, so ist er berechtigt, Ersatz von den Erben zu verlangen.

Kapitel 80. Vereinbarungen über Vermächtnisse und Unterhalt

§ 1997 Begriff der Vereinbarung über Vermächtnisse und Unterhalt

Die Vereinbarung über Vermächtnisse und Unterhalt ist eine zwischen der natürlichen Person (dem Vermächtnisgeber oder dem Unterhaltenen) und dem Unterhaltspflichtigen[53] oder dem Kollektiv abgeschlossene Vereinbarung, die die Unterhaltung des Unterhaltenen[54] zu dessen Lebzeiten und dessen Beerdigung im Todesfall sowie das Vermächtnis von dessen Vermögen regelt.[55]

vgl. ErbG §§ 31, 32; ErbG-Ansichten Art. 55.

§ 1998 Form der Vereinbarung über Vermächtnisse und Unterhalt

Die Vereinbarung über Vermächtnisse und Unterhalt ist in schriftlicher Form abzuschließen.

§ 1999 Wirkung der Vereinbarung über Vermächtnisse und Unterhalt

Mit dem Wirksamwerden der Vereinbarung über Vermächtnisse und Unterhalt obliegen dem Unterhaltspflichtigen die Pflichten zur Leistung des Unterhalts an den Unterhaltenen zu dessen Lebzeiten und zur Übernahme seiner Beerdigungskosten im Todesfall. Nach dem Tod des Unterhaltenen ist der

53 D. h. der unterhaltsleistenden/unterhaltspflichtigen Person.

54 D. h. Bezieher/Empfänger von Unterhalt oder Unterhaltsberechtigten.

55 W. Üs.: … Vereinbarung, deren Gegenstand in der Unterhaltung des Unterhaltenen zu dessen Lebzeiten und dessen Beerdigung im Todesfall sowie dem Vermächtnis von dessen Vermögen besteht.

Unterhaltspflichtige berechtigt, dessen Nachlass gemäß der Vereinbarung über Vermächtnisse und Unterhalt zu erwerben.

vgl. ErbG-Ansichten Art. 56.

§ 2000 Anwendbarkeit anderer gesetzlicher Bestimmungen auf die Vereinbarung über Vermächtnisse und Unterhalt

Fehlt in diesem Buch eine gesetzliche Regelung bezüglich der Vereinbarung über Vermächtnisse und Unterhalt, so finden die einschlägigen Bestimmungen des Buchs des Vertrags von diesem Zivilgesetzbuch entsprechende Anwendung.

Kapitel 81. Nachlassregelung[56]

§ 2001 Mitteilung nach dem Erbfalleintritt

(1) Nach dem Eintritt des Erbfalls ist der Erbe, der vom Tode des Erblassers erfährt, verpflichtet, es den anderen Erben und den Testamentsvollstreckern unverzüglich mitzuteilen. Erfährt keiner der Erben vom Tod des Erblassers, oder erfährt einer vom Tod des Erblassers, ohne dies mitteilen zu können, so ist die Organisation der juristischen oder nichtjuristischen Person, welcher der Erblasser zu Lebzeiten angehörte, oder der Wohnbevölkerungs- bzw. Dorfbevölkerungsausschuss seines lebzeitigen Wohnsitzes verpflichtet, es den Erben und den Testamentsvollstreckern unverzüglich mitzuteilen.

(2) Erfahren andere materiell Interessierte von der Tatsache des Erbfalleintritts, können sie dies auch den Erben oder dem Testamentsvollstrecker mitteilen.

vgl. ErbG § 23; ZGB § 1212.

§ 2002 Auswahl des Nachlassverwalters

(1) Binnen zwei Monaten nach dem Erbfalleintritt haben die Erben durch Einberufung einer Versammlung einen Nachlassverwalter auszuwählen. Haben die Miterben keinen Nachlassverwalter ausgewählt, so üben alle Miterben gemeinsam das Amt des Nachlassverwalters aus.

(2) Wurde im Testament ein Testamentsvollstrecker bestellt, so übt dieser das Amt des Nachlassverwalters aus.

(3) Liegt einer der folgenden Fälle vor, kann das Volksgericht auf Antrag der materiell Interessierten einen Nachlassverwalter bestellen:

1. wenn im Testament kein Testamentsvollstrecker bestellt wurde und die Erben sich über die Auswahl des Nachlassverwalters nicht einigen können;

---

56 W. Üs.: Verfahren mit dem Nachlass.

2. wenn kein Erbe vorhanden oder der Verbleib der Erben unbekannt ist und außerdem im Testament kein Testamentsvollstrecker bestellt wurde;

3. wenn der Nachlassgläubiger tatsächlich beweisen kann, dass die Erben mit ihren Handlungen seine Interessen gefährdet haben oder eventuell gefährden werden.

(4) Vor der Bestellung des Nachlassverwalters kann das Gericht auf Antrag der materiell Interessierten notwendige Verfügungen über den Nachlass treffen.

vgl. ErbG-Ansichten Art. 44; ZGB §§ 1152, 1177-1178; BGB § 1981.

§ 2003 Vergütung des Nachlassverwalters

Üben andere Personen als die Erben oder der Testamentsvollstrecker das Amt des Nachlassverwalters aus, können sie eine Vergütung verlangen, die dem von ihnen ausgeübten Amt entspricht. Ihre Vergütung wird als Teil der Erbkosten vorrangig beglichen.

vgl. BGB § 1987.

§ 2004 Aufbewahrung des Nachlasses

Nach dem Erbfalleintritt müssen die Personen, die im Besitz eines Nachlassgegenstandes[57] sind, den Nachlassgegenstand ordnungsgemäß aufbewahren und dem Nachlassverwalter dessen Art, Menge und Zustand unverzüglich mitteilen. Der Nachlassverwalter und die Erben beschließen in Verhandlungen die Methode zur weiteren Aufbewahrung[58] des Nachlassgegenstandes.

vgl. ErbG § 24.

§ 2005 Errichtung des Nachlassinventars

(1) Der Nachlassverwalter hat das Vermögen des Erblassers rechtzeitig zu ordnen und ein Nachlassinventar zu errichten.

(2) Bei der Errichtung des Nachlassinventars hat der Nachlassverwalter das Vermögen des Erblassers vom gemeinschaftlichen Vermögen der Ehegatten, vom gemeinschaftlichen Familienvermögen und Vermögen der Anderen zu trennen.

vgl. ErbG § 26; EheG § 17-18; ZGB § 1179; BGB § 1993.

§ 2006 Verwendung des Nachlasses, Ziehung der Nutzungen aus dem Nachlass und Verfügung über den Nachlass

(1) Sind mehrere Erben vorhanden, ist der Nachlass Gesamthandeigentum aller Erben. Ohne Zustimmung aller Erben ist jedem einzelnen Erben verboten,

---

57 W. Üs.: der Nachlass.

58 W. Üs.: … zur nachherigen Aufbewahrung …

den Nachlass wertmindernd zu verwenden, daraus Nutzungen zu ziehen oder darüber zu verfügen.

(2) Hat der Nachlassbesitzer im Notfall zur Wertsicherung über den Nachlass verfügt, muss er nachher die Erben und den Nachlassverwalter unverzüglich davon unterrichten und das [durch die Verfügung] erlangte Entgelt an den Nachlassverwalter übergeben.

vgl. ErbG-Ansichten Art. 177; ZGB § 1151; BGB §§ 2032, 2040.

§ 2007 Beschränkung der Erbanteilsübertragung

(1) Vor der Erbauseinandersetzung kann kein Miterbe den von ihm geerbten Erbschaftsanteil an andere Personen als Miterben übertragen.

(2) Wird ein Erbschaftsanteil wider die Vorschrift des Abs. 1 übertragen, so ist die Übertragung unwirksam.

vgl. BGB § 2033.

§ 2008 Annahme und Ausschlagung der Erbschaft und Vermächtnisse

(1) Schlägt ein Erbe die Erbschaft aus, so muss er binnen zwei Monaten nach Kenntniserlangung vom Erbfalleintritt seine Willenserklärung zur Erbschaftsausschlagung schriftlich abgeben[59]. Wird die Erklärung nach dem Ablauf der Frist nicht abgegeben, so gilt die Erbschaft als angenommen.

(2) Nimmt ein Vermächtnisnehmer das Vermächtnis an, so muss er binnen zwei Monaten nach Kenntniserlangung von der Zuwendung des Vermächtnisses seine Willenserklärung zur Vermächtnisannahme abgeben. Wird die Erklärung nach dem Ablauf der Frist nicht abgegeben, so gilt das Vermächtnis als ausgeschlagen.

(3) Die Willenserklärung des Erben und Vermächtnisnehmers zur Annahme oder Ausschlagung der Erbschaft bzw. des Vermächtnisses ist unwiderruflich, es sei denn, dass die Erklärung infolge von Betrug oder Drohung abgegeben wurde.

vgl. ErbG § 25; ErbG-Ansichten Art. 47-50; ZGB § 1174; BGB §§ 1943-1946, 1954-1957.

§ 2009 Annahme und Ausschlagung unter einer Bedingung oder Befristung

Die Annahme oder Ausschlagung der Erbschaft kann nicht unter einer Bedingung oder einer Befristung erfolgen.

vgl. BGB §§ 1947.

---

59 alt. Üs.: seinen Willen zur Erbschaftsausschlagung schriftlich erklären.

§ 2010 Teilannahme und Teilausschlagung

Eine Willenserklärung, die zur Teilannahme oder Teilausschlagung der Erbschaft abgegeben wird, ist unwirksam.

vgl. BGB § 1950.

§ 2011 Rückwirkung der Erbschaftsausschlagung

Die Erbschaftsausschlagung wird rückwirkend mit dem Erbfalleintritt wirksam.

vgl. ErbG-Ansichten Art. 51; ZGB § 1175; BGB § 1953.

§ 2012 Anfechtung der Erbschaftsausschlagung

(1) Verletzt der Erbe mit der Erbschaftsausschlagung die Interessen eines seiner Gläubiger, so kann dieser beim Volksgericht die Anfechtung der Erbschaftsausschlagung durch den Erben beantragen, es sei denn, dass der Erbe [ihm] eine ausreichende Sicherheit geleistet hat.

(2) Übt der Gläubiger binnen sechs Monaten seit dem Tag, an dem er die Ausschlagung durch den Erben kennt oder kennen muss, das Anfechtungsrecht gemäß Abs. 1 nicht aus, so erlischt sein Anfechtungsrecht.

vgl. ErbG-Ansichten Art. 46; CH-ZGB § 578.

§ 2013 Umfang der Nachlassverbindlichkeiten und gesamtschuldnerische Haftung der Miterben

(1) Nachlassverbindlichkeiten sind die vom Erblasser zu Lebzeiten kraft Gesetzes zu zahlenden Steuern und die ausschließlich zur Bestreitung der eigenen Lebenshaltungskosten und der Produktionskosten[60] herrührenden Schulden. Zu Nachlassverbindlichkeiten gehört auch der dem Erblasser obliegende Anteil an den Familienschulden.

(2) Die Miterben haften für die Begleichung der Nachlassverbindlichkeiten gesamtschuldnerisch, es sei denn, dass der Nachlassgläubiger dem Erlass der den Miterben obliegenden Gesamtschuld[61] zugestimmt hat.

vgl. ErbG § 33; ZGB §§ 1153, 1171; BGB §§ 1967, 2058.

§ 2014 Beschränkte Haftung[62] der Erben bei der Begleichung

(1) Ein Erbe haftet nur bis zur Höhe des tatsächlichen Wertes des von ihm angenommenen Nachlasses für die Nachlassverbindlichkeiten, es sei denn, dass

---

60 W. Üs.: … zur Deckung des Bedarfs bei der eigenen Lebenshaltung und der Produktion …

61 W. Üs.: … der den Miterben obliegenden [gesamtschuldnerischen] Haftung …

62 W. Üs.: Beschränkung der Haftung …

er den über den tatsächlichen Wert des Nachlasses hinausgehenden Teil freiwillig begleichen will.

(2) Schlägt der Erbe die Erbschaft aus, so haftet er nicht für die Steuern und Schulden, die der Erblasser kraft Gesetzes zahlen muss.[63]

vgl. ErbG § 33; ZGB §§ 1148.

§ 2015 Abzug der testamentarischen Erbschaft und der Vermächtnisse

Unterschreitet im Zeitpunkt des Erbfalleintritts der tatsächliche Wert des Nachlasses den im Testament angegebenen, so ist [der fehlende Betrag] vom Wert der testamentarischen Erbschaft und der Vermächtnisse gemäß dem Verhältnis der [auf die Erben und die Vermächtnisnehmer] anzufallenden Anteile abzuziehen.

vgl. BGB § 2090; CH-ZGB § 486.

§ 2016 Reihenfolge bei der Nachlassregelung

(1) Aus dem Nachlass werden zuerst die Nachlassverbindlichkeiten beglichen.[64] Bleibt nach der Begleichung der Nachlassverbindlichkeiten ein Rest [vom Nachlass], so wird [damit] nach der testamentarischen Erbfolge verfahren. Bleibt danach ein weiterer Rest übrig, so wird der Nachlass von den gesetzlichen Erben nach den gesetzlichen Quoten geteilt.

(2) Sind innerhalb einer Ordnung mehrere Erben vorhanden, so wird [der Nachlass] nach den ihnen zustehenden Anteilen an sie verteilt, es sei denn, dass gesetzlich etwas anderes vorgeschrieben ist.

(3) Wird durch die Vollziehung des Nachlassregelungsverfahrens gemäß Abs. 1 und 2 den Erben, die bei fehlender Arbeitsfähigkeit keine Lebenshaltungsquelle haben, die Lebenshaltung womöglich erschwert, sind ihnen vor der Nachlassregelung Lebenshaltungskosten für die Dauer von sechs Monaten vorzubehalten.

vgl. ErbG § 14; ErbG-Ansichten Art. 37, 62; BGB §§ 1967, 1969, 2046-2047.

§ 2017 Aufgebot der Forderungen gegen den Nachlass

(1) Die Erben und der Nachlassverwalter haben binnen drei Monaten nach Kenntniserlangung vom Erbfalleintritt beim Volksgericht das Nachlassinventar einzureichen. Das Volksgericht fordert sodann durch das Aufgebotsverfahren die [Nachlass-]Gläubiger auf, ihre Forderungen anzumelden.

---

63 W. Üs.: … so ist er nicht verpflichtet, die vom Erblasser kraft Gesetzes zu zahlenden Steuern und Schulden zu begleichen.

64 W. Üs.: Der Nachlass ist zuerst für die Begleichung der Nachlassverbindlichkeiten vorgesehen.

(2) Die im Aufgebotsverfahren [für die Anmeldung von Forderungen] gesetzte Frist gemäß Abs. 1 darf nicht kürzer als drei Monate sein.

(3) Die Erben und der Nachlassverwalter sind berechtigt, innerhalb der in diesem Paragrafen vorgeschriebenen Frist des Aufgebotsverfahrens die von jedem Gläubiger und Vermächtnisnehmer geltend gemachte Leistungsforderung abzulehnen.

vgl. ZGB §§ 1156-1158; BGB §§ 1970, 2061.

§ 2018 Begleichung der Nachlassverbindlichkeiten

(1) Nach Ablauf der in § 2017 bestimmten Frist des Aufgebotsverfahrens haben die Erben und der Nachlassverwalter gemäß der Summe oder Quote der [vom Nachlassgläubiger] angemeldeten Forderungen und sonstiger [ihnen] bekannter Forderungen die Nachlassgläubiger aus dem Nachlass zu befriedigen[65]. Ein [Nachlass-]Gläubiger mit Sicherungssachrechten am Nachlass kann seine Sicherungssachrechte geltend machen.

(2) Für noch nicht fällige oder strittige Nachlassverbindlichkeiten haben die Erben und der Nachlassverwalter vor der Erbauseinandersetzung das zu deren Begleichung notwendige Vermögen beiseitezulegen.

vgl. ZGB 1159; BGB § 2046.

§ 2019 Schadensersatzpflicht

(1) Die Erben und der Nachlassverwalter sind verpflichtet, den Schaden, den sie unter Zuwiderhandlung gegen die Vorschriften der §§ 2016 bis § 2018 dieses Gesetzes den Nachlassgläubigern und Vermächtnisnehmern zugefügt haben, zu ersetzen.

(2) Nachlassgläubiger und Vermächtnisnehmer, die gemäß Abs. 1 einen Schaden erlitten haben, sind berechtigt, von den [ungerechtfertigt befriedigten] Nachlassgläubigern und Vermächtnisnehmern, denen die ungerechtfertigte Befriedigung bekannt war, die Rückerstattung des ungerechtfertigt empfangenen Betrags zu verlangen.

vgl. ZGB § 1161.

§ 2020 Folge der Nichtanmeldung der Forderungen

Wenn der Nachlassgläubiger nicht binnen der in diesem Kapitel bestimmten Frist seine Forderungen angemeldet hat und diese Forderungen den Erben und

---

65 W. Üs.: (die Nachlassgläubiger aus dem Nachlass zu befriedigen): … Zahlungen [an die Nachlassgläubiger] mit dem Nachlass zu leisten.

dem Nachlassverwalter unbekannt sind, kann er sein Recht nur am restlichen Nachlass geltend machen, es sei denn, dass dem Gläubiger eine dingliche Sicherheit an dem Nachlass zusteht.[66]

vgl. ZGB § 1162; BGB §§ 1971, 1973-1974, 2061.

§ 2021 Freiheit bei der Erbauseinandersetzung und die Beschränkung

(1) Nach dem Eintritt des Erbfalls können die Erben jederzeit die Erbauseinandersetzung verlangen, es sei denn:

1. dass die Nachlassverbindlichkeiten noch nicht vollständig beglichen worden sind;

2. dass im Testament die Erbauseinandersetzung für eine bestimmte Frist ausgeschlossen ist. Die Frist darf fünf Jahre nicht überschreiten. Überschreitet sie fünf Jahre, wird sie wieder auf fünf Jahre gekürzt;

3. dass die Erben nach Verhandlungen sich auf den Ausschluss der Erbauseinandersetzung für eine bestimmte Frist geeinigt haben.

(2) Wird vor der Geburt einer Leibesfrucht die Erbauseinandersetzung verlangt, ist ihr der Erbteil vorzubehalten. Stirbt die Leibesfrucht nach der Geburt, so wird mit dem vorbehaltenen Erbteil nach der gesetzlichen Erbfolge verfahren.

(3) Wird der Wert des Nachlasses durch die sofortige Teilung beträchtlich beeinträchtigt, kann das Volksgericht auf Antrag [eines] der Erben den Aufschub der Teilung anordnen.

vgl. ErbG §§ 28, 30; ErbG-Ansichten Art. 45; ZGB § 1164; BGB §§ 2042, 2045; CH-BGB § 604.

§ 2022 Prinzip und Methode der Erbauseinandersetzung

(1) Die Erbauseinandersetzung muss nach der im Testament bestimmten Methode erfolgen. Ist keine solche Methode im Testament bestimmt, so muss die Erbauseinandersetzung für die Bedürfnisse der Produktion und des Lebens von Nutzen sein und darf die bestmögliche Nutzung[67] des Nachlasses nicht beeinträchtigen.

(2) Mit dem zur Teilung ungeeigneten Nachlass kann durch die Methoden wie Anrechnung[68], angemessene Abgeltung oder Miteigentum verfahren werden.

vgl. ErbG § 29; ErbG-Ansichten Art. 58; ZGB § 1165.

---

66 W. Üs.: … es sei denn, dass es sich bei dem Gläubiger um einen handelt, dem eine dingliche Sicherheit an dem Nachlass zusteht.

67 W. Üs.: den Nutzen oder die Nutzfunktion.

68 W. Üs. Umrechnung des Nachlasswertes in Geld.

§ 2023 Rückwirkung der Erbauseinandersetzung
Die Erbauseinandersetzung wird rückwirkend mit dem Erbfalleintritt wirksam, solange die rechtmäßigen Interessen Dritter nicht [dadurch] verletzt werden.
vgl. ZGB §§ 1148, 1167.

§ 2024 Erbkosten
(1) Die Erbkosten für die Verwaltung, Erbauseinandersetzung und Testamentsvollstreckung[69] sind vor den Nachlassverbindlichkeiten zu begleichen.
(2) Die Kosten infolge des Verschuldens der Erben und Nachlassverwalter gehören nicht zu den Erbkosten und fallen den schuldhaft handelnden Erben und Nachlassverwaltern zur Last.
vgl. ZGB § 1150; BGB § 1967.

§ 2025 Gewährleistung der Erben für Mängel[70]
(1) Nach der Erbauseinandersetzung haftet jeder Erbe bis zur Höhe des von ihm erlangten Erbanteils für die Mängel an den Nachlassgegenständen, die den anderen Erben zugeteilt wurden, wie ein Verkäufer.
(2) Sind die von den Vermächtnisnehmern empfangenen Nachlassgegenstände vertretbare Sachen, können sie von den Erben verlangen, die Haftung gemäß Abs. 1 zu übernehmen.
vgl. ZGB § 1168; BGB §§ 757, 2182-2183.

§ 2026 **Gewährleistung der Erben für die Zahlungsfähigkeit der Schuldner**
(1) Jeder Erbe haftet bis zur Höhe des von ihm erlangten Erbanteils den anderen Erben gegenüber dafür, dass die Schuldner der ihnen zugeteilten Forderungen bei der Erbauseinandersetzung zahlungsfähig sind.[71]
(2) Sind die Forderungen gemäß Abs. 1 mit einer aufschiebenden Bedingung verbunden oder [bei der Erbauseinandersetzung noch] nicht fällig, so muss jeder Erbe dafür haften, dass die Schuldner dieser Forderungen bei deren Begleichung[72] zahlungsfähig sind.
vgl. ZGB § 1169; BGB §§ 757, 2182-2183.

---

69 W. Üs.: Die Erbkosten zur Vollziehung der Verwaltung, Erbauseinandersetzung und Testamentsvollstreckung.

70 W. Üs.: Gewährleistungshaftung für die Mangelfreiheit.

71 W. Üs.: Bezüglich der den anderen Erben zugeteilten Forderungen haftet jeder Erbe bis zur Höhe des von ihm erlangten Erbanteils dafür, dass die Schuldner dieser Forderungen bei der Erbauseinandersetzung zahlungsfähig sind.

72 Impliziert wird gleichzeitig: beim Eintritt der aufschiebenden Bedingung oder bei der Fälligkeit dieser Forderungen.

§ 2027 Mithaftung[73]

Wenn einer der Miterben, der gemäß §§ 2025 und 2026 haftet,[74] zahlungsunfähig wird und den auf ihn entfallenden Haftungsanteil nicht leisten kann, so haften für den Teil[75], den dieser Erbe nicht leisten kann, der anspruchsberechtige Erbe und die anderen Erben im Verhältnis ihrer Erbanteile anteilsmäßig. Wurde es jedoch von dem anspruchsberechtigen Erben verschuldet, dass der entsprechende Teil nicht geleistet werden kann,[76] so haften die anderen Miterben nicht mit.

vgl. ZGB § 1170; BGB § 426.

§ 2028 Durchführung der testamentarischen Auflage

Soweit eine testamentarische Erbfolge oder ein Vermächtnis mit Auflagen verbunden ist und die Auflagen erfüllbar sind, kann das Volksgericht, wenn ein [zu den Auflagen verpflichteter] Erbe oder Vermächtnisnehmer ohne triftige Gründe den Auflagen nicht nachkommt, auf Antrag des Bedachten[77] oder anderer Erben sein Recht zum Empfang des den Auflagen entsprechenden Nachlassteils aufheben. Der antragstellende Erbe oder der Bedachte kann durch Vollziehung der Auflagen gemäß dem Willen des Testators den [betroffenen] Nachlass[teil] erhalten.

vgl. ErbG § 21; ErbG-Ansichten Art. 43.

§ 2029 Verfügung über herrenlose Erbschaft[78]

Bleibt von dem herrenlosen Nachlass ein Rest, nachdem der vom Volksgericht ernannte Nachlassverwalter gemäß diesem Gesetz die Nachlassverbindlichkeiten und Erbkosten beglichen hat, so fällt er ins Eigentum des Fiskus, indem der Nachlassverwalter ihn an die zuständigen Behörden übergibt. War der Verstorbene zu Lebzeiten Mitglied einer Organisation der Kollektivwirtschaft, so ist der Restnachlass an die Organisation der Kollektivwirtschaft, bei der der Verstorbene sich [zu Lebzeiten] befand, zu übergeben.

vgl. ErbG § 32; ErbG-Ansichten Art. 57; ZGB § 1185; BGB § 1936.

---

73 W. Üs. Mittragung der Gewährleistungshaftung.

74 W. Üs. … der gemäß §§ 2025 und 2026 die Gewährleistungshaftung übernimmt, …

75 D. h. Haftungsanteil.

76 Die wörtliche Übersetzung der Voraussetzung als „Wurde jedoch der Teil, der nicht geleistet werden kann, von dem anspruchsberechtigen Erben verschuldet …" entspricht nicht ihrem tatsächlichen Sinn in dem Zusammenhang.

77 D. h. des Begünstigten.

78 W. Üs.: von niemandem übernommene Erbschaft, d. h. nicht geerbte oder nicht als Vermächtnis empfangene Erbschaft.

Vorschlagsentwurf zur Revision des Erbgesetzes der Volksrepublik China (2012)

von Prof. YANG, Lixin et al. (Übersetzung: *WANG Qiang*)

Inhaltsübersicht §§

Kapitel 1. Allgemeine Regeln

§ 1. Gesetzgebungsziel. Dieses Gesetzes wird zum Schutz der Rechtsgüter der Zivilrechtssubjekte bei der Erbschaft und zur Gewährleistung der reibungslosen Erbfolge ausgearbeitet.[1]

vgl. ErbG § 1.

§ 2. Grundsätze der Erbfolge. Bei der Erbfolge sind folgende Grundsätze einzuhalten:

1. Schutz der Erbrechte auf das Privatvermögen;[2]

2. erbrechtliche Gleichberechtigung von Mann und Frau;

3. Unterhaltung der Alten, Sorge für Kinder sowie Rücksichtnahme auf die Sonderbedürfnisse der Kranken und Invaliden;[3]

4. gegenseitige Kompromissbereitschaft und Rücksichtnahme[4] sowie friedliche Eintracht;[5]

5. Übernahme von Rechten und zugleich Pflichten.[6]

vgl. ErbG § 15.

---

1 W. Üs.: Dieses Gesetz wird ausgearbeitet, um die rechtmäßigen Rechtsgüter der Zivilsubjekte beim Erben des Nachlasses zu schützen, und den reibungslosen Verlauf der Erbfolge zu gewährleisten.

2 Alt. Üs.: Schutz der Rechte, Privatvermögen zu erben.

3 W. Üs. von 照顾病残: Unterstützung der Kranken und Invaliden mit Rücksicht auf ihre Sonderbedürfnisse.

4 Alt. Üs.: gegenseitiges Nachgeben; vgl. *Frank Münzel*, § 15 der deutschen Übersetzung des Erbgesetzes der VR China, http://lehrstuhl.jura.uni-goettingen.de/chinarecht/inhalt.htm.

5 W. Üs.: [Streben nach] Harmonie und [Demonstration des] Gemeinschaftsgeist[es].

6 W. Üs. von 权利义务一致: Konformität der Rechte zu Pflichten [bei der Erbfolge].

§ 3. Zeit und Ort des Erbfalleintritts. (1) Der Erbfall tritt mit dem Tod des Erblassers ein.

(2) Der Erbfall tritt am gewöhnlichen Aufenthalts- und Wohnort des Erblassers zur Zeit dessen Todes, am Ort des letzten Wohnsitzes oder des Hauptnachlasses des Erblassers ein.

vgl. ErbG § 2.

§ 4. Vermutung der Todeszeit. Sterben die in einem Erbverhältnis stehenden Personen durch denselben Unfall, so wird diejenige, die keine Erben hat, als zuerst verstorben vermutet, wenn die Todesreihenfolge nicht feststellbar ist. Wenn die Verstorbenen alle ihrerseits Erben haben und mehrere Verstorbene unterschiedlichen Generationen angehören, so werden diejenigen der älteren Generation(en) als zuerst verstorben vermutet. Gehören mehrere Verstorbene einer Generation an, so werden sie als gleichzeitig verstorben vermutet; unter ihnen tritt kein Erbfall ein und es erben jeweils ihre eigenen Erben.

vgl. ErbG-Ansichten Art. 2.

§ 5. Gemeinschaftliche Übernahme.[7] (1) Beim Eintritt des Erbfalls übernehmen alle Erben gemeinschaftlich die an den Nachlass geknüpften Rechte und Pflichten. Erst bei der Verteilung des Nachlasses an die zur Nachlassübernahme Berechtigten erlangen diese ihre einzelnen Rechte. Eine Verfügung über die Rechte, die kraft Gesetzes registriert werden müssen, ist ohne die Registrierung verboten.

(2) Die zur Nachlassübernahme Berechtigten im Sinne des Abs. 1 umfassen die Erben, die Vermächtnisnehmer, die Unterhaltspflichtigen[8] aufgrund der Vereinbarung über Vermächtnisse und Unterhalt und die zur angemessenen Nachlasszuteilung Berechtigten.

vgl. BGB §§ 2032 ff.

§ 6. Erbengemeinschaft.[9] Erben mehrere Erben den Nachlass gemeinschaftlich, so bleibt der Nachlass vor der Auseinandersetzung ihr Gesamthandeigentum. Ohne Zustimmung aller Erben ist es jedem [einzelnen] Erben verboten, den Nachlass wertmindernd zu verwenden, daraus Nutzungen zu ziehen oder darüber zu verfügen. Nach der Erbauseinandersetzung erlangen die Erben ihre

---

7 W. Üs.: Gesamtübernahme; alt. Üs.: Gesamtnachfolge.

8 Oder die Unterhaltsleistenden.

9 W. Üs.: gemeinschaftliche Erbfolge.

einzelnen Vermögensrechte. Eine Verfügung über die Rechte, die kraft Gesetzes registriert werden müssen, ist ohne die Registrierung verboten.

vgl. BGB §§ 2032 ff.

§ 7. Umfang des Nachlasses. (1) Der Nachlass ist das rechtmäßige Privatvermögen, das der Erblasser bei seinem Tod hinterlässt. Er umfasst:

1. Eigentumsrechte an unbeweglichen oder beweglichen Sachen wie Häuser, Waldland, Vieh, Ersparnisse usw.;

2. Rechte zur vertraglichen Übernahme der Grundstücksbewirtschaftung und die durch die Übernahme erzielten Erträge, die den einzelnen Personen zustehen;

3. Rechte zum Gebrauch von Land für Gebäude;

4. vererbbare vermögensrechtliche Forderungen[10] und ihre Sicherheiten;

5. in Wertpapieren eingetragene Vermögensrechte;

6. Gesellschaftsanteile oder Vermögensrechtsgüter[11] an einer Partnerschaft;

7. Vermögensrechtsgüter[12] beim geistigen Eigentum;

8. Vermögensvorteile, die aus den dem Erblasser gebührenden Persönlichkeitsrechten abgeleitet sind;

9. virtuelles Eigentum im Internet;

10. andere legale Vermögensrechtsgüter des Erblassers.

(2) Die an die Person des Erblassers gebundenen Rechte oder kraft Gesetzes nicht vererbbaren Rechte dürfen nicht zum Nachlass gehören.

(3) Virtuelles Eigentum im Internet, das auf die persönlichen Informationsrechte und auf die Rechte auf Privatsphäre des Erblassers bezogen ist, darf nicht zum Nachlass gehören.

vgl. ErbG § 3.

§ 8. Sonderbestimmung über die Erbschaft. (1) Sind die Erben einer kostengünstigen Eigentumswohnung[13] zur Kaufbeantragung [der Wohnung] nicht

10 W. Üs.: vermögensbezogene Forderungen.

11 W. Üs. von 权益: Vermögensrechte und -vorteile.

12 ibd.

13 W. Üs. von 经济适用住房: finanziell bezahlbare Eigentumswohnung. Sie ist eine Art kostengünstige, unter staatlicher Anordnung und durch Erlass bestimmter Gebühren errichtete Eigentumswohnung. Solche Wohnungen sind extra für diejenigen Haushalte mit niedrigem bzw. mittlerem Einkommensniveau vorgesehen und dienen vorrangig zur sozialen Sicherung ihrer Wohnbedingungen. Ihre Preise liegen unter dem marktüblichen Niveau, und ihre Käufer müssen, um sich für den Kauf

berechtigt, können sie den Preis, der beim Rückkauf [der Wohnung] durch die zuständige Regierung erzielt wurde, erben oder die Wohnung erben, nachdem sie den vorgeschriebenen Kriterien zufolge einschlägige Geldbeträge, wie z. B. die [Vergütung der beim Wohnungsbau] aus dem Grundstück gezogenen Nutzungen,[14] an die zuständige Regierung geleistet haben.

(2) Der Anspruchsberechtigte der Versicherungssumme, die wegen des Todes des Erblassers erlangt wurde, wird, wenn jedoch kein Begünstigter bestimmt ist, nach den Bestimmungen über die gesetzliche Erbfolge festgelegt.

(3) Bei der Erbfolge bezüglich besonderer Nachlässe, wie Leichname, Totenasche, Gedächtnistafeln für Verstorbene, Begräbnisstätten usw., darf nicht gegen die öffentliche Ordnung und die guten Sitten verstoßen werden. Ist [bezüglich solcher Erbfolge] kein Testament vorhanden, so wird die Erbfolge bezüglich dieser Nachlassgegenstände von den Erben ausgehandelt. Bleiben die Verhandlungen erfolglos, so richtet man sich nach Gewohnheiten. Bestehen [diesbezüglich] keine Gewohnheiten, so ist den Umständen entsprechend[15] ein [Nachlass-]Verwalter unter den Erben zu bestimmen, ohne diese Nachlassgegenstände zu teilen.

(4) Die Erbfolge bezüglich der über Generationen in einer Familie überlieferten Sachen und deren Teilung werden in Ermanglung einer testamentarischen Anordnung[16] von den Erben durch Verhandlungen geregelt. Bleiben die Verhandlungen erfolglos, so richtet man sich nach den Gewohnheiten. Sind [diesbezüglich] keine Gewohnheiten vorhanden, so ist den Umständen entsprechend[17] ein [Nachlass-]Verwalter unter den Erben zu bestimmen, ohne diese Nachlassgegenstände zu teilen. Ohne Zustimmung aller Erben ist eine eigentumsrechtliche Verfügung, wie z. B. Versteigerung oder Anrechnung[18] [dieser Nachlassgegenstände], ausgeschlossen.

§ 9. Anrechnung auf den und Abzug vom Nachlass. (1) Wenn vor dem Erbfalleintritt gemäß der lebzeitigen Willenserklärung des Erblassers oder gemäß

---

zu qualifizieren, bei der Kaufbeantragung vor allem nachweisen, dass ihre Einkünfte unter einer bestimmten Bemessungsgrenze liegen. Mehr zu dem Begriff auf http://baike.baidu.com/view/58124.htm.

14 Gerade solche Abgaben sind ihrem Erblasser, Eigentümer der kostengünstigen Eigentumswohnung, beim Wohnungskauf erlassen worden. Die Erben müssen in dem Fall diese Abgaben nachzahlen.

15 W. Üs. von 合理 (den Umständen entsprechend): vernünftig und angemessen.

16 W. Üs.: in Ermanglung des Testaments.

17 W. Üs. von 合理 (den Umständen entsprechend): vernünftig und angemessen.

18 W. Üs.: Umrechnung des Nachlasswertes in Geld.

Sitten und Gebräuchen – über das Vermögen, das der Erblasser zu Lebzeiten einem Erben einer jüngeren Generation aus Anlässen, wie z. B. Eheschließung, Aufteilung des Familienvermögens[19], Geschäftsbetrieb, Bildung bzw. Ausbildung und Geburt der Kinder zuwandte – eine vorzeitige Verfügung zu treffen ist, so ist der Wert des zugewandten Vermögens entsprechend dem Wert, den es bei der Zuwendung hatte, auf den Nachlass anzurechnen.

(2) Der Wert des zugewandten Vermögens ist bei der Erbauseinandersetzung vom Wert des Erbteils des betroffenen Erben[20] abzuziehen. Jedoch muss der über den Wert seines Erbteils hinausgehende Teil nicht [von ihm] zurückerstattet werden.

vgl. BGB §§ 2050, 2055.

§ 10. Erbfähigkeit. (1) Ein Erbe muss eine natürliche Person sein, die im Zeitpunkt des Erbfalls lebt. Jedoch dürfen testamentarische Erben und Vermächtnisnehmer diejenigen sein, die im Zeitpunkt des Erbfalls noch nicht geboren worden sind. Solche testamentarischen Erben und Vermächtnisnehmer werden als Nacherben angenommen.

(2) Eine natürliche Person, die binnen zwei Jahren nach dem Erbfalleintritt durch künstliche Befruchtung gezeugt und geboren wird, gilt als bereits im Zeitpunkt des Erbfalls lebend. Binnen zwei Jahren seit ihrer Geburt kann sie [durch Vertretung] von den Erben und Vermächtnisnehmern, die Nachlass bereits erlangt haben, verlangen, Nachlass[-Teil] gemäß dem gesetzlichen Erbteil an sie zu übergeben.

vgl. ErbG § 10; BGB § 1923.

§ 11. Verlust des Erbrechts. (1) Wenn der Erbe eine der folgenden Handlungen begeht, verliert er das Erbrecht:

1. Vorsätzliche Tötung des Erblassers;
2. Tötung anderer Erben, um den Nachlass zu erlangen;
3. vorsätzliche, gesetzwidrige Verursachung des Verlustes der Testierfähigkeit vom Erblasser;
4. Verlassen des Erblassers;
5. grausame Behandlung des Erblassers bei schwerwiegenden Umständen;

19 W. Üs.: Aufteilung einer Familie. Genauer heißt es Aufteilung des Haushalts und Vermögens einer Familie, die nach der chinesischen Tradition in der Regel eine aus mehreren Generationen bestehende Großfamilie ist.

20 W. Üs. von 该继承人的应继承数额 (Wert des Erbteils des betroffenen Erben): Betrag, der dem betroffenen Erben bei der Erbfolge zusteht ...

6. Fälschung, eigenmächtige Änderung, Verbergen oder Vernichtung des Testaments;

7. Erzwingung oder Hinderung des Erblassers durch Betrug oder Drohung zur bzw. an der Errichtung, Änderung oder Aufhebung des Testaments.

(2) Verlor der Erbe gemäß Ziffern 3 bis 7 [Abs. 1] sein Erbrecht, so kann er sein Erbrecht wiedererlangen, wenn der Erblasser ihm verziehen hat.

(3) Die Gründe für den Erbrechtsverlust finden auf den Verlust des Rechts zum Empfang von Vermächtnissen entsprechende Anwendung.

vgl. ErbG § 7; ZGB § 1145; BGB § 2343.

§ 12. Annahme und Ausschlagung des Erbrechts und des Rechts zum Empfang von Vermächtnissen. (1) Der Erbe hat binnen drei Monaten seit dem Tag, an dem er den Eintritt des Erbfalls kennt oder kennen muss, zu erklären, ob er die Erbschaft annimmt. Wenn die Annahme der Nachlassverteilung mit dem Ablauf dieser Frist nicht erklärt wird oder die Nachlassverteilung angenommen wurde, dann gilt die Erbschaft als angenommen. Nach der Annahme oder nachdem die Erbschaft als angenommen galt, ist die Ausschlagung [der Erbschaft] ausgeschlossen. Die unter einer Bedingung oder Befristung erklärte oder eine teilweise Annahme und Ausschlagung der Erbschaft ist unwirksam.

(2) Wenn nach dem Erbfalleintritt der Vermächtnisnehmer die Ausschlagung nicht erklärt, nachdem er die Zuwendung des Vermächtnisses [an ihn] kannte oder kennen musste, dann gilt das Vermächtnis als angenommen. Nach der Annahme und vor der Erlangung des Vermächtnisses ist dessen Ausschlagung zulässig.

(3) Die Ausschlagung des Erbrechts und des Rechts zum Empfang von Vermächtnissen wird rückwirkend mit dem Erbfalleintritt wirksam. Der entsprechende Erbanteil fällt [im Fall der Ausschlagung] den anderen Erben zu.

vgl. ZGB §§ 1174, 1175; BGB §§ 1942, 1943.

§ 13. Willenserklärung zur Ausschlagung der Erbschaft und des Empfangs von Vermächtnissen. Die Willenserklärung zur Ausschlagung der Erbschaft und des Empfangs von Vermächtnissen ist in Schriftform gegenüber den anderen Erben, dem Nachlassverwalter oder -vollstrecker abzugeben. Eine mündlich erklärte Ausschlagung soll als wirksam gelten, wenn der Erklärende die [Wirksamkeit der] Ausschlagung anerkennt oder andere Nachweise [für die Ausschlagung] vorliegen. Sind keine anderen Erben vorhanden oder bekannt, ist die Willenserklärung zur Ausschlagung der Erbschaft und des Empfangs von Vermächtnissen gegenüber den Behörden für Zivilangelegenheiten oder in beglaubigter Form abzugeben.

vgl. ZGB § 1174; BGB § 1943.

§ 14. Unwiderruflichkeit der Willenserklärung zur Annahme oder Ausschlagung der Erbschaft. (1) Die Willenserklärung zur Annahme oder Ausschlagung der Erbschaft ist unwiderruflich, es sei denn, dass einer der folgenden Umstände vorliegt:

1. Die Willenserklärung wurde infolge von Betrug oder Drohung[21] oder unter Ausnutzung einer Notlage oder aufgrund schwerwiegenden Irrtums abgegeben;

2. Die Wirtschaftslage [des Erben] hat sich vor der Erbauseinandersetzung beträchtlich verschlechtert;

(2) Der Widerruf gemäß Abs. 1 ist binnen drei Monaten, seitdem der Widerrufende [Erbe] die Gründe der Widerruflichkeit kennt oder kennen muss, zu erklären. Im Fall der infolge von Drohung abgegebenen Willenserklärung zur Erbschaftsausschlagung beginnt die Widerrufsfrist mit dem Wegfall der Drohung zu laufen.

§ 15. Stellung der gemeinschaftlichen Vermächtnisnehmer. Hinsichtlich der Abgabe der Willenserklärungen zur Annahme und Ausschlagung sowie der Übernahme der Rechte und Pflichten gelten die Vermächtnisnehmer, die den ganzen Nachlass gemeinschaftlich übernehmen[22], als Erben.

§ 16. Ausübung des einem nicht voll Zivilgeschäftsfähigen zustehenden Erbrechts und des Rechts zum Empfang von Vermächtnissen. (1) Das Erbrecht eines Zivilgeschäftsunfähigen und dessen Recht zum Empfang von Vermächtnissen werden von seinem gesetzlichen Vertreter vertretungsweise ausgeübt.

(2) Das Erbrecht eines beschränkt Zivilgeschäftsfähigen und dessen Recht zum Empfang von Vermächtnissen werden von seinem gesetzlichen Vertreter vertretungsweise ausgeübt oder mit Zustimmung seines gesetzlichen Vertreters von ihm selbst ausgeübt.

(3) Übt der gesetzliche Vertreter vertretungsweise das Erbrecht und Recht zum Empfang von Vermächtnissen aus,[23] darf er [dabei] die Interessen des Vertretenen nicht verletzen. Der gesetzliche Vertreter kann in der Regel den Vertretenen beim Ausschlagen des Erbrechts und des Rechts zum Empfang von Vermächtnissen nicht vertreten. Vertretungsweise vorgenommene Handlungen, womit die Interessen des Vertretenen verletzt werden [können], sind unwirksam.

vgl. ErbG § 6.

---

21 Alt. Ü.: Nötigung.

22 Alt. Ü.: die als Gesamtnachfolger den ganzen Nachlass übernehmen.

23 W. Üs.: Übt der gesetzliche Vertreter das dem Vertretenen zustehende Erbrecht und Recht zum Empfang von Vermächtnissen aus, ...

§ 17. Erbfolge nach Stämmen. (1) Wenn Kinder des Erblassers vor dem Erbfalleintritt gestorben sind, das Erbrecht verloren oder ausgeschlagen haben, so treten die Blutsverwandten in gerader Linie der nächsten Generation an ihrer Stelle in die Erbfolge ein.

(2) Ein eintretender Erbe ist nur berechtigt, den gesetzlichen Erbteil desjenigen, an dessen Stelle er tritt, zu erben.

(3) Die Erbfolge nach Stämmen wird nicht auf eine bestimmte Anzahl von Generationen beschränkt. Derjenige [Erbe], der der älteren Generation angehört, tritt [zuerst] ein.

vgl. ErbG § 11; ZGB § 1145.

§ 18. Erbteilsübergang.[24] (1) Wenn nach dem Erbfalleintritt ein Erbe, ohne die Ausschlagung der Erbschaft erklärt zu haben, vor der Erbauseinandersetzung gestorben ist, geht sein Erbrecht auf seine Erben über.

(2) Wenn nach dem Erbfalleintritt ein Vermächtnisnehmer, ohne die Ausschlagung des Empfangs des Vermächtnisses erklärt zu haben, vor der Erbauseinandersetzung gestorben ist, geht sein Recht zum Empfang von Vermächtnissen auf seine Erben über.

§ 19. Anspruch auf Wiederherstellung des Erbrechts. (1) Liegt einer der folgenden Umstände vor, kann der Erbe die Bestätigung seines Erbrechts und die Rückgabe des Nachlasses verlangen:

1. wenn eine nicht erbberechtigte Person den Nachlass rechtswidrig in Besitz nimmt;
2. wenn ein Nachlassbesitzer das Erbrecht des Erben abstreitet.

(2) Die Klageverjährungsfrist für den Anspruch auf Wiederherstellung des Erbrechts beträgt zwei Jahre seit dem Tag, an dem der Erbe die Erbrechtsverletzung kennt oder kennen muss. Der Schutz [vor Erbrechtsverletzung] gilt nicht mehr, wenn seit dem Tag des Erbfalleintritts mehr als 20 Jahre verstrichen sind.

vgl. ZGB § 1146; BGB § 2018.

Kapitel 2. Testament

§ 20. Testamentarische Verfügung. (1) Eine natürliche Person kann durch Errichtung eines Testaments über ihr Privatvermögen verfügen. Ihr Privatvermögen kann von [einem oder mehreren] [testamentarisch] bestimmten gesetzlichen Erben geerbt oder anderen natürlichen Personen als den gesetzlichen

24 W. Üs.: Weitererbfolge.

Erben, juristischen Personen, anderen gesellschaftlichen Organisationen oder dem Staat vermacht werden.

(2) Die natürliche Person kann kraft Gesetzes eine testamentarische Treuhand errichten.

(3) Der Testator hat das Testament persönlich zu errichten.

vgl. ErbG § 16; ZGB § 1187; BGB § 2064.

§ 21. Testierfähigkeit. (1) Beim Testieren muss der Testator volle Zivilgeschäftsfähigkeit besitzen. Das von einem Zivilgeschäftsunfähigen oder beschränkt Zivilgeschäftsfähigen errichtete Testament ist unwirksam.

(2) Verliert ein Testator, der beim Testieren volle Zivilgeschäftsfähigkeit besaß, nachher die volle Zivilgeschäftsfähigkeit, bleibt die Wirksamkeit des [von ihm errichteten] Testaments unberührt.

vgl. ErbG § 22; BGB § 2229.

§ 22. Gesetzlich bestimmte Testamentsformen. Ein Testament ist in den in diesem Gesetz vorgeschriebenen Formen, d. h. durch eigenhändige Handschrift, durch Diktat, in Druckform, durch EDV, Ton- und Videoaufnahme, öffentliche Beurkundung, Versiegelung und in mündlicher Form zu errichten.

vgl. ZGB § 1189; BGB §§ 2231 ff.

§ 23. Eigenhändiges Testament. Beim eigenhändigen Testament schreibt der Testator eigenhändig das ganze Testament und unterzeichnet es am Schluss unter Angabe des Datums.

vgl. ErbG § 17; ZGB § 1190; BGB § 2247.

§ 24. Testament durch Diktat.[25] Ein durch Diktat errichtetes Testament ist von mehr als zwei Zeugen an Ort und Stelle zu bezeugen. Der Inhalt des Testaments muss von einem der Zeugen gemäß dem Diktat des Testators (in Vertretung) geschrieben, dem Testator vorgelesen und erläutert, und dann nach dessen Überprüfung und Bestätigung mit Datum versehen werden. Zudem haben der [das Testament] in Vertretung Schreibende, die übrigen Zeugen und der Testator am Ende jeder Seite des Testaments zu unterschreiben.

vgl. ErbG § 17; ZGB § 1194.

---

25 W. Üs.: in Vertretung geschriebenes Testament.

§ 25. Testament in Druckform. Ein vom Drucker ausgedrucktes Testament ist von mehr als zwei Zeugen an Ort und Stelle zu bezeugen. Der Testator und die Zeugen haben am Ende jeder Seite des Testaments zu unterschreiben, das Datum und die Seitenzahl anzugeben.

§ 26. EDV-Testament. Der Testator kann ein Testament durch elektronische Datenverarbeitung (EDV) errichten. Das EDV-Testament ist mit elektronischer Signatur zu versehen und von mehr als zwei Zeugen zu bezeugen. Die Zeugen haben das elektronische System, in dem das EDV-Testament vorhanden ist, und das Verarbeitungsdatum zu vermerken, und das PKI[26] -Zertifikat aufzubewahren.

§ 27. Testament durch Ton- und Videoaufnahme. (1) Ein durch Ton- und Videoaufnahme errichtetes Testament ist von mehr als zwei Zeugen an Ort und Stelle zu bezeugen.

(2) In einem durch Ton- und Videoaufnahme errichten Testament sind das Aufnahmedatum, der Aufnahmeort, die Namen der Zeugen anzugeben, und die freiwillige Aussage der Zeugen[27] zu vermerken.

(3) Nachdem das durch Ton- und Videoaufnahme errichtete Testament angefertigt wurde, ist es an Ort und Stelle zu versiegeln und vom Testator und den Zeugen an der Verschlussstelle unter Angabe des Datums zu unterzeichnen.

vgl. ErbG § 17.

§ 28. Öffentlich beurkundetes Testament. (1) Die öffentliche Beurkundung eines Testaments wird vom Testator bei den Beurkundungsbehörden durchgeführt.

(2) Übernimmt eine Beurkundungsbehörde die öffentliche Beurkundung des Testaments, ist sie von mehr als zwei Notaren gemeinsam durchzuführen. Wenn unter besonderen Umständen nur ein Notar die Beurkundung übernehmen kann, müssen [dazu noch] mehr als ein Zeuge anwesend sein.

(3) Das öffentlich beurkundete Testament ist unter Angabe des Datums von den Notaren, Zeugen und dem Testator zu unterzeichnen bzw. zu stempeln. Ist der Testator nicht imstande, das Testament zu unterzeichnen, so muss er selbst es mit seinem Fingerabdruck versehen. Den Grund dafür hat der Notar zu vermerken.

vgl. ZGB § 1191; BGB § 2232.

---

26 PKI: Public-Key-Infrastruktur.

27 W. Üs.: die Freiwilligkeit der Zeugen bei ihrer Aussage.

§ 29. Versiegeltes Testament. (1) Der Testator kann das durch eigenhändige Handschrift, Diktat, EDV, Ton- und Videoaufnahme oder in Druckform errichtete Testament [zusätzlich] versiegeln und an seiner Verschlussstelle unterschreiben. Dieser und der folgende Schritt sind von mehr als zwei Zeugen an Ort und Stelle zu bezeugen.[28] Das Testament ist dann den Beurkundungsbehörden, Anwaltskanzleien, [anderen] zuständigen Organisationen oder Privatpersonen zur Aufbewahrung auszuhändigen.

(2) Auf dem Umschlag des versiegelten Testaments[29] sind das Abgabedatum des Testaments, Angaben über den [das Testament] in Vertretung Schreibenden und die Zeugen sowie sonstige Aussagen des Testators zu vermerken, zudem müssen der Testator, der Testamentsverwahrer und die Zeugen unterschreiben.

(3) Der Testamentsverwahrer hat dem Testator einen Verwahrungsschein, der von dem Verwahrer unterzeichnet oder mit Dienstsiegel abgestempelt wird, zu übergeben.

(4) Wenn das versiegelte Testament formale Mängel enthält, ordnungswidrig[30] eröffnet oder an den Testator zurückgegeben wurde, jedoch andere Testamentsformen erfüllt, dann wird es gemäß den anderen Testamentsformen wirksam.

vgl. ZGB § 1192; BGB §§ 2084, 2247.

§ 30. Mündliches Testament. (1) In einer Notlage kann der Testator ein mündliches Testament errichten. Das mündliche Testament muss von mehr als zwei Zeugen an Ort und Stelle bezeugt werden. Das mündliche Testament wird mit dem Ablauf von drei Monaten, seitdem der Testator nach der Behebung der Notlage das Testament in anderen Formen errichten kann, unwirksam.

(2) Die Zeugen müssen unverzüglich[31] das [von ihnen bezeugte] mündliche Testament niederschreiben und unter Angabe des Datums unterzeichnen.

vgl. ErbG § 17; ZGB §§ 1195-1197; BGB § 2250.

§ 31. Testamentszeugen. Folgende Personen dürfen keine Testamentszeugen sein:

1. Zivilgeschäftsunfähige und beschränkt Zivilgeschäftsfähige;
2. Erben und Vermächtnisnehmer;
3. Personen, die zu den Erben oder Vermächtnisnehmern in einem ihnen nützlichen oder schädlichen Verhältnis stehen.

vgl. ErbG § 17; ZGB §§ 1197, 1198; BGB § 2250.

---

28 Dass die Bezeugung sich auf beide Schritte beziehen kann, lässt sich aus dem unklar formulierten Zusammenhang des Vorschlagsentwurfs vermuten.

29 W. Üs. von 密封封面 (Umschlag des versiegelten Testaments): Versieglungsumschlag.

30 W. Üs.: unangemessen.

31 W. Üs.: rechtzeitig. Dies gilt auch für weitere Stellen in diesem Vorschlagsentwurf mit demselben Ausdruck.

§ 32. Änderung der Testamentsurkunde.[32] Wird der Inhalt des Testaments dadurch geändert, dass bestimmte Angaben zur Testamentsurkunde hinzugefügt oder daraus weggelassen, bestimmte Stellen durchstrichen bzw. geändert wurden,[33] so sind zusätzlich an den Stellen, wo die Hinzufügungen, Weglassungen, Durchstreichung bzw. Änderungen vorgenommen wurden, Unterschriften zu leisten, sonst werden die geänderten Teile nicht [mehr] wirksam.

§ 33. Widerruf und Änderung des Testaments. (1) Der Testator kann durch Errichtung eines anderen Testaments, den Widerruf oder die Änderung des vorher [von ihm] errichteten Testaments ausdrücklich erklären.

(2) Hat der Testator das Testament absichtlich vernichtet, so gilt es als widerrufen.

(3) Nimmt der Testator nach der Errichtung des Testaments Handlungen in Widerspruch zum Testamentsinhalt vor, so gilt dies als Widerruf des betroffenen Testamentsinhalts.

(4) Wurden mehrere Testamente errichtet, die sich inhaltlich widersprechen, so ist das am spätesten errichtete Testament maßgebend und gelten die Teile der früher errichteten Testamente, die im Widerspruch [zum am spätesten errichteten Testament] standen, als widerrufen.

vgl. ErbG § 20; ZGB §§ 1219-1222; BGB §§ 2253-2255.

§ 34. Gründe für die relative Unwirksamkeit des Testaments.[34] (1) Ist in einem Testament das Datum nicht angegeben, so gilt dieses Testament nur als unwirksam, wenn andere Testamente vorhanden sind und die Reihenfolge der Errichtung nicht feststellbar ist.

(2) Wenn die Seitenzahl der Testamentsurkunde nicht markiert ist, die Zeugen keinen Vermerk oder keine Niederschrift zum mündlichen Testament bzw. EDV-Testament gemacht, das PKI-Zertifikat nicht aufbewahrt oder nicht auf jeder Seite unterschrieben haben, so gilt das Testament nur als unwirksam, soweit dies sich auf die Feststellung und die Authentizität des Testamentsinhalts auswirkt.

---

32 W. Üs.: Durchstreichen und Änderungen in der Testamentsurkunde.

33 W. Üs.: Wird der Inhalt des Testaments durch Hinzufügungen [bestimmter Angaben] zur Testamentsurkunde, Weglassen [bestimmter Angaben] daraus, Durchstreichungen bzw. Änderungen in der Testamentsurkunde geändert, …

34 W. Üs.: Gründe für die relativ unwirksamen Angaben im Testament.

§ 35. Testamentarische Bestimmung. (1) Der Testator muss im Testament die testamentarischen Erben und Vermächtnisnehmer persönlich bestimmen. Ohne die persönliche Bestimmung erfolgt die Errichtung des Testaments nicht.

(2) Der Testator kann im Testament das Erbrecht eines gesetzlichen Erben ausschließen, ohne speziell die testamentarischen Erben zu bestimmen. Der ausgeschlossene gesetzliche Erbe kann nur kraft Gesetzes erben, wenn keine anderen gesetzlichen Erben oder Vermächtnisnehmer vorhanden sind, bzw. andere gesetzlichen Erben oder die Vermächtnisnehmer ihr(e) Erbrecht(e) verloren oder ausgeschlagen haben.

(3) Der Testator kann im Testament die Quote der Nachlassverteilung oder das spezielle Vermögen, über das verfügt wird, bestimmen. Wenn im Testament keine solche Bestimmung getroffen ist und nach dem Erbfalleintritt die [einschlägigen] Verhandlungen erfolglos bleiben, dann ist der Nachlass oder das Sondervermögen unter den testamentarischen Erben bzw. den Vermächtnisnehmern gleichmäßig zu verteilen.

vgl. ErbG §§ 16, 27.

§ 36. Testamentarische Erbfolge und Vermächtnis mit Auflagen. Ist die testamentarische Erbfolge oder das Vermächtnis mit Auflagen beschwert, so ist der Erbe oder Vermächtnisnehmer zur Vollziehung der Auflagen insoweit verpflichtet, als er bedacht ist.[35] Werden die Auflagen ohne triftige Gründe nicht vollzogen, so kann auf Antrag der anderen Erben oder des Bedachten das Recht [des beschwerten Erben] zum Empfang des den Auflagen entsprechenden Nachlasses aufgehoben werden. Der betroffene Nachlassteil und die damit verbundenen Auflagen werden von den anderen Erben empfangen. Will kein Erbe den Nachlassteil empfangen, erlangt ihn dann der Bedachte.

vgl. ErbG § 21; ZGB § 1205; BGB §§ 1940, 2187, 2192 ff.

§ 37. Gemeinschaftliches Testament der Ehegatten. (1) Ehegatten können ein gemeinschaftliches Testament errichten. Das Wirksamwerden des gemeinschaftlichen Testaments setzt den Fortbestand der Ehebeziehung voraus.

(2) Die Ehegatten können sich gegenseitig als Erben einsetzen, und können Nachlassverfügungen, deren Wirkungen voneinander abhängen, treffen.

(3) Die Ehegatten können testamentarische Erben oder Vermächtnisnehmer gemeinschaftlich einsetzen. Sofern nichts Gegenteiliges vorliegt, kann das

---

35 W. Üs.: … so ist der Erbe oder Vermächtnisnehmer zur Vollziehung der Auflagen nur bis zur Höhe der Vorteile, die er erhalten hat, verpflichtet.

gemeinschaftliche Testament zu Lebzeiten eines Ehegatten [noch] nicht für die testamentarischen Erben oder die Vermächtnisnehmer wirksam werden.

(4) Auf den Widerruf eines gemeinschaftlichen Testaments finden die für die Vertragskündigung geltenden Vorschriften entsprechende Anwendung. Nach dem Tod eines Ehegatten ist das gemeinschaftliche Testament nicht [mehr] widerruflich.

vgl. BGB §§ 2265 ff.

§ 38. Ersatzerben und Ersatzvermächtnisnehmer. (1) Der Testator kann im Testament für die Erben und Vermächtnisnehmer Ersatzerben bzw. Ersatzvermächtnisnehmer einsetzen. Für den Fall, dass ein Erbe oder Vermächtnisnehmer vor dem Testator stirbt, das Erbrecht oder Recht zum Empfang von Vermächtnissen verliert, die Erbschaft oder den Empfang von Vermächtnissen ausschlägt, kann der Ersatzerbe oder Ersatzvermächtnisnehmer den entsprechenden Nachlass übernehmen.

(2) Die Erben können wechselseitig als Ersatzerben eingesetzt werden.

vgl. BGB §§ 2096, 2190.

§ 39. Nacherben. (1) Der Testator kann anordnen, dass der Nacherbe unter bestimmten Bedingungen oder einer Befristung die Erbschaft, die sein Vorerbe bereits geerbt hat, erhält. Hat der Testator keine Bedingung für den Erhalt der Erbschaft durch den Nacherben gestellt, so fällt die Erbschaft dem Nacherben mit dem Tod des Vorerben an.

(2) Der Nacherbe kann eine im Zeitpunkt des Erbfalleintritts noch nicht geborene Person sein.

(3) Der Nacherbe kann nur einmal eingesetzt werden.

(4) Auf das Nachvermächtnis finden die für Nacherbfolge geltenden Vorschriften entsprechende Anwendung.

vgl. BGB §§ 2100-2103, 2106.

§ 40. Annahme als Vorerbe, Nacherbe und Ersatzerbe. (1) Hat der Testator im Testament nur angeordnet, dass der Erbe die Erbschaft beim Eintritt bestimmter Bedingungen oder beim Beginn einer Frist erhalten soll, [ohne zu bestimmen, wer bis dahin Erbe sein soll,] so werden die anderen gesetzlichen Erben des Testators als Vorerben angenommen.

(2) Hat der Testator [im Testament] nur angeordnet, dass jemand[36] vor dem Eintritt bestimmter Bedingungen oder dem Beginn einer Frist der Erbe sein

36 W. Üs.: ein Erbe.

soll, ohne die Person zu bestimmen, die nach ihm zur Übernahme der Erbschaft berechtigt ist, so werden die anderen gesetzlichen Erben des Testators als Nacherben angenommen.

(3) Ein Nacherbe wird als Ersatzerbe angenommen.

vgl. BGB §§ 2100, 2102, 2104, 2105.

§ 41. Rechte und Pflichten der Vorerben. (1) Ein Vorerbe ist berechtigt, den Nachlass[37] zu gebrauchen und daraus Nutzungen[38] zu ziehen. Für die Abnutzung des Nachlasses als Folge des ordnungsmäßigen Gebrauchs[39] muss der Vorerbe nicht haften.

(2) Würde eine Verfügung des Vorerben über den Nachlass den Wert der Nacherbschaft beeinträchtigen oder den Eintritt der Nacherbfolge unmöglich machen, so wird sie nicht wirksam. Ist [durch die Verfügung] ein Schaden verursacht worden, so ist der Vorerbe zum Ersatz des Schadens verpflichtet.

(3) Dem Vorerben fallen die Kosten, die zur Wartung und Instandhaltung der Nachlassgegenstände[40] erforderlich sind, zur Last.

vgl. BGB §§ 2110-2113, 2124, 2130-2132.

§ 42. Erbschaftserwerb durch den Nacherben. (1) Nach dem Eintritt der Nacherbfolge hat der Vorerbe die Erbschaft an den Nacherben zu übergeben.

(2) Wurde aufgrund des Untergangs der Erbschaft oder des Verlustes des Erbschaftsbesitzes ein Anspruch [vom Vorerben] gegen Dritte erlangt, so ist der Anspruch an den Nacherben zu übertragen.

(3) Der Vorerbe hat zu gewährleisten, dass die an den Nacherben übertragene Erbschaft frei von Rechtsmängeln ist.

(4) Hat der Vorerbe einen Schaden an der Erbschaft verschuldet, so ist er zum Ersatz verpflichtet.

vgl. BGB §§ 2106, 2111, 2130, 2131, 2139.

§ 43. Erlöschen der Nacherbfolge. Die Nacherbfolge erlischt unter einem der folgenden Umstände:

1. wenn der Nacherbe das Erbrecht verliert oder ausschlägt;
2. wenn der Nacherbe vor dem Eintritt der Nacherbfolge stirbt;
3. wenn feststeht, dass die Bedingung für den Eintritt der Nacherbfolge nicht eintreten wird;

---

37 D. h. die Vermögensgegenstände des Nachlasses.

38 Oder Erträge.

39 W. Üs.: des normalen/gewöhnlichen Gebrauchs.

40 W. Üs.: zur Wartung und Instandhaltung des Nachlasses.

4. wenn mit dem Ablauf von 30 Jahren nach dem Eintritt des Erbfalls die Bedingung für den Eintritt der Nacherbfolge noch nicht eingetreten ist.

vgl. BGB §§ 2109, 2142.

§ 44. Wirksamwerden des Testaments. (1) Das Testament wird mit dem Tod des Testators wirksam. Ist die Bedingung bzw. der Anfangstermin, an die bzw. den das Testament geknüpft ist, [noch] nicht eingetreten, so wird das Testament [erst] mit dem Eintritt der Bedingung bzw. dem Beginn der Frist wirksam.

(2) Wenn ein testamentarischer Erbe oder Vermächtnisnehmer vor dem Wirksamwerden des Testaments stirbt, das Erbrecht bzw. Recht zum Empfang von Vermächtnissen verliert oder ausschlägt, wird der entsprechende Teil des Testaments nicht wirksam, soweit kein Ersatzerbe oder Ersatzvermächtnisnehmer vorhanden ist.

(3) Hat das Testament die Erbrechte einiger gesetzlicher Erben ausgeschlossen, so sind deren Erbteile unter den übrigen Erben im Verhältnis ihrer Erbteile zu verteilen. Sind keine Erben übrig, so wird nach der gesetzlichen Erbfolge verfahren.

vgl. ErbG § 21; ZGB §§ 1199, 1200.

§ 45. Abbruch der Wirkung des Testaments. (1) Erscheint [erst] nach dem Erbfalleintritt ein erbberechtigter, geradliniger Blutsverwandter einer der nächsten Generationen des Testators, der bei der Errichtung des Testaments als nicht existent galt oder dessen Existenz [noch] unbekannt war, so kann dieser Erbe vom Testamentsvollstrecker oder von den Erben bzw. Vermächtnisnehmern, die bereits den Nachlass erhalten haben, verlangen, den Nachlass bis zur Höhe seines gesetzlichen Erbteils an ihn zu übertragen.

(2) Der Anspruch gemäß Abs. 1 erlischt, wenn er binnen zwei Jahren, seitdem der Nachlass verteilt wurde, nicht geltend gemacht wird.

§ 46. Unwirksamkeit des Testaments. Folgende Testamente sind unwirksam:

1. rechtswidrige Testamente oder Testamente, die gegen die Zwangsvorschriften der Verwaltungsrechtsnormen verstoßen;
2. gefälschte Testamente;
3. Testamente, deren Inhalt eigenmächtig geändert worden ist.[41]

vgl. ErbG § 22; BGB § 2085.

---

41 W. Üs.: eigenmächtig geänderter Inhalt eines Testaments. Vermutlich sollte diese Voraussetzung für die Unwirksamkeit heißen: Im Fall des eigenmächtig geänderten Inhalts von einem Testament ist dieser Inhalt unwirksam.

§ 47. Anfechtung des Testaments. (1) Das Testament muss die authentische Willenserklärung des Testators sein. Der zur Nachlassübernahme Berechtigte kann beim Volksgericht die Anfechtung[42] des Testaments, das infolge von Drohung, Betrug, unter Ausnutzung einer Notlage oder aufgrund des Irrtums errichtet wurde, beantragen.

(2) Das Recht, die Anfechtung eines Testaments zu beantragen, ist binnen eines Jahres seit dem Tag, an dem der zur Nachlassübernahme Berechtigte die Anfechtungsgründe kennt oder kennen muss,[43] auszuüben.

vgl. BGB §§ 2078 ff.

§ 48. Unentziehbarer Teil.[44] (1) Im Testament ist den Erben, die bei fehlender Arbeitsfähigkeit keine Lebenshaltungsquelle haben, ein [zur Unterhaltssicherung] notwendiger Erbanteil vorzubehalten.

(2) Bei der Feststellung, ob die Erben bei fehlender Arbeitsfähigkeit keine Lebenshaltungsquelle haben, richtet man sich nach deren konkreten Verhältnissen im Zeitpunkt des Wirksamwerdens des Testaments.

(3) Der Berechnung des [zur Unterhaltssicherung] notwendigen Erbanteils werden die Pro-Kopf-Konsumausgaben der Stadtbewohner bzw. die Pro-Kopf-Ausgaben für den Lebensbedarf der Landbewohner zurzeit des Erbfalleintritts zugrundegelegt. Jedoch darf der unentziehbare Teil den Erbteil, der dem bedürftigen Erben zurzeit des Erbfalleintritts zustehen würde, nicht überschreiten.[45]

vgl. ErbG §§ 13, 14, 19; BGB § 1969.

§ 49. Pflichtteil.[46] (1) Dem Ehegatten, den Abkömmlingen[47] und den Eltern des Erblassers steht ein Pflichtteilsrecht[48] [gegenüber den Erben] zu. Der Pflichtteil besteht in der Hälfte des Wertes des gesetzlichen Erbteils[49].

---

42 Es handelt sich hier bei der Aufhebung, im Sinne des Oberbegriffes, um das durch irrtümliche oder unechte Willenserklärung errichtete Testament. Daher wird die „Aufhebung" (撤销) als „Anfechtung" anstatt als „Widerruf" konkretisiert.

43 W. Üs.: … an dem die Aufhebungsgründe gekannt werden oder gekannt werden müssen …

44 W. Üs.: unbedingt vorzubehaltender Teil/Anteil oder (zur Unterhaltssicherung) unabdingbarer Teil/Anteil.

45 W. Üs.: Jedoch darf der unentziehbare Teil den Erbteil des betreffenden Erben nicht überschreiten.

46 W. Üs.: besonders/extra vorzubehaltender Teil/Anteil.

47 W. Üs.: den geradlinigen Blutsverwandten der jüngeren Generationen.

48 W. Üs.: Pflichtteilserbrecht.

49 W. Üs.: ihres gesetzlichen Erbschaftsanteils.

(2) Der Berechnung des Pflichtteils, für die der gesetzliche Erbteil maßgebend ist, ist der Wert der zurzeit des Erbfalleintritts vorhandenen Erbschaft zuzüglich des Wertes des vom Testator binnen zwei Jahren vor dem Erbfalleintritt zugewandten Vermögens abzüglich des Betrags der [Nachlass-]Verbindlichkeiten zugrundezulegen.

vgl. BGB §§ 2303, 2310, 2311, 2315.

§ 50. Voraussetzungen für die Nichtgeltung des Pflichtteils. Unter einem der folgenden Umstände hat der Pflichtteil keine bindende Kraft:

1. wenn der Pflichtteilserbe sein Erbrecht verliert;

2. wenn der Erblasser mit dem Unterhaltspflichtigen eine Vereinbarung über Vermächtnisse und Unterhalt abschließt, die den Pflichtteilserben von seiner Unterhaltspflicht befreit;

3. wenn der Pflichtteilserbe, der die Fähigkeit und Voraussetzungen gehabt hätte, [den Erblasser] zu unterhalten, seinen Unterhaltspflichten trotzdem nicht nachkommt;

4. wenn der Pflichtteilserbe gegen den Erblasser oder dessen Nahangehörige[50] einen schweren Verstoß gegen Ethik und Moral oder eine Straftat begeht;

5. wenn der Pflichtteilserbe aufgrund der gesetzlichen Erbfolge den dem Pflichtteil entsprechenden Nachlass erworben hat.

vgl. BGB § 2333.

§ 51. Abzug. Überwiegt der Betrag der testamentarischen Verfügung oder des Vermächtnisses den der verfügbaren Erbschaft[51] und hat dies zur Folge, dass der Betrag des unentziehbaren Teils bzw. des Pflichtteils nicht ausreichend ist, dann kann [durch die berechtigten Miterben] verlangt werden, den entsprechenden Betrag[52] von der testamentarischen Erbschaft bzw. dem Vermächtnis abzuziehen.

vgl. BGB § 2305.

---

50 Anhand der gängigen Erläuterung dieses nicht legal definierten Begriffs in der VR China, z. B. der auf Webseite http://baike.baidu.com/view/154830.htm, richtet sich dessen Umfang im Sinne des Ehegesetzes der VR China nach den Blutsverwandten gemäß § 7, unter denen die Eheschließung verboten ist. Sie umfassen Blutsverwandte der geraden Linie und Blutsverwandte der Seitenlinie bis zur dritten Generation.

51 W. Üs.: Geht die testamentarische Verfügung oder das Vermächtnis über den Betrag der verfügbaren Erbschaft hinaus …

52 D. h. den Wert des an dem unentziehbaren oder dem Pflichtteil fehlenden Teils.

§ 52. Widerruf der Schenkung zu Lebzeiten. (1) Führt eine Schenkung, die der Testator binnen zwei Jahren vor dem Erbfalleintritt machte, dazu, dass der unentziehbare Teil bzw. Pflichtteil nicht ausreichend ist, so kann der Erbe des unentziehbaren Teils bzw. Pflichtteils innerhalb der Grenze des Fehlbetrags den Widerruf der Schenkung [vom Testator] und die Rückerstattung des [geschenkten] Vermögens [vom Beschenkten] verlangen, soweit der Fehlbetrag nach [zuerst] dem Abzug von der testamentarischen Erbschaft bzw. dem Vermächtnis noch bleibt.

(2) Hat der Testator binnen zwei Jahren vor dem Erbfalleintritt einen Verkauf[53] zu einem unangemessen niedrigen Preis getätigt, so kann das Recht im Sinne des Abs. 1 geltend gemacht werden, soweit der Geschäftspartner[54] bösgläubig war.

vgl. BGB §§ 2325, 2329; ZGB 244.

§ 53. Mitteilung des Vorhandenseins des Testaments und Bekanntmachung des Testaments. (1) Sobald der Verwahrer oder Entdecker eines Testaments vom Eintritt des Erbfalls erfährt, hat er unverzüglich den Personen, die eventuell erbberechtigt sein können, die Tatsache, dass ein Testament vorhanden sei, mitzuteilen.

(2) Der Inhalt des Testaments ist allen bekannten Erben bekannt zu machen. Ein versiegeltes Testament ist in Gegenwart aller bekannten Erben oder vor dem Gericht[55] oder Notar zu eröffnen.

vgl. ZGB § 1212.

§ 54. Testamentsvollstrecker. (1) Der Erblasser kann im Testament einen Testamentsvollstrecker ernennen und auch einen Dritten beauftragen, einen Testamentsvollstrecker zu ernennen.

(2) Der Beauftragte hat binnen 10 Tagen nach der Eröffnung des Testaments den Testamentsvollstrecker zu ernennen und dies den bereits bekannten, zur Nachlassübernahme Berechtigten und den sonstigen materiell Interessierten mitzuteilen.

---

53 W. Üs.: Kauf bzw. Verkauf. Da ein Kauf (买) im Sinne von Kaufen zu einem unangemessen niedrigen Preis sich eher zugunsten des Wertes des Nachlasses und des Pflichtteils auswirkt, wird 买卖行为 hier als Verkauf übersetzt.

54 W. Üs.: Geschäftsgegner, d. h. der Verkäufer oder Käufer je nach dem Geschäft des Testators.

55 Nicht vor dem Nachlassgericht, da es in China ein solches Fachgericht, das speziell für Nachlassangelegenheiten zuständig ist, nicht gibt.

(3) Hat der Erblasser weder einen Testamentsvollstrecker ernannt noch einen Dritten beauftragt, einen Testamentsvollstrecker zu ernennen, so wählen die Erben durch Verhandlungen einen Testamentsvollstrecker. Können die Erben sich [über die Auswahl des Testamentsvollstreckers] nicht einigen, so üben alle voll zivilgeschäftsfähigen Erben das Amt des Testamentsvollstreckers [gemeinschaftlich] aus.

(4) Zivilgeschäftsunfähige oder beschränkt Zivilgeschäftsfähige dürfen das Amt des Testamentsvollstreckers nicht ausüben.

vgl. ZGB § 1209; BGB § 2197.

§ 55. Pflichten des Testamentsvollstreckers. (1) Der Testamentsvollstrecker hat streng gemäß dem Willen des Testators das Testament treu und gewissenhaft zu vollstrecken, um den Inhalt des Testaments zu verwirklichen.

(2) Der Testamentsvollstrecker gilt innerhalb der Grenze seiner Pflichten bei der Testamentsvollstreckung als Vertreter der Erben.

(3) Auf die Pflichten des Testamentsvollstreckers,[56] dessen Kündigung [des Amts des Testamentsvollstreckers], dessen Absetzung und die gemeinschaftliche Vollstreckung finden die für Nachlassverwalter geltenden Vorschriften entsprechende Anwendung.

vgl. BGB §§ 2203 ff.

§ 56. Einschränkung der Nachlassverfügung gegen die Erben. Während der Testamentsvollstrecker das Testament vollstreckt, dürfen die Erben nicht über den Nachlass, auf den sich das Testament bezieht, verfügen oder den Testamentsvollstrecker an der Amtsausübung hindern.

Kapitel 3. Gesetzliche Erbfolge

§ 57. Erbrangfolge. Der Nachlass wird in der folgenden Rangfolge vererbt:
erste Ordnung: Ehegatte, Kinder, Eltern.
zweite Ordnung: Geschwister, Großeltern väter- und mütterlicherseits, Enkelkinder.[57]
dritte Ordnung: Urgroßeltern väter- und mütterlicherseits, Onkel väter- und mütterlicherseits, Tanten väter- und mütterlicherseits, Cousins und Cousinen

56 W. Üs.: Auf den Inhalt der Pflichten des Testamentsvollstreckers …

57 W. Üs.: Enkelkinder, die von dem Sohn oder von der Tochter stammen. Enkelkinder, die von dem Sohn stammen werden auf Chinesisch als 孙子女 und diejenigen, die von der Tochter stammen, als 外孙子女 bezeichnet.

väter- und mütterlicherseits, Neffen, Nichten, Großneffen und Großnichten, Urenkelkinder[58] und andere Blutsverwandten der geraden oder Seitenlinie bis zum vierten Grad.

vgl. ErbG § 10; BGB §§ 1924 ff.

§ 58. Vorrang der näheren Ordnung. (1) Nach dem Eintritt des Erbfalls erben die Erben der näheren Ordnung. Sind keine Erben der näheren Ordnung vorhanden, so erben die Erben der entfernteren Ordnung.

(2) Sind in derselben Ordnung mehrere Erben vorhanden, so wird der Nachlass unter ihnen prinzipiell gleichmäßig verteilt. Ist in derselben Ordnung nur ein Erbe vorhanden, so erbt er den Nachlass allein. Unter den Erben der dritten Ordnung erben jedoch diejenigen des näheren Grades vorrangig. Erst wenn die Erben des näheren Grades [alle] gestorben sind, das Erbrecht verloren oder ausgeschlagen haben, sind die Erben des entfernteren Grades berechtigt, den Nachlass des Erblassers zu erben.

vgl. ErbG §§ 10, 13; BGB §§ 1924, 1930.

§ 59. Begriff[59] der Erben. (1) Kinder im Sinne dieses Gesetzes sind eheliche und uneheliche Kinder, Adoptivkinder und die Stiefkinder, zu denen ein Unterhaltsverhältnis[60] besteht.

(2) Eltern im Sinne dieses Gesetzes sind leibliche Eltern, Adoptiveltern und die Stiefeltern im Unterhaltsverhältnis.[61]

(3) Geschwister im Sinne dieses Gesetzes sind Geschwister mit gleichen Eltern oder nur einem gleichen Elternteil, Adoptivgeschwister und die Stiefgeschwister, zu denen ein Unterhaltsverhältnis[62] besteht.

---

58 W. Üs.: Urenkelkinder, die von dem Sohn oder von der Tochter stammen. Urenkelkinder, die von dem Sohn stammen werden auf Chinesisch als 曾孙子女 und diejenigen, die von der Tochter stammen, als 曾外孙子女 bezeichnet.

59 W. Üs.: Erläuterung.

60 Unterhaltsverhältnis: Verhältnis, in dem die Stiefeltern oder ein Stiefelternteil das Stiefkind unterhält; vgl. *Frank Münzel*, Anmerkung (10) zur deutschen Übersetzung des Erbgesetzes der VR China, http://lehrstuhl.jura.uni-goettingen.de/chinarecht/inhalt.htm.

61 S. o.

62 Das Unterhaltsverhältnis hier bezieht sich auf dasjenige, das auf dem von einem [Stief-]Geschwisterteil an einen anderen geleisteten Unterhalt beruht; s. dazu *MA Junju/YU Yanman*, Grundtheorie des Zivilrechts, 2010, S. 920 u. a. auch für die Begründung der Erbbeziehung unter Geschwistern in Chinas Erbrecht. Die Deutung von *Münzel* in Anmerkung (11) zur deutschen Übersetzung des Erbgesetzes (Fn 4),

(4) Wenn der Erblasser infolge des Verschuldens seines [noch] lebenden Ehegatten die Scheidung bereits beantragt oder genehmigt hat, und die tatsächlichen Scheidungsvoraussetzungen vorliegen, dann zählt sein Ehegatte nicht [mehr] zu den Erben.

vgl. ErbG § 10.

§ 60. Erbrecht der verwitweten Schwiegertöchter und Schwiegersöhne. Haben die Schwiegertöchter oder Schwiegersöhne, deren Ehegatten verstorben sind, die hauptsächlichen Unterhaltspflichten gegenüber ihren Schwiegereltern erfüllt, so gelten sie als Erben der ersten Ordnung, ungeachtet dessen, ob sie erneut heiraten oder nicht.

vgl. ErbG § 12.

§ 61. Anspruch auf angemessene Nachlasszuteilung. (1) Nichterben, die bei fehlender Arbeitsfähigkeit über keine Lebenshaltungsquelle verfügen und auf den vom Erblasser [zu Lebzeiten] geleisteten Unterhalt angewiesen sind, oder Nichterben, die den Erblasser in größerem Umfang unterhalten haben, kann angemessener Nachlass zugeteilt werden. Der konkrete Anteil [am Anlass] kann je nach dem Umstand größer oder kleiner als der Anteil der Erben sein.

(2) Adoptivkinder, die gegenüber den Adoptiveltern Unterhaltspflichten erfüllt und zugleich ihre leiblichen Eltern in größerem Umfang unterhalten haben, sind nicht nur dazu berechtigt, den Nachlass der Adoptiveltern zu erben, sondern auch [einen] angemessenen [Anteil am] Nachlass der leiblichen Eltern zu erhalten.

(3) Das Vermögen, das der zur angemessenen Nachlasszuteilung Berechtigte durch Empfang von Vermächtnissen oder durch die vom Erblasser zu Lebzeiten gemachte Zuwendung[63] erlangt hat, ist auf den ihm angemessen zuzuteilenden Anteil am Nachlass anzurechnen.

(4) Wird das Recht des zur angemessenen Nachlasszuteilung Berechtigten verletzt, so kann er binnen zwei Jahren seit dem Tag, an dem er den Eintritt des Erbfalls kennt oder kennen muss, Klage beim Volksgericht erheben.

vgl. ErbG §§ 10, 13, 14; BGB §§ 1969, 2057a.

---

dass es sich dabei um ein Verhältnis handelt, bei dem Stiefschwester oder -bruder von einem Stiefelternteil, der gleichzeitig der [leibliche] Elternteil des anderen [Stief-] Geschwisterteils ist, unterhalten wird, ist nicht zutreffend.

63 W. Üs.: Schenkung.

§ 62. Geltungsbereich der gesetzlichen Erbfolge. (1) Liegt nach dem Erbfalleintritt keine Vereinbarung über Vermächtnisse und Unterhalt oder kein Testament vor, so wird nach der gesetzlichen Erbfolge verfahren.

(2) Bei Vorliegen eines der folgenden Umstände wird mit dem entsprechenden Teil des Nachlasses nach der gesetzlichen Erbfolge verfahren, es sei denn, dass gesetzlich etwas anderes vorgeschrieben oder testamentarisch etwas anderes angeordnet ist:

1. Ein testamentarischer Erbe verzichtet auf das Erbe, oder ein Vermächtnisnehmer auf das Vermächtnis;

2. Ein testamentarischer Erbe verliert das Erbrecht;

3. Ein Vermächtnisnehmer verliert das Recht zum Empfang von Vermächtnissen;

3. Ein testamentarischer Erbe oder Vermächtnisnehmer stirbt vor dem Erblasser;

4. Es handelt sich um den von einem unwirksamen Teil des Testaments betroffenen Nachlass;

5. Es handelt sich um den Nachlass, über den im Testament nicht verfügt wurde.

vgl. ErbG § 27.

§ 63. Festlegung des gesetzlichen Erbteils. (1) In der Regel müssen die Anteile am Nachlass, die von den Erben derselben Ordnung geerbt werden, gleichmäßig sein. Sind sich die Erben einig, können die Anteile auch ungleichmäßig sein.

(2) Erben, die die hauptsächlichen Unterhaltspflichten gegenüber dem Erblasser erfüllt oder mit dem Erblasser zusammengelebt und gleichzeitig ihm gegenüber die Unterhaltspflichten in größerem Umfang erfüllt haben, kann bei der Verteilung des Nachlasses ein größerer Anteil zugeteilt werden. Die Zurverfügungstellung der hauptsächlichen Unterhaltsquelle oder das Angebot der hauptsächlichen Unterstützung mit Arbeitsleistung ist als Erfüllung der hauptsächlichen Unterhaltspflichten anzuerkennen.

(3) Erben, die die Fähigkeit und Voraussetzungen gehabt hätten, [den Erblasser] zu unterhalten, ihre Unterhaltspflichten aber weniger oder nicht erfüllt haben, ist weniger bzw. nichts oder weniger zuzuteilen. Wenn sie jedoch ihre Unterhaltspflichten erfüllen wollen, aber der Erblasser ausdrücklich auf seinen Unterhaltsanspruch gegen sie verzichtet hat, sollen ihre Erbanteile nicht deshalb vermindert werden.

(4) Unter besonderen Schwierigkeiten lebende, nicht arbeitsfähige Erben sind bei der Verteilung des Nachlasses besonders zu berücksichtigen.

vgl. ErbG § 13; ZGB § 1141; BGB §§ 1924, 1969, 2057a.

§ 64. Verstecken und Unterschlagung des Nachlasses. Der Anteil am Nachlass des Erben, der Nachlass[-gegenstände] absichtlich versteckt oder unterschlägt, wird ihm entzogen, es sei denn, die übrigen Erben verzeihen ihm.[64]

§ 65. Vorbehalt des Erbteils für die Leibesfrucht. (1) Bei der Erbauseinandersetzung ist der gesetzliche Erbteil der Leibesfrucht vorzubehalten. Stirbt die Leibesfrucht nach der Geburt, so wird dieser Anteil von ihren Erben geerbt. Wird die Leibesfrucht tot geboren, wird der ihr vorbehaltene Anteil von den Erben des Erblassers geerbt.

(2) Wurde der Leibesfrucht kein Erbteil vorbehalten, so ist der Anteil vom Nachlass, den die Erben geerbt haben, abzuziehen.

Kapitel 4. Nachlassregelung[65]

66. Abschluss der Vereinbarung über Vermächtnisse und Unterhalt. (1) Eine unterhaltsbedürftige Person kann mit dem Unterhaltspflichtigen eine Vereinbarung über Vermächtnisse und Unterhalt abschließen. Nach dieser Vereinbarung ist der Unterhaltspflichtige verpflichtet, die lebzeitige Unterhaltung des [unterhaltenen] Bürgers, dessen Beerdigung im Todesfall zu übernehmen, und zum Empfang von Vermächtnissen berechtigt.

(2) Der Unterhaltspflichtige kann eine natürliche Person, eine Organisation der kollektiven Eigentumsordnung und eine juristische Person oder eine gesellschaftliche Organisation, die die Altersversorgung übernimmt, sein.

(3) Die Vereinbarung über Vermächtnisse und Unterhalt bedarf der Schriftform.[66]

(4) Ist in diesem Gesetz die Regelung bezüglich der Vereinbarung über Vermächtnisse und Unterhalt enthalten, so ist sie maßgebend. Fehlt in diesem Gesetz die diesbezügliche Regelung, so finden die einschlägigen Bestimmungen des Vertragsgesetzes entsprechende Anwendung.

vgl. ErbG §§ 31, 32.

---

64 W. Üs.: Wenn ein Erbe Nachlass[-gegenstände] absichtlich versteckt oder unterschlägt, wird ihm sein Anteil am Nachlass entzogen, es sei denn, die übrigen Erben verzeihen ihm dies.

65 W. Üs.: Verfahren mit dem Nachlass.

66 W. Üs.: Die Vereinbarung über Vermächtnisse und Unterhalt ist in Schriftform abzuschließen.

§ 67. Nichterfüllung der Vereinbarung über Vermächtnisse und Unterhalt. (1) Wenn der Unterhaltspflichtige die Vereinbarung über Vermächtnisse und Unterhalt nach ihrem Wirksamwerden ohne triftige Gründe nicht erfüllt, kann der Unterhaltene[67] die Vereinbarung auflösen. Auch die Erben des Unterhaltenen und die [sonstigen] materiell Interessierten können die Auflösung verlangen. Wurde die Vereinbarung aufgrund Nichterfüllung [durch den Unterhaltspflichtigen] aufgelöst, so steht dem Unterhaltspflichtigen das Recht zum Empfang von Vermächtnissen nicht mehr zu. Die [bereits von ihm] geleisteten Unterhaltskosten werden ihm nicht erstattet und er muss den [aufgrund Nichterfüllung] entstandenen Schaden ersetzen.

(2) Wenn der Unterhaltene die Vereinbarung über Vermächtnisse und Unterhalt [nach ihrem Wirksamwerden] ohne triftige Gründe nicht erfüllt, kann der Unterhaltspflichtige die Vereinbarung auflösen. Wurde die Vereinbarung aufgrund Nichterfüllung [durch den Unterhaltenen] aufgelöst, so muss der Unterhaltene dem Unterhaltspflichtigen die bereits [von ihm] geleisteten Unterhaltskosten zurückerstatten und [ihm] den [aufgrund Nichterfüllung] entstandenen Schaden ersetzen.

vgl. ErbG-Ansichten Art. 56.

§ 68. Auflösung der Vereinbarung über Vermächtnisse und Unterhalt. Verliert der Unterhaltspflichtige die Unterhaltsfähigkeit, so kann entweder der Unterhaltene oder der Unterhaltspflichtige die Vereinbarung über Vermächtnisse und Unterhalt einseitig auflösen. Der Unterhaltene muss dem Unterhaltspflichtigen die geleisteten Unterhaltskosten zurückerstatten.

§ 69. Vereinbarung über Erbschaft und Unterhalt. (1) Indem der Erblasser eine Vereinbarung über Erbschaft und Unterhalt mit einem Erben abschließt, können dem Erben Unterhaltspflichten, die höher als die gesetzlichen Unterhaltspflichten sind, auferlegt werden.

(2) Dem Erben, der der Vereinbarung über Erbschaft und Unterhalt zuwiderhandelt, steht das gesetzliche Erbrecht weiterhin zu, solange er die Voraussetzungen für den Verlust des Erbrechts nicht erfüllt.

(3) Ist in diesem Gesetz die Vereinbarung über Erbschaft und Unterhalt nicht geregelt, so finden darauf die einschlägigen Bestimmungen bezüglich der Vereinbarung über Vermächtnisse und Unterhalt entsprechende Anwendung.

---

67 D. h. der Unterhaltsempfänger oder Unterhaltsberechtigte.

§ 70. Mitteilung des Erbfalleintritts. (1) Der Erbe, der nach dem Erbfalleintritt vom Tode des Erblassers erfährt, ist verpflichtet, dies den übrigen Erben oder dem Testamentsvollstrecker unverzüglich mitzuteilen. Erfährt weder einer der Erben noch der Testamentsvollstrecker vom Tod des Erblassers, oder sind sie nicht imstande, dies mitzuteilen, so muss die Behörde oder Basisorganisation, die für die Abwicklung des Todesfalls des Erblassers zuständig ist, die Mitteilung machen.

(2) Der Erbe, der die Tatsache des Todes des Erblassers arglistig verschwieg, ist verpflichtet, den Schaden, den er den anderen dadurch zugefügt hat, zu ersetzen.

vgl. ErbG § 23.

§ 71. Vorläufige Verwahrung des Nachlasses. (1) Nach dem Erbfalleintritt ist der Nachlassbesitzer verpflichtet, den Nachlass ordnungsgemäß zu verwahren. Niemand darf den Nachlass unterschlagen oder mit Gewalt zu sich nehmen.[68]

(2) War der Erblasser zu Lebzeiten selbst im Besitz von dem [zu vererbenden] Vermögen, kann der Erbe oder Geschäftsführer ohne Auftrag, der nach dem Erbfalleintritt vom Tod des Erblassers erfährt, den Nachlass vorläufig verwahren. Der vorläufige Verwahrer ist verpflichtet, dem Testamentsvollstrecker oder Nachlassverwalter vom Tod des Erblassers zu berichten, und auf deren Verlangen ihnen den Nachlass zu übergeben.

(3) Hat der Nachlassbesitzer im Notfall zur Wertsicherung über den Nachlass verfügt, so muss er dies nachher dem Testamentsvollstrecker und Nachlassverwalter unverzüglich mitteilen, und ihnen den [durch die Verfügung] erzielten Erlös übergeben.

§ 72. Auswahl und Ernennung des Nachlassverwalters. (1) Die Erben können nach dem Erbfalleintritt durch Verhandlungen einen Nachlassverwalter zur Wahl vorschlagen. Ist ein Testamentsvollstrecker vorhanden, übt dieser das Amt des Nachlassverwalters aus.

(2) Wenn im Testament kein Testamentsvollstrecker bestellt ist und die Erben sich über die Auswahl des Nachlassverwalters nicht einigen können, dann wird der Nachlass von den voll zivilgeschäftsfähigen, gesetzlichen Erben gemeinschaftlich verwaltet.

(3) Wenn die Erben nachweislich mit ihren Handlungen die Interessen der anderen zur Nachlassübernahme Berechtigten, des Nachlassgläubigers oder

---

68 W. Üs.: sich drängeln/die anderen rücksichtslos zur Seite schieben, um dem Nachlassbesitzer den Nachlass zu entreißen oder entziehen.

sonstiger materiell Interessierter gefährdet haben oder eventuell gefährden werden, kann das Volksgericht auf den Antrag der materiell Interessierten einen Nachlassverwalter unter den Nichterben bestellen.

vgl. BGB §§ 1981, 1985.

§ 73. Gemeinschaftliche Nachlassverwalter. (1) Verwalten mehrere Nachlassverwalter den Nachlass gemeinschaftlich, so ist jeder Nachlassverwalter verpflichtet, an den notwendigen Maßnahmen, die zur ordnungsgemäßen Verwaltung ergriffen werden, mitzuwirken.

(2) Herrscht Uneinigkeit über [eine oder mehrere] Handlungen der Nachlassverwaltung, so ist die Zustimmung von mehr als der Hälfte der Erben einzuholen, es sei denn, dass der Testamentsvollstrecker als (einer der) Nachlassverwalter dient und das Testament abweichende Anweisungen enthält, oder notwendige Maßnahmen zum Schutz des Nachlasses ergriffen wurden.

§ 74. Pflichten des Nachlassverwalters. Der Nachlassverwalter hat folgende Pflichten gewissenhaft und sorgfältig zu erfüllen:

1. Ermittlung, ob der Erblasser ein Testament hinterlassen hat, und Feststellung, ob das Testament authentisch und rechtmäßig ist;
2. Ermittlung der zur Nachlassübernahme Berechtigten, der Schuldner und Gläubiger des Erblassers und Mitteilung [der einschlägigen Angelegenheiten] an sie;
3. Verwaltung des Nachlasses, Errichtung des Nachlassinventars und [dessen] Beglaubigung;
4. Begleichung der Nachlassverbindlichkeiten;
5. Teilung und Übergabe des Nachlasses;
6. ggf. Ergreifung der notwendigen Maßnahmen oder Klageerhebung zur Nachlasssicherung innerhalb der Grenze der Verwaltungsbefugnis;
7. Vornahme sonstiger notwendiger Handlungen im Zusammenhang mit der Nachlassverwaltung.

vgl. BGB §§ 1975 ff., 1987, 1993, 2203 ff.

§ 75. Kündigung durch den Nachlassverwalter und seine Absetzung. (1) Will ein Nichterbe das Amt des Nachlassverwalters nicht [mehr] ausüben, kann er es kündigen. Die Kündigungserklärung ist den Erben gegenüber abzugeben. Ein bestellter Nachlassverwalter[69] kann nicht kündigen.

---

69 Vermutlich ein gerichtlich bestellter Nachlassverwalter; s. § 72 dieses Vorschlagsentwurfs.

(2) Wenn der Nachlassverwalter sein Amt nachlässig oder nicht ausübt, können die Erben ihn absetzen oder das Volksgericht um seine Absetzung ersuchen. Der Vermächtnisnehmer, Nachlassgläubiger oder andere materiell Interessierten können die Erben oder das Volksgericht anrufen, den Nachlassverwalter abzusetzen.

§ 76. Sicherungsanspruch auf Auseinandersetzungsverbot. Der Nachlassgläubiger kann, solange er nicht befriedigt worden ist[70] oder die Erben keine Sicherheiten [für seine Forderungen] geleistet haben, von den Erben, dem Nachlassverwalter oder dem Volksgericht verlangen, dass die Erbauseinandersetzung verboten wird, um zuerst die Nachlassverbindlichkeiten aus der Erbschaft zu begleichen.

§ 77. Bedingte und beschränkte Erbfolge.[71] (1) Nachdem die Erben ihre Pflichten zur Errichtung des Nachlassinventars samt dessen Beglaubigung erfüllt haben, können[72] sie die vom Erblasser kraft Gesetzes zu zahlenden Steuern und Nachlassverbindlichkeiten bis zur Höhe des tatsächlichen Werts des von ihm erhaltenen Nachlasses begleichen. Dies gilt nicht für den über den tatsächlichen Wert des Nachlasses hinausgehenden Teil, den die Erben freiwillig begleichen wollen.

(2) Schlägt der Erbe die Erbschaft aus, so haftet er nicht für die Steuern und Schulden, die der Erblasser kraft Gesetzes zahlen muss.[73]

vgl. ErbG § 33.

§ 78. Errichtung des Nachlassinventars. (1) Der Nachlassverwalter hat binnen sechs Monaten nach seinem Amtsantritt ein Nachlassinventar zu errichten und beglaubigen zu lassen.

(2) Ist kein Nachlassverwalter vorhanden, so haben die Erben binnen sechs Monaten ab Kenntniserlangung vom Erbfalleintritt ein Nachlassinventar zu errichten und beglaubigen zu lassen.

vgl. BGB § 1993.

---

70 W. Üs.: … solange seine Forderung nicht beglichen worden ist.

71 W. Üs.: Unter einer Bedingung beschränkte Erbschaft.

72 Vermutlich sollte eigentlich „müssen“ hier stehen.

73 W. Üs.: … so ist er nicht verpflichtet, die vom Erblasser kraft Gesetzes zu zahlenden Steuern und Schulden zu begleichen.

§ 79. Einwand gegen das Nachlassinventar. Ein materiell Interessierter, der einen gerechtfertigten Einwand gegen das Nachlassinventar erhebt, kann verlangen, dass das Nachlassinventar von einer Fachinstitution geprüft wird. Trifft der Einwand nicht zu, so trägt der materiell Interessierte die Kosten der Nachprüfung.

vgl. BGB § 2005.

§ 80. Ausschluss der beschränkten Erbfolge. Unter einem der folgenden Umstände muss der Nachlassverwalter, nachdem das Nachlassinventar errichtet und beglaubigt wurde, weiterhin für sämtliche Nachlassverbindlichkeiten haften:

1. wenn wichtige Nachlassgegenstände verborgen wurden;
2. wenn im Nachlassinventar wichtige Nachlassgegenstände absichtlich nicht eingetragen oder unter den nicht vorhandenen Verbindlichkeiten eintragen wurden;
3. wenn die Rechte der Nachlassgläubiger durch die Nachlassverfügung verletzt wurden.

vgl. BGB § 2005.

§ 81. Nachlassliquidationsverfahren. (1) Drohen die sämtlichen Verbindlichkeiten mit dem Nachlass nicht beglichen zu werden, können die Gläubiger von den Erben, dem Nachlassverwalter oder dem Volksgericht die Einleitung des Nachlassliquidationsverfahrens verlangen.

(2) Nach der Einleitung des Nachlassliquidationsverfahrens müssen die Erben oder der Nachlassverwalter die bekannten Gläubiger benachrichtigen und die womöglich vorhandenen, unbekannten Gläubiger durch das Aufgebotsverfahren benachrichtigen. Die Aufgebotsfrist zur Anmeldung der Forderungen darf nicht kürzer als drei Monate sein. Hat der Nachlassgläubiger nicht binnen der im Aufgebot angeordneten Frist seine Forderungen angemeldet, so kann er nur bezüglich des übrigen Nachlasses sein Recht geltend machen, es sei denn, dass ihm Sicherungssachrechte am Nachlass zustehen.

(3) Die Erben und der Nachlassverwalter dürfen innerhalb der Anmeldungsfrist für die Forderungen den Nachlass nicht teilen oder die Nachlassgläubiger befriedigen.

(4) Haben die Erben die [Nachlass-]Gläubiger absichtlich nicht benachrichtigt, so verlieren sie den Gläubigern gegenüber ihre beschränkten Erbschaftsinteressen.

vgl. BGB §§ 1970, 2061.

§ 82. Widerrufsrecht der Gläubiger. Führten die vom Erblasser zu Lebzeiten gemachte Schenkung bzw. zu offensichtlich unbilligen Preisen getätigten

Geschäfte zur unangemessenen Verringerung des Nachlasses, womit den Gläubigern Schaden zugefügt wurde, so können die Gläubiger das Recht zum Widerruf [der Schenkung oder Geschäfte] geltend machen.

vgl. BGB § 1971.

§ 83. Rang bei der Befriedigung aus dem Nachlass. (1) Die Befriedigung bzw. Begleichung aus dem Nachlass erfolgt in folgender Reihenfolge:

1. Nachlassverwaltungskosten und Testamentsvollstreckungskosten;

2. die vom Erblasser zu Lebzeiten eingegangenen Verbindlichkeiten;

3. die Ansprüche auf Nachlass, die gemäß der Vereinbarung über Vermächtnisse und Unterhalt sowie der Vereinbarung über Erbschaft und Unterhalt den Unterhaltspflichtigen zustehen;

4. die Rechte der Vermächtnisnehmer zum Empfang von Vermächtnissen.

(2) Reicht der Nachlass zur Begleichung sämtlicher Nachlassverbindlichkeiten nicht aus, so werden die Forderungen derselben Ordnung anteilsmäßig beglichen.

(3) Erben, die bei fehlender Arbeitsfähigkeit keine Lebenshaltungsquelle haben, sind vor der Begleichung notwendige Nachlassanteile vorzubehalten, auch wenn der Nachlass zur Begleichung der Verbindlichkeiten nicht ausreicht.

vgl. ErbG § 14; BGB §§ 1967, 1969.

§ 84. Verteilung des Restnachlasses. Bei der Verteilung des nach Begleichung der Nachlassverbindlichkeiten verbleibenden Restnachlasses haben die Vereinbarung über Vermächtnisse und Unterhalt sowie die Vereinbarung über Erbschaft und Unterhalt Vorrang vor Vermächtnis und testamentarischer Erbfolge, und das Vermächtnis und die testamentarische Erbfolge Vorrang vor der gesetzlichen Erbfolge.

§ 85. Freiheit bei der Erbauseinandersetzung und die Beschränkung. (1) Nach dem Erbfalleintritt können die Erben jederzeit die Erbauseinandersetzung verlangen.

(2) Bei Vorliegen eines der folgenden Umstände ist die Erbauseinandersetzung ausgeschlossen:

1. wenn die Miterben den Ausschluss der Auseinandersetzung vereinbart haben;

2. wenn im Testament die Auseinandersetzung verboten ist. Jedoch darf die Frist für das Auseinandersetzungsverbot nicht fünf Jahre überschreiten, überschreitet sie fünf Jahre, wird sie wieder auf fünf Jahre gekürzt;

3. wenn auf Antrag eines Gläubigers die Auseinandersetzung zur Sicherung [dessen Forderung] verboten ist;

4. wenn nach der Beschaffenheit des Nachlasses dessen Auseinandersetzung ausgeschlossen ist;

5. wenn die Auseinandersetzung gesetzlich verboten ist.

vgl. ErbG § 28; ZGB § 1164; BGB §§ 2042, 2045.

§ 86. Teilung des gemeinschaftlichen Vermögens. (1) Von dem im Gesamthandeigentum der Ehegatten befindlichen Vermögen, das diese während des Fortbestands der Ehebeziehung erwarben, muss, solange keine Vereinbarung vorliegt, vor der Erbauseinandersetzung zunächst eine Hälfte als Eigentum des [anderen] Ehegatten ausgeschieden werden. Der Rest gilt als Nachlass des Erblassers.

(2) Befindet sich der Nachlass in dem familiären oder dem andersartigen, gemeinschaftlichen Vermögen, muss bei der Erbauseinandersetzung zunächst das Vermögen der anderen ausgeschieden werden.

vgl. ErbG § 26.

§ 87. Methode der Erbauseinandersetzung. (1) Die Erbauseinandersetzung muss nach der im Testament bestimmten Methode erfolgen.

(2) Ist im Testament keine Methode zur Auseinandersetzung bestimmt oder liegt kein Testament vor, so erfolgt die Auseinandersetzung gemäß der Vorschrift des § 100 Sachenrechtsgesetz der VR China.

vgl. ErbG § 29.

§ 88. Abzug der testamentarischen Erbschaft und des Vermächtnisses. Liegt zurzeit des Erbfalleintritts der tatsächliche Wert[74] des Nachlasses unter dem im Testament angegebenen, ist vom Betrag der testamentarischen Erbschaft und des Vermächtnisses [der fehlende Betrag] gemäß dem [auf die Erben und Vermächtnisnehmer] anzufallenden Anteil abzuziehen.

§ 89. Wirkung der Auseinandersetzung für die Erben. (1) Die Erbauseinandersetzung wird rückwirkend mit dem Erbfalleintritt wirksam, solange die Interessen Dritter nicht [damit] verletzt werden.

---

74 W. Üs.: Betrag.

(2) Bis zur Höhe der von ihm erlangten Erbschaft haftet jeder Erbe gemäß seiner Erbquote für Mängel an den Nachlassgegenständen, die den anderen Erben zugeteilt wurden, wie ein Verkäufer.

(3) Bis zur Höhe der von ihm erlangten Erbschaft haftet jeder Erbe gemäß seiner Erbquote für die Forderungen, die die anderen Erben mittels der Auseinandersetzung erlangten, insoweit, als die Schuldner [dieser Forderungen] bei der Erbauseinandersetzung zahlungsfähig sind.

(4) Sind die Forderungen im Sinne des Abs. 3 [bei der Erbauseinandersetzung noch] nicht fällig oder mit einer aufschiebenden Bedingung verbunden, so muss jeder Erbe dafür haften, dass die Schuldner dieser Forderungen bei ihrer Begleichung[75] zahlungsfähig sind.

vgl. ZGB §§ 1167, 1168; BGB § 2042.

§ 90. Wirkung der Auseinandersetzung für die Gläubiger. (1) Gibt es nach der Erbauseinandersetzung noch offene Verbindlichkeiten, so haften die Erben für die Nachlassverbindlichkeiten gesamtschuldnerisch, es sei denn, dass der Nachlassgläubiger [ihnen] die Verbindlichkeiten erlassen hat.

(2) Sind im Fall der beschränkten Erbfolge sowohl gesetzliche Erbfolge als auch testamentarische Erbfolge und Vermächtnis vorhanden, so müssen zuerst die gesetzlichen Erben mit der von ihnen erlangten Erbschaft die Verbindlichkeiten begleichen. Reicht diese Erbschaft nicht aus, müssen die testamentarischen Erben und Vermächtnisnehmer anteilsmäßig die von ihnen erlangte Erbschaft zurückerstatten, um die [noch] verbleibenden Verbindlichkeiten zu begleichen. Sind nur testamentarische Erbfolge und Vermächtnis vorhanden, so müssen die testamentarischen Erben und Vermächtnisnehmer anteilsmäßig die von ihnen erlangte Erbschaft zurückerstatten, um die Verbindlichkeiten zu begleichen.

vgl. ErbG § 33; BGB §§ 2058 ff.

§ 91. Ungewissheit über das Vorhandensein der Erben. (1) Steht nach dem Erbfalleintritt nicht fest, ob Erben vorhanden sind, die bekannten Erben oder Vermächtnisnehmer ihr Erbrecht bzw. Recht zum Empfang von Vermächtnissen verloren oder ausgeschlagen haben, so müssen die zuständigen Personen, Behörden oder Basisorganisationen diese Lage unverzüglich den Behörden für Zivilangelegenheiten mitteilen.

75 D. h. bei der Fälligkeit dieser Forderungen oder beim Eintritt der aufschiebenden Bedingung.

(2) Nachdem die Behörden für Zivilangelegenheiten diese Mitteilung erhalten haben, müssen sie zur Verwaltung des Nachlasses einen Nachlassverwalter ernennen.

vgl. ErbG § 23.

§ 92. Suchaufgebot. (1) Der Nachlassverwalter muss binnen 10 Tagen nach der Annahme seiner Ernennung das Aufgebotsverfahren zur Suche nach den zur Nachlassübernahme Berechtigten und Nachlassgläubigern einleiten,[76] um die Berechtigten dazu aufzufordern, ihre Rechte binnen der angeordneten Frist geltend zu machen.

(2) Die Frist des Aufgebotsverfahrens[77] gemäß Abs. 1 darf nicht kürzer als sechs Monate sein.

vgl. BGB §§ 1970, 2061.

§ 93. Liquidation herrenloser Erbschaft[78] und die einschlägige Begleichung. (1) Hinsichtlich der herrenlosen Erbschaft muss der Nachlassverwalter ein Nachlassinventar errichten, einschlägige Steuern zahlen, Anmeldungen der Forderungen entgegennehmen und die Forderungen, die zu dem zu erbenden Vermögen gehören, geltend machen.

(2) Nach Ablauf der Aufgebotsfrist muss der Nachlassverwalter die von dem Verstorbenen zu Lebzeiten herrührenden Verbindlichkeiten begleichen. Sind für spezielle Vermächtnisse Vermächtnisnehmer vorgesehen, so hat der Nachlassverwalter ihnen die spezielle Erbschaft zu übergeben. Sind die zur angemessenen Nachlasszuteilung Berechtigten vorhanden, so hat der Nachlassverwalter ihnen den angemessenen Nachlass zuzuteilen.

(3) Die innerhalb der Aufgebotsfrist nicht angemeldeten, unbekannten Forderungen können nur mit dem Restnachlass, der nach der Begleichung der bereits angemeldeten Forderungen [noch] verbleibt, beglichen werden.

vgl. ErbG § 32; BGB § 1936.

§ 94. Anfall des Nachlasses. (1) Erscheinen Erben bzw. gemeinschaftliche Vermächtnisnehmer, ehe der Nachlass an den Fiskus oder die Organisation kollektiver Eigentumsordnung übergeben wurde, so muss der Nachlassverwalter ihnen den Restnachlass, das Nachlassinventar und die einschlägigen Belege übergeben,

---

76 W. Üs. (das Aufgebotsverfahren … einleiten): das Aufgebot … erlassen.

77 W. Üs.: des Aufgebots.

78 W. Üs.: von niemandem übernommene Erbschaft, d. h. nicht geerbte oder nicht als Vermächtnis empfangene Erbschaft.

und vom Stand der Nachlassregelung berichten. Die vorherigen Tätigkeiten des Nachlassverwalters bei der Amtsausführung sind den Erben bzw. gemeinschaftlichen Vermächtnisnehmern gegenüber [auch] wirksam.

(2) Nachlass, der von niemandem geerbt oder als Vermächtnis genommen wird, fällt ins Eigentum des Staates. War der Verstorbene zu Lebzeiten Mitglied einer Organisation kollektiver Eigentumsordnung, so fällt der Nachlass ins Eigentum dieser Organisation, welcher der Verstorbene [zu Lebzeiten] angehörte.

(3) Wenn Erben bzw. gemeinschaftliche Vermächtnisnehmer nach der Regelung des Nachlasses, der von niemandem übernommen wird, erscheinen, können sie binnen fünf Jahren seit der Beendigung der Nachlassregelung die Rückerstattung des entsprechenden Nachlasses verlangen.

vgl. ErbG § 32.

Kapitel 5. Ergänzende Regeln

§ 95. Abweichende oder ergänzende Bestimmungen. Die Volkskongresse der autonomen Volksgruppengebiete können aufgrund der Prinzipien dieses Gesetzes in Anbetracht der konkreten Verhältnisse bei der Vermögenserbfolge der lokalen Volksgruppen abweichende oder ergänzende Bestimmungen festsetzen. Bestimmungen der autonomen Gebiete werden dem Ständigen Ausschuss des Nationalen Volkskongresses zu den Akten gemeldet. Bestimmungen der autonomen Bezirke und autonomen Kreise werden dem Ständigen Ausschuss des Volkskongresses der Provinz bzw. des autonomen Gebiets gemeldet und treten mit dessen Genehmigung in Kraft, außerdem werden sie dem Ständigen Ausschuss des Nationalen Volkskongresses zu den Akten gemeldet.

vgl. ErbG § 35.

§ 96. Erbfolge mit Auslandsberührung. Bezüglich der Gesetze, die bei der Regelung der Erbbeziehungen mit Auslandsberührung anzuwenden sind, gelten die einschlägigen Bestimmungen des Rechtsanwendungsgesetzes für zivilrechtliche Beziehungen mit Auslandsberührung der VR China.

§ 97. Datum des Inkrafttretens. Dieses Gesetz tritt am T. M. J. in Kraft.

Schriftenreihe zum deutschen und internationalen Erbrecht

Herausgegeben von Christina Eberl-Borges und Rudolf Meyer-Pritzl

Band 1 Tina Meyer-Dulheuer: Gestaltungsformen des Behindertentestamentes. Unter besonderer Betrachtung der Vermächtnislösung und des Berliner Testamentes. 2009.

Band 2 Anna-Kathrin Schwedler: Die ärztliche Therapiebegrenzung lebenserhaltender Maßnahmen auf Wunsch des Patienten. Ein Rechtsvergleich zwischen Deutschland und Frankreich unter besonderer Berücksichtigung des Patientenverfügungsgesetzes in der Bundesrepublik Deutschland. 2010.

Band 3 Miriam Hollstein: Die Nichtigkeit letztwilliger Verfügungen wegen Verstoßes gegen das gesetzliche Verbot aus § 14 Abs. 1, 5 HeimG vor und nach der Föderalisierung des Heimrechts. 2011.

Band 4 Ansgar Kregel-Olff: Der Einfluss der Europäischen Menschenrechtskonvention und der Rechtsprechung des Europäischen Gerichtshofs für Menschenrechte auf das deutsche Erbrecht. 2011.

Band 5 Karl Ehler: Vom nachlassgerichtlichen Vermittlungsverfahren zum Konsiliarverfahren bei der Auseinandersetzung von Erbengemeinschaften. 2013.

Band 6 Ove Reinbender: Sozialhilferegress nach Grundbesitzübertragung in vorweggenommener Erbfolge unter Vorbehalt eines dinglichen Wohnrechts. 2014.

Band 7 Christina Eberl-Borges/ Wang Qiang (Hrsg.): Erbrecht in der VR China. Die aktuelle Entwicklung im Rahmen des Aufbaus der Privatrechtsordnung. 2015.

www.peterlang.com

www.ingramcontent.com/pod-product-compliance
Ingram Content Group UK Ltd.
Pitfield, Milton Keynes, MK11 3LW, UK
UKHW021849290926
8980IPUK00005B/725

9 783631 658345